ALVIN E. ROTH

Wer kriegt was –
und warum?

BILDUNG, JOBS UND PARTNERWAHL:
WIE MÄRKTE FUNKTIONIEREN

Aus dem amerikanischen Englisch
von Thorsten Schmidt

Pantheon

Verlagsgruppe Random House FSC® N001967

Erste Auflage
Pantheon-Ausgabe Oktober 2017

Copyright © 2015 by Alvin E. Roth
Copyright © der deutschsprachigen Ausgabe 2016 by Siedler Verlag,
München, in der Verlagsgruppe Random House GmbH,
Neumarkter Str. 28, 81673 München

Umschlaggestaltung: Jorge Schmidt, München,
unter Verwendung einer Vorlage von Rothfos + Gabler, Hamburg
Satz: Ditta Ahmadi, Berlin
Umschlagabbildungen: © Fotolia
Fachberatung: Prof. Dr. Alexander Westkamp
Redaktion: Jonas Wegerer
Druck und Bindung: CPI books GmbH, Leck
Printed in Germany
ISBN 978-3-570-55329-9

www.pantheon-verlag.de

Dieses Buch ist auch als E-Book erhältlich

Für Ben und Aaron, Emilie und Ted

Inhalt

TEIL I

Märkte sind überall

1. Einleitung:
Jeder Markt erzählt eine Geschichte

FÜNF UHR MORGENS an einem Apriltag des Jahres 2010: Acht
Chirurgenteams bereiten sich darauf vor, acht Patienten in vier verschiedenen Städten zu operieren. Vier gesunde Menschen werden
jeweils eine Niere einer ihnen völlig unbekannten Person spenden,
und diese vier Empfänger, die alle an einer Nierenkrankheit im
Endstadium leiden, kriegen eine neue Überlebenschance.

Zur selben Zeit sitzen Jerry und Pamela Green an ihrem Küchentisch in Lincoln, Massachusetts, und studieren das Wetter.
Kurz darauf werden sie als Freiwillige in ihrem Kleinflugzeug nach
Lebanon in New Hampshire fliegen, um eine dieser Nieren abzu-
holen, sie dann nach Philadelphia bringen, dort eine weitere Niere
abholen und diese nach Boston fliegen. (Zwei weitere Piloten werden die beiden anderen Nieren transportieren.) Weil ihr Flug das
Funkrufzeichen »Lebensretter« hat, was einen medizinischen Not-
fall anzeigt, werden die Fluglotsen sie anstandslos durch einen der
verkehrsreichsten Lufträume der Welt dirigieren, den Hudson River
hinab und über den Flughafen Newark hinweg weiter Richtung
Philadelphia, wo sie sofort landen sollen. Mehrere Flugzeuge, die
Hunderte von Passagieren befördern, werden durch ihren Vorbei-
flug kurz aufgehalten.

Spendernieren für Transplantationen sind knapp. Ebenso der
Luftraum: Ein Verkehrsflugzeug verbraucht pro Minute Treibstoff
für mehrere hundert Dollar, und zu einem bestimmten Zeitpunkt
kann immer nur ein einziges Flugzeug einen bestimmten Luft-
raumblock besetzen. Auch die Zeit der Passagiere ist kostbar. Wer

an diesem Tag im April welche Spenderniere, welchen OP und welche Flugroute bekommt, ist also ein komplexes Problem, bei dem es um die Zuteilung knapper Ressourcen geht – da trifft es sich gut, dass Jerry, wenn er nicht gerade ein Kleinflugzeug fliegt, als Professor für Volkswirtschaftslehre in Harvard lehrt.

Denn die Volkswirtschaftslehre befasst sich mit der effizienten Zuteilung knapper Ressourcen und mit der Frage, wie man die Knappheit von Ressourcen verringern kann.

Diese Nieren und Flüge waren nicht die einzigen knappen Ressourcen, die zugeteilt worden waren, damit an diesem Tag, als vier Leben gerettet wurden, alles reibungslos funktionierte. Viele Jahre zuvor war jeder der beteiligten Chirurgen zum Medizinstudium an einer Universität zugelassen worden, hatte dann seine Facharztausbildung gemacht und sich mit Hilfe von Stipendien weitergebildet. In jeder Phase hatten sie mit anderen aufstrebenden Ärzten konkurriert. Jerry selbst musste eine Reihe von Auswahlverfahren durchlaufen, um seine Stelle zu bekommen. Ehe sie mit ihrer Fachausbildung begannen, waren Jerry und die anderen Chirurgen zum College-Studium zugelassen worden, und noch davor hatte Jerry die Aufnahmeprüfung für die Stuyvesant High School bestanden, die beste öffentliche Highschool von New York City.

Man beachte: Nichts von alldem – Spendernieren, Plätze in Schulen mit strenger Auslese, begehrte Jobs – bekommt automatisch derjenige, der bereit ist, am meisten dafür zu bezahlen oder für den niedrigsten Lohn zu arbeiten. In jedem Fall ist eine passgenaue Zuordnung vonnöten.

Zusammenbringen, was zusammenpasst

IM TALMUD STEHT DIE GESCHICHTE von einem Rabbi, der gefragt wird, was der Schöpfer der Welt seit deren Erschaffung eigentlich so getrieben habe. Seine Antwort: »Er hat zusammengebracht, was zusammenpasst.« In der Geschichte wird danach klar, warum es nicht nur wichtig, sondern auch sehr schwierig ist, gute Paarungen – in diesem Fall glückliche Ehen – zusammenzubringen: »so schwierig wie die Teilung des Roten Meeres«.

»Matching« ist ein volkswirtschaftlicher Fachbegriff, der den Prozess bezeichnet, durch den wir die vielen Dinge im Leben bekommen, für die wir uns entschieden haben, die sich aber ihrerseits auch für uns entscheiden müssen. Es ist nicht damit getan, die Universität Yale einfach davon in Kenntnis zu setzen, dass man sich dort einschreiben will – oder Google, dass man zur Arbeit erscheint. Man muss auch zugelassen beziehungsweise eingestellt werden. Aber Yale und Google können ihrerseits auch nicht einfach diktieren, wer zu ihnen kommt, genauso wenig wie man einfach seinen Ehepartner auswählen kann: Jeder muss auch seinerseits ausgewählt werden.

Oftmals gibt es irgendein Bewerbungs- und Auswahlverfahren, über das die Partnerwerbung und -wahl stattfindet. Solche Vermittlungsverfahren – und wie geschickt wir damit umgehen – bestimmen maßgeblich, wie wir die großen, aber auch die vielen kleinen Entscheidungsmomente in unserem Leben meistern. Matching entscheidet nicht nur darüber, wer zum Studium an den besten Universitäten zugelassen wird, sondern auch, wer die beliebtesten Lehrveranstaltungen besuchen kann und wer einen Platz in den besten Studentenwohnheimen ergattert. Nach dem Studium entscheidet es, wer sich die besten Stellen angelt und wer die besten Aufstiegschancen hat. Matching entscheidet manchmal sogar über Leben und Tod, wenn es etwa darum geht, welche schwerkranken Patienten rare Spenderorgane zur Transplantation erhalten. Vieles, was perfekt zusammenpasst, findet erst auf Märkten zusammen. Und Märkte fangen, wie Liebesgeschichten, mit Wünschen an. Märkte helfen, diesen Wünschen eine konkrete Gestalt zu geben und sie zu befriedigen; sie bringen Käufer und Verkäufer zusammen, Schüler und Lehrer, Arbeitssuchende und Arbeitgeber, und manchmal auch diejenigen, die sich einen Partner wünschen.

Bis vor kurzem haben Ökonomen Matching oft nur wenig Beachtung geschenkt und sich hauptsächlich auf Warenmärkte konzentriert, wo allein Preise bestimmen, wer was kriegt. Auf einem

Warenmarkt entscheidet man selbst, was man will, und wenn man es sich leisten kann, bekommt man es. Beim Kauf von hundert AT&T-Aktien an der New Yorker Börse müssen Sie sich keine Gedanken darüber machen, ob der Verkäufer Sie auswählen wird. Sie müssen keine Bewerbung einreichen oder sich sonst wie selbst anpreisen. Und auch der Verkäufer muss nicht bei Ihnen für sich werben. Der Preis erledigt das alles; er bringt Sie beide bei jenem Preis zusammen, bei dem Angebot gleich Nachfrage ist. An der Börse entscheidet der Preis darüber, wer was kriegt.

Auf Matching-Märkten dagegen funktionieren Preise nicht in dieser Weise. Ein Studium kann teuer werden, und nicht jeder kann es sich leisten. Aber nicht deswegen, weil Universitäten die Studiengebühren so weit anheben, bis sich nur noch so viele Bewerber ein Studium leisten können, wie vom College aufgenommen werden können – das heißt, bis die Nachfrage gleich dem Angebot ist. Im Gegenteil, gerade weil Universitäten mit strengem Auswahlverfahren so hoch im Kurs stehen, versuchen sie die Studiengebühren so niedrig zu halten, dass sich viele Studenten bewerben – und am Ende lassen sie nur einen bestimmten Prozentsatz von Bewerbern zu. Und Universitäten können ihre Studenten auch nicht einfach auswählen; sie müssen auch um sie werben, indem sie Studienreisen, attraktive Einrichtungen, finanzielle Unterstützung und Stipendien anbieten, weil viele Studienplatzbewerber von mehr als einer Hochschule zugelassen werden. Entsprechend setzen viele Arbeitgeber die Löhne nicht so weit herab, bis gerade genügend verzweifelte Arbeitssuchende übrig bleiben, um ihren Personalbedarf zu decken. Sie wollen die qualifiziertesten und motiviertesten Mitarbeiter, nicht die billigsten. In der Arbeitswelt werben oftmals beide Seiten für sich: Die Arbeitgeber bieten ein gutes Gehalt, verlockende Nebenleistungen und Aufstiegschancen, während Bewerber ihre Leidenschaft, ihre Qualifikationen und ihre hohe Leistungsbereitschaft herausstellen. Märkte für Studien- und Arbeitsplätze haben eine erstaunliche Ähnlichkeit mit Partnersuche und Heirat: Beides sind zweiseitige Matching-Märkte, die auf beiden Seiten mit Suchen und Umwerben verbunden sind. Ein Markt erfordert immer dann ein Matching, wenn der Preis nicht allein darüber entscheidet, wer was kriegt.

Bei einigen Zuordnungen spielt Geld überhaupt keine Rolle. Nierentransplantationen kosten eine Menge, aber Geld entscheidet nicht darüber, wer eine Niere bekommt. Tatsächlich ist es sogar verboten, Nieren für Transplantationen zu kaufen oder zu verkaufen. In ähnlicher Weise kosten Start- und Landerechte an Flughäfen Gebühren, aber dies entscheidet nicht darüber, wer sie bekommt. Der Zugang zum öffentlichen Bildungssystem wird ebenfalls nicht durch einen Preis geregelt. Die Steuerzahler finanzieren Schulen gerade deshalb, damit jedes Kind kostenlos die Schule besuchen kann. Viele Menschen fänden es skandalös, wenn Geld darüber entschiede, wer eine Niere oder einen Platz in einem beliebten öffentlichen Kindergarten bekommt. Wenn es nicht genügend Nieren gibt, um den Bedarf zu decken (und es gibt tatsächlich zu wenig), oder genügend Plätze in den besten öffentlichen Schulen (das ist praktisch nie der Fall), müssen knappe Ressourcen durch ein Zuordnungsverfahren verteilt werden.

Marktdesign

MANCHMAL BILDET SICH ein Zuordnungsverfahren – sei es formell oder ad hoc – erst im Lauf der Zeit heraus. Aber manchmal, vor allem in jüngster Zeit, wird es auch gezielt geplant. Die neue ökonomische Disziplin des Marktdesigns überträgt wissenschaftliche Erkenntnisse auf Zuordnungsverfahren und Märkte im Allgemeinen. Darum geht es in diesem Buch. Gemeinsam mit einer Handvoll Kollegen aus aller Welt habe ich mitgeholfen, die neue Disziplin des Marktdesigns zu begründen. Marktdesign hilft bei der Lösung von Problemen, die bestehende Märkte von sich aus nicht lösen können. Unsere Forschung gibt neue Aufschlüsse darüber, wann und warum »freie Märkte« tatsächlich funktionieren.

Die meisten Märkte und Marktplätze sind irgendwo in dem riesigen Spektrum zwischen Adam Smiths unsichtbarer Hand und dem Fünfjahresplan des Großen Vorsitzenden Mao angesiedelt. Märkte unterscheiden sich von einer zentralisierten Planwirtschaft dadurch, dass niemand außer den Teilnehmern selbst bestimmt, wer was bekommt. Und Märkte unterscheiden sich von einem völlig unregulierten Laissez-faire, weil die Teilnehmer wissen, dass der Markt Regeln hat.

Boxen entwickelte sich von einer simplen Prügelei zu einer Sportart, als John Douglas, 9. Marquess of Queensbury, sich für die Regeln einsetzte, die seinen Namen tragen. Die Regeln machen den Sport so sicher, dass Wettkämpfer angelockt werden, aber sie legen nicht fest, wie ein Wettkampf ausgeht. Auf genau die gleiche Weise funktionieren Märkte nach Regeln – von großen wie der New Yorker Börse bis zu kleinen wie dem örtlichen Wochenmarkt. Und diese Regeln, die hin und wieder justiert werden, damit der Markt besser funktioniert, bilden in ihrer Gesamtheit das Design des Marktes. Design bezeichnet sowohl einen Zustand als auch eine Tätigkeit; auch Märkte, deren Regeln sich langsam herausgebildet haben, besitzen ein Design, auch wenn sie niemand eigens gestaltet hat. Internet-Marktplätze haben sehr präzise Regeln, denn die Regeln eines Marktes im Web müssen in der Software formalisiert werden. Und heute, wo wir mit mobilen Geräten auf das Internet zugreifen können, sind wir nie weit von einem Markt entfernt.

Märkte sind vernetzt: Internetmärkte hängen von den Funkfrequenzmärkten ab, die es möglich machen, dass sich Smartphones und andere mobile Zugangstechnologien in einem Bereich ausbreiten konnten, der zuvor nur von Fernsehen und Radio genutzt wurde.

Ich habe mitgeholfen, einige der Märkte und Zuordnungsverfahren zu entwickeln, die ich in diesem Buch vorstellen werde. So erhalten zum Beispiel fast alle amerikanischen Ärzte ihre ersten Jobs durch eine zentrale Clearingstelle namens National Resident Matching Program (NRMP). Mitte der 1990er-Jahre war ich Leiter des Teams, das den Matching-Algorithmus des NRMP überarbeitete, der heute jedes Jahr über zwanzigtausend junge Mediziner an viertausend Facharztausbildungsprogramme vermittelt. Meine

Kollegen und ich haben auch mitgeholfen, das gegenwärtige System der Zuteilung von Schülern zu Highschools in New York City (lange nachdem Jerry Green dieses System durchlaufen hat) und zu Schulen in Boston und anderen Großstädten zu konzipieren. Der Organtausch, den Jerry und Pams Flüge möglich gemacht haben, wurde vom New England Program for Kidney Exchange (NEPKE) organisiert, das zum Teil auf ein Design zurückgeht, das ich gemeinsam mit zwei Kollegen, den Ökonomen Utku Ünver und Tayfun Sönmez, vorgeschlagen habe. 2004 halfen wir einer Gruppe von Chirurgen und anderen Transplantationsspezialisten, NEPKE zu gründen, das mit Hilfe der von uns geschriebenen Algorithmen ein Matching von Spendern zu Empfängern durchführt, und seither haben wir den Chirurgen, mit denen wir zusammenarbeiten, geholfen, den Nierentausch zu einer Standardmethode der Transplantation zu machen.

Marktplätze

DIE WICHTIGSTE AUFGABE eines erfolgreichen Marktplatzes besteht darin, möglichst viele Teilnehmer, die Transaktionen durchführen wollen, zusammenzubringen, damit sie sich die besten Transaktionen aussuchen können. Viele Marktteilnehmer machen einen Markt *dicht*. Eine hinreichende Marktdichte lässt sich auf verschiedenen Märkten in je unterschiedlicher Weise bewerkstelligen. Um etwa Clearingstellen für den Nierentausch zu schaffen, mussten wir zunächst durch den Aufbau von Patienten- und Spender-Datenbanken für eine ausreichende Marktdichte sorgen.

Um eine ausreichende Marktdichte zu gewährleisten, kommt es oft auf die zeitliche Koordinierung der Transaktionen an. Wann sollten Angebote gemacht werden? Wie lange sollten sie offen bleiben? Man kann das auch auf Märkten für Handelsgüter beobachten, vom örtlichen Wochenmarkt bis hin zu einer Aktienbörse. Der Wochenmarkt in der Nähe meines alten Hauses öffnet zu einer bestimmten Uhrzeit, und wenn du zufälligerweise etwas zu früh kommst, sind die Verkäufer recht unwillig, dir auch nur eine einzige Himbeere im Voraus zu verkaufen. Wenn sie dies täten, würden sie den Zorn ihrer Kollegen auf sich ziehen, die befürchten, dass einige Kunden regelmäßig früher kommen würden, wenn der eine oder andere Händler *vor* der offiziellen Marktöffnung mit dem Verkauf beginnen würden – und aus einem Nachmittagsmarkt könnte schließlich ein ganztägiger Markt werden, der die Händler dazu zwingen würde, mehr Zeit damit zu verbringen, in einem »dünneren« Markt zu verkaufen. Aus mehr oder minder dem gleichen Grund – um also die Marktdichte aufrechtzuerhalten – beginnt die New Yorker Börse jeden Tag genau zur selben Zeit mit dem Handel und schließt ebenso pünktlich.

Überlastung bzw. Verstopfung (*congestion*) ist ein Problem, mit dem Marktplätze konfrontiert sein können, wenn sie eine gewisse Dichte erreicht haben. Sie ist das ökonomische Pendant zu einem Verkehrsstau, ein Fluch des Erfolgs. Die Vielfalt an Optionen in einem dichten Markt ist manchmal überwältigend, und es mag einige Zeit dauern, ein potentielles Geschäft zu beurteilen oder abzuschließen. Marktplätze können helfen, potentielle Transaktionen so zu organisieren, dass sie schnell genug beurteilt werden können, damit dann, wenn bestimmte Geschäfte nicht zustande kommen, andere Gelegenheiten noch immer verfügbar sind. Auf Warenmärkten erfüllt der Preis diese Funktion, weil man ein einzelnes Angebot gegenüber dem gesamten Markt abgeben kann (»Jeder kann ein Körbchen meiner Himbeeren für 5,50 Dollar kaufen«), auf Matching-Märkten hingegen muss unter Umständen jede Transaktion für sich betrachtet werden, so etwa auf Arbeitsmärkten, wo jeder Stellenbewerber einzeln beurteilt wird.

Auch wenn es paradiesisch erscheint, einen Markt zu haben, der uns eine Fülle von Chancen eröffnet, kann dies trügerisch sein, wenn man diese nicht richtig beurteilen kann – wodurch der Markt wiederum einiges von seinem Nutzen verliert. Denken wir etwa an eine Internet-Partnerbörse, auf der Frauen mit verlockenden Fotos deutlich mehr Nachrichten erhalten, als sie beantworten können, und Männer feststellen, dass nur sehr wenige ihrer Nachrichten beantwortet werden. Dies bringt die Männer dazu, immer mehr – und folglich oberflächlichere – Nachrichten zu verschicken, und Frauen dazu, immer seltener darauf zu antworten. So wie Frauen womöglich mehr Nachrichten erhalten, als sie beantworten können, so haben Arbeitgeber womöglich mehr Bewerber, als sie zu einem Vorstellungsgespräch einladen können. In beiden Fällen kommt es zu einer Überlastung, und dadurch kann es für Teilnehmer unmöglich werden, die besten Alternativen zu erkennen, die der Markt zu bieten hat.

Während sich Käufer über eine große Anzahl von Verkäufern freuen und Verkäufer sich eine Vielzahl von potentiellen Käufern wünschen, sind Verkäufer nicht so erpicht darauf, mit all diesen anderen Verkäufern zu konkurrieren, noch freuen sich Käufer notwendigerweise über ein solches Gewimmel von Konkurrenten. Daher wird ein Marktteilnehmer manchmal alles daransetzen, bereits vor Marktöffnung eine Transaktion durchzuführen, und auf einigen der Arbeitsmärkte, die wir in diesem Buch kennenlernen, führte dies dazu, dass Angebote immer früher abgegeben werden und der Druck wächst, Angebote umgehend anzunehmen, bevor andere Angebote auch nur in Erwägung gezogen werden können. Manchmal kann man nur schwer beurteilen, wann frühe, »explodierende« Angebote – also Angebote mit sehr kurzer Annahmefrist – darauf abzielen, sich einen Vorteil gegenüber potentiellen Konkurrenten zu verschaffen, und wann sie nur dazu dienen, Überlastung zu vermeiden (das heißt, wenn die Zeit zu kurz ist, um genügend Angebote zu machen, frühzeitig zu beginnen und schnell zu handeln). In beiden Fällen führt eine frühe, massive Zunahme der Angebote zu einer Verringerung der Marktdichte und manchmal auch zu weitreichenden Umgestaltungen, wie etwa der Einrichtung von Koordinierungsstellen für Ärzte-Jobs. Alle Märkte verlangen von den Marktteilnehmern, ihre Präferenzen zu definieren. Studienbewerber müssen sich entscheiden, welche Hochschulen für sie geeignet sind, und Hochschulen müssen Tausende von Bewerbungen sichten. Was Matching-Märkte zu einer besonderen Herausforderung macht, ist die Tatsache, dass die Teilnehmer sich nicht nur über ihre eigenen Wünsche, sondern auch über diejenigen aller anderen den Kopf zerbrechen müssen – und darüber, wie all diese anderen Marktteilnehmer vermutlich handeln werden, um ihre Präferenzen zu verwirklichen. Die Zulassungsstellen der Universitäten versuchen nicht nur, die besten Studenten auszuwählen. Sie wollen die besten Studenten auswählen, die ihren Studienplatz auch tatsächlich annehmen, nachdem sie zugelassen worden sind (und dabei müssen sie berücksichtigen, wo sich diese Studenten sonst noch beworben haben und wen diese konkurrierenden Hochschulen wahrscheinlich zulassen werden). Und so müssen sich Studienplatzbewerber bemühen, Universitäten nicht nur zu signalisieren, wie gut sie sind, sondern auch, wie interessiert sie sind. Sollten sie sich über einen bindenden frühen Zulassungsantrag an einer Hochschule bewerben? Wenn ja, sollten sie die Hochschule auswählen, die ihnen am besten gefällt, bei der ihre Bewerbung aber vielleicht nur geringe Aussichten hat, oder sollten sie sich bei einer Hochschule bewerben, die ihre Motivation und ihr Engagement vielleicht eher wertschätzt und sie mit höherer Wahrscheinlichkeit zulässt?

Kurzum, sowohl Studienplatzbewerber als auch Universitäten müssen Entscheidungen treffen, deren Folgen in hohem Maße von den Entscheidungen vieler anderer Studienplatzbewerber und Hochschulen abhängig sind. (Wie sagt man noch im American Football: Durch die Anwesenheit des gegnerischen Teams wird alles nur komplizierter!)

Entscheidungen, die davon abhängig sind, was andere tun, nennt man strategische Entscheidungen, und mit denen beschäftigt sich ein Teilgebiet der Wirtschaftswissenschaften, die Spieltheorie. Strategische Entscheidungsfindung beeinflusst in hohem Maße das Ergebnis vieler Auswahlverfahren – also wer dabei gut oder schlecht abschneidet. Wenn wir Spieltheoretiker ein Zuordnungsverfahren analysieren, stellen wir oft fest, dass Teilnehmer »das System austricksen«. Wohldurchdachte Zuordnungsverfahren rechnen damit, dass Teilnehmer strategische Entscheidungen treffen. Manchmal geht es dem Marktdesigner darum, den Wählenden die Lust am Tricksen zu nehmen, indem er ihnen erlaubt, sich auf die Identifizierung ihrer eigentlichen Bedürfnisse und Wünsche zu konzentrieren. In anderen Fällen geht es darum, zu garantieren, dass der Markt selbst dann, wenn ein gewisses Maß an Manipulation unvermeidlich ist, reibungslos funktionieren kann. Ein guter Markt sorgt dafür, dass die Teilnahme sicher und einfach ist.

Wenn ein Markt mit Überlastung nicht effektiv klarkommt und Teilnehmer womöglich die gewünschten Geschäfte nicht abwickeln können, mag es für sie keine sichere Option sein, zu warten, bis der Markt öffnet, wenn doch einige Deals früher möglich sind. Selbst wenn ein vorzeitiger Zugang zum Markt keine Option ist, zwingt der Marktplatz Teilnehmer womöglich dazu, riskante Wetten einzugehen.

Dieses Problem war für die Boston Public Schools der Anlass, meine Kollegen und mich einzuladen, damit wir ihnen bei der Neugestaltung des Systems der Schulzuweisung halfen. In dem alten Boston-System mussten Eltern bei der Auswahl der Schule, die sie als erste Präferenz angaben, strategisch vorgehen, weil die Zuweisungsregeln es enorm erschwerten, dass ihr Kind einer guten Schule zugeteilt wird, wenn sie diese Schule nicht als erste Wahl angegeben haben.

In dem neuen System hingegen können Eltern unbesorgt ihre wahren Präferenzen angeben, und sie können unbeschwert darüber nachdenken, welche Schulen ihnen am meisten zusagen, ohne sich entscheiden zu müssen, auf welche eine Schule sie setzen wollen.

JEDER MARKT ERZÄHLT EINE GESCHICHTE. Geschichten über Marktdesign beginnen oft mit Versagen – wenn der Markt nicht dicht genug ist, wenn sich die Überlastung nicht löst oder wenn es nicht gelingt, die Teilnahme am Markt risikolos und unkompliziert zu machen. In vielen Geschichten in diesem Buch ähneln Marktdesigner eher Feuerwehrleuten, die zu Hilfe eilen, wenn ein Markt versagt hat, und die versuchen, einen Marktplatz neu zu gestalten beziehungsweise einen neuen Markt zu schaffen, der wieder für geordnete Abläufe sorgt.

Aber Märkte können, für sich genommen, sehr wohl funktionieren und dennoch in den Augen derjenigen, die an ihnen nicht teilnehmen beziehungsweise nicht teilnehmen wollen, versagen. Einige Märkte gelten als verabscheuungswürdig, angefangen von der Sklaverei über illegale Drogen bis hin zur Prostitution. Der Nierentausch entstand weltweit im Schatten von Gesetzen, die den Kauf und Verkauf menschlicher Organe für Transplantationen verbieten (ungeachtet dieser Gesetze existieren Schwarzmärkte, von denen einige tatsächlich sehr schlecht funktionieren).

Vermeintlich anstößige Transaktionen – also solche, von denen einige Menschen wollen, dass sich andere nicht auf sie einlassen – müssen nicht unbedingt mit Geld verbunden sein. Man denke nur an die Debatten über den Status gleichgeschlechtlicher Ehen in den USA. Aber sobald Geld ins Spiel kommt, lässt dies oftmals ansonsten akzeptable Handlungen anstößig erscheinen; deshalb gibt es Gesetze gegen den Nierenhandel, aber nicht gegen Nierentausch, und deshalb gilt einvernehmlicher Geschlechtsverkehr im Allgemeinen als akzeptabel, Prostitution dagegen nicht. In manchen Ländern wiederum gilt einvernehmlicher Geschlechtsverkehr (etwa zwischen unverheirateten Partnern) als anstößig. Und in anderen ist Prostitution legal. Moralische Abscheu zeigt besonders anschaulich, was alle Märkte offenbaren: Werte, Wünsche und Überzeugungen.

Ein neuer Blick auf Märkte

FÜR MICH WAREN die Wirtschaftswissenschaften immer so spannend wie Klatsch: Sie offenbaren intime Details über das Leben und die Entscheidungen anderer Menschen. Sie verraten uns, auf welche Entscheidungen wir in unserem eigenen Leben vorbereitet sein sollten, und auch, vor welchen wir gestanden hätten, wenn wir einen anderen Weg eingeschlagen hätten.

Ich hoffe, dieses Buch vermittelt Einsichten, die Ihnen bei Ihren eigenen Entscheidungen helfen können. Wollen Sie Ihr Kind in einem guten Kindergarten unterbringen? Oder ihm bei Bewerbungen um einen Studienplatz helfen? Bewerben Sie sich selbst für eine neue Stelle? Ich wünsche mir, dass Sie über diese Matching-Prozesse neu nachdenken.

Ich hoffe auch, dass dieses Buch Ihnen helfen wird, zu verstehen, wieso manche Organisationsformen gut oder eben gerade schlecht funktionieren.

Ich möchte die oftmals allzu simplen Behauptungen, die wir von Politikern über freie Märkte hören, richtig einordnen. Was genau sorgt dafür, dass Märkte reibungslos funktionieren? Wenn wir von einem freien Markt sprechen, sollten wir nicht an eine allgemeine Anarchie – »Jeder gegen jeden« – denken, sondern an einen Markt mit wohldurchdachten Regeln, die dafür sorgen, dass er funktioniert. Ein freier Markt ist wie ein Rad, das sich ungehindert drehen kann: Es braucht eine Achse und gut geölte Lager. Beim Marktdesign geht es um die Frage, wie man eine solche Achse einbaut und die Lager gut geölt hält.

Schließlich – und das ist meine größte Hoffnung – soll dieses Buch dem Leser die Welt der Wirtschaft in der gleichen Weise nahebringen, wie Wanderungen mit meinem Freund, dem israelischen Botaniker Avi Shmida, mir die Augen für Pflanzen und Tiere geöffnet haben. Als wir einmal in der südjordanischen Wüste unterwegs waren, deutete Avi auf eine einzelne grüne Sukkulente inmitten von staubigen Trockenbüschen.

»Was bedeutet es, wenn wir eine grüne Pflanze in der Wüste sehen?«, fragte er. Ich schüttelte den Kopf, und er rief: »Sie ist giftig! Andernfalls wäre sie schon längst gefressen worden.«

Ein anderes Mal forderte Avi mich auf, den Finger tief in die Blüte einer Salbeipflanze zu stecken. Als ich ihn herauszog, war der Fingerrücken übersät mit Pollen. Anschließend erklärte mir Avi, wie sich diese Blüte im Lauf der Evolution so verändert hatte, dass Bienen tief in sie eindringen müssen, um an den Nektar zu kommen, und deshalb können nur große Bienen mit langen Zungen den Nektar aufsaugen. Der Pollen bleibt an ihrem Rücken haften, wo er sicher zur nächsten Blüte transportiert wird. Die Blüte dieser

Pflanze und die Bienen haben sich »koevolutionär« – in wechselseitiger Anpassung – entwickelt, was beiden Seiten Vorteile bringt: Die Blüte bietet eine besonders reiche Nektarquelle an, die nur von großen Bienen genutzt werden kann. Daher ist es für große Bienen sinnvoll, sich auf diese Art von Blüte zu spezialisieren, was bedeutet, dass der Pollen mit hoher Wahrscheinlichkeit an eine andere Blüte derselben Art übertragen wird (das ist, aus der Sicht der Pflanze, ihr Nutzen). In diesem Fall war die Evolution die »Kupplerin«.

Die Welt der Wirtschaft ist genauso voller überraschender Details wie die Welt der Natur, und Märkte entstehen ebenfalls oftmals durch eine Art Evolution, durch praktisches Herumprobieren, ohne dass ein intelligenter Plan dahintersteckte. Aber genauso lassen sich Märkte planvoll gestalten, manchmal von Grund auf, aber oft auch erst, nachdem praktisches Herumprobieren zu einem Marktversagen führte. Ein Großteil dessen, was wir heute über Marktdesign wissen – und durch das Marktdesign über Märkte im Allgemeinen –, verdankt sich der Beobachtung von Marktversagen und den Bemühungen, das zu regeln. Nicht alle Märkte schießen wie Unkraut in die Höhe; manche müssen wie Treibhaus-Orchideen liebevoll gehegt werden. Und einige sorgsam gehegte Internet-Marktplätze gehören heute den größten und am schnellsten wachsenden Unternehmen.

Wie Blumen verschiedener Spezies unterscheiden sich auch Marktplätze für bestimmte Güter und Dienstleistungen oft stark voneinander. Aber wie im Falle der Blumen haben auch sehr verschiedene Märkte wiederum eine Reihe von Gemeinsamkeiten, weil sie ähnliche Probleme lösen müssen.

Wenn ich Märkte näher betrachte, die aus irgendeinem Grund nicht richtig funktionieren, bekomme ich nicht nur einen Einblick, wie andere Menschen entscheidende Weichenstellungen in ihrem Leben vornehmen, ich lerne auch interessante Charaktere kennen, mit denen ich Sie gern bekannt machen würde. Da die Wirtschaftswissenschaften fast alle Lebensbereiche berühren, können Ökonomen von fast allen Menschen etwas lernen, und ich habe in jedem der Märkte, die ich mitgestaltet habe, einige besondere Menschen kennengelernt.

Marktdesign eröffnet dem uralten Metier des Kupplers bzw. Partnervermittlers sozusagen ein neues Betätigungsfeld. Betrachten Sie dieses Buch als Reise durch die Welt des Matching und der Marktbildung, die ständig um uns herum geschehen. Ich hoffe, es vermittelt Ihnen eine neue Sicht der Welt und versetzt Sie in die Lage, zu verstehen, wer was kriegt – und warum.[1]

2. Märkte fürs Frühstück und für den ganzen Tag

MARKTDESIGN IST SO ALLGEGENWÄRTIG, dass es, vom täg-
lichen Aufwachen an, praktisch jeden Aspekt unseres Lebens
betrifft. Die Bettdecke, unter der Sie schlafen, der Werbespot aus
Ihrem Radiowecker und auch der Radiowecker selbst – sie verkör-
pern die verborgenen Funktionsmechanismen diverser Märkte.
Selbst wenn Sie nur ein kleines Frühstück zu sich nehmen, profitieren Sie wahrscheinlich von der globalen Ausdehnung verschiedener
Märkte. Und auch wenn die meisten dieser Märkte leicht zugänglich
sind, mag sich dahinter ein ausgeklügeltes Marktdesign verbergen.

So wissen Sie wahrscheinlich nicht, wo Ihr Brot gebacken
wurde – aber selbst wenn Sie es wissen, muss Ihr Bäcker nicht wissen, wer den Weizen anbaute, aus dem das Mehl für das Brot hergestellt wurde. Denn Weizen wird als eine *Ware* gehandelt – das
heißt, er wird in bestimmten Mengeneinheiten gekauft und verkauft, die alle im Grunde von gleicher Beschaffenheit sind. Das
vereinfacht die Dinge, obwohl auch Waren planvoll gestaltet werden müssen, damit der Weizenmarkt kein Matching-Markt sein
muss – was er noch bis ins 19. Jahrhundert hinein war.

Jedes Weizenfeld kann sich geringfügig unterscheiden. Aus diesem Grund wurde Weizen »nach Probe« gekauft – Käufer nahmen
eine Probe Weizen und beurteilten sie, ehe sie ein Kaufangebot
machten.[2] Ein umständlicher Prozess, an dem häufig Käufer und
Verkäufer teilnahmen, die schon auf eine langjährige vertrauens-
volle Geschäftsbeziehung zurückblicken konnten. Der Preis allein
regelte den Markt nicht, und die Marktteilnehmer legten großen
Wert darauf, mit einem verlässlichen Partner Geschäfte zu machen;
der Weizenmarkt war zumindest teilweise ein Matching-Markt.

Dann wurde im Jahr 1848 die Chicago Board of Trade gegründet; sie hatte ihren Sitz an der Endstation all jener Güterzüge, die von den Farmen der Great Plains in Chicago eintrafen. Die Chicago Board of Trade machte Weizen zu einer Ware, indem sie diesen auf der Basis seiner Qualität (Nummer 1 als höchste Gütestufe) und seines Typs (Winter oder Frühling, hart oder weich, rot oder weiß) klassifizierte. Dies bedeutete, dass die Bahngesellschaften Weizen gleicher Güte und gleichen Typs mischen konnten, statt die Ernte jedes Farmers während des Transports getrennt zu halten. Es bedeutete auch, dass Käufer allmählich lernten, sich auf das Bewertungssystem zu verlassen, und ihren Weizen kauften, ohne ihn zuvor zu prüfen oder sich über den Verkäufer zu informieren.

Wo also früher einmal ein Matching-Markt war, auf dem jeder Käufer den Farmer kennen und eine Probe von seiner Ernte nehmen musste, gibt es heute Warenmärkte für Weizen, Mais, Sojabohnen, Schweinebäuche und viele andere Nahrungsmittel, die genauso anonym – und effizient – sind wie Finanzmärkte. So wie es Investoren egal ist, welche konkreten AT&T-Aktien sie kaufen, so ist es Käufern egal, welche konkreten 5000 Scheffel harten Winterweizens Nr. 2 an sie geliefert werden. Dank des Bewertungssystems können sie Weizen unbesehen kaufen. Die Verwandlung von Weizen in eine Ware durch ein verlässliches Klassifizierungssystem trug dazu bei, den Markt sicher zu machen.

Weizen kann sogar schon verkauft werden, *bevor* er geerntet wird, und zwar mit Hilfe von *Weizenterminkontrakten* – dem Versprechen, Weizen zu einem bestimmten zukünftigen Zeitpunkt zu liefern. Dies erlaubt es Großmühlen und -bäckereien, ihre Käufe im Voraus zu tätigen und so ihre Kosten zu stabilisieren. Sie können dies unbesehen tun, weil die standardisierte Beschreibung des gekauften Handelsgutes bedeutet, dass sie sich keine Sorgen um die Güte der gelieferten Waren machen müssen. Der Kauf von Weizenterminkontrakten ist eine rein finanzielle Transaktion, ohne dass Weizen überhaupt am Markt präsent ist.

Was die Transaktion als solche angeht, so wurden Makler, die jede Charge einzeln prüften und kauften, ersetzt durch Rohstoffhändler auf dem Parkett der Chicago Board of Trade, die ihre Kauf- und Verkaufsaufträge an den Maklerständen des Börsenparketts durch offenen Zuruf und Handzeichen mitteilen. Heutzutage kaufen und verkaufen Händler riesige Mengen an Getreide auch per Computer.

Die Umwandlung eines Marktes in eine Warenbörse sorgt für eine hohe Marktdichte, weil jeder Käufer bei jedem Verkäufer kaufen kann. Gleichzeitig erleichtert es dem Markt, eine der Hauptursachen von Überlastung auf Matching-Märkten zu beseitigen, da an einer Warenbörse jedes Verkaufsangebot allen Käufern und jedes Kaufangebot allen Verkäufern unterbreitet werden kann. Anders als auf einem Stellen- oder Häusermarkt muss niemand warten, bis ihm persönlich ein Angebot gemacht wurde; jeder, der einen Preis sieht (oder hört), kann ihn akzeptieren. Wir werden noch genauer erfahren, wie diese Märkte funktionieren, wenn wir uns in Kapitel 5 Finanzmärkten widmen und dort sehen, wie schnell Warenbörsen manchmal arbeiten.

Kaffee und mehr

DIE UMWANDLUNG EINES PRODUKTES in eine Ware beeinflusst nicht nur, wie es gekauft und verkauft wird, sondern auch, was produziert wird. Während wir unsere verschlafenen Augen weiterhin auf den Frühstückstisch heften, wollen wir uns dem Kaffee und seiner bemerkenswerten Marktgeschichte zuwenden.

Seit Jahrhunderten werden in Äthiopien Kaffeepflanzen angebaut, aber bis zum Beginn des 21. Jahrhunderts wurden sie so ähnlich gehandelt wie amerikanischer Weizen im 19. Jahrhundert. Wenn man äthiopischen Kaffee en gros an der Quelle kaufen wollte, war man auf einen Agenten vor Ort angewiesen, der tief aus dem Innern jedes Sacks eine Probe nahm, um sie zu verkosten und zu beurteilen.

Das änderte sich 2008 mit der Gründung der *Ethiopia Commodity Exchange*. Ihr Herzstück ist ein System der anonymen Kaffee-

Güteklasseneinteilung, bei dem professionelle Verkoster jeder zum Verkauf angebotenen Charge eine Probe entnehmen und deren Qualität beurteilen. (Übrigens hat sorgfältiges Marktdesign auch die Regeln für den Ablauf des Qualitätseinstufungsverfahrens beeinflusst. Zum Beispiel muss die Verkostung »blind« erfolgen; die Verkoster dürfen nicht wissen, wessen Kaffeebohnen sie verkosten. Andernfalls könnte ein Verkäufer sie durch Bestechung dazu verleiten, seine Bohnen besser zu bewerten.)

Die Standardisierung von Kaffee kann sogar die Qualität der Kaffee-Ernte verbessern. Kaffeebohnen wachsen in einer »Kirsche«, und der beste Kaffee wird geerntet, wenn die Kirsche reif und rot ist. Aber die Bohnen werden erst verkauft, nachdem man sie aus der Kirsche herausgelöst und getrocknet hat. Wenn Käufer daher nur Kaffeebohnen sehen, können sie nicht sagen, ob sie von reifen roten Kirschen oder von unreifen grünen Kirschen geerntet wurden. Bevor Kaffee in Güteklassen eingeteilt wurde, ernteten Kaffeefarmer manchmal einen ganzen Berghang gleichzeitig ab – rote und grüne Bohnen, reife und unreife. Aber jetzt, wo Verkoster den Unterschied erkennen, ist es sinnvoll, Kaffeepflücker nur die roten Kirschen ernten zu lassen und sie später zurückzuschicken, um die restlichen Bohnen zu pflücken, wenn diese reif sind. Da die Verkoster den Unterschied erkennen, belohnt der Markt diese Sorgfalt verlässlich mit einer höheren Güteklasse und einem höheren Preis. Dies führte letztlich dazu, dass ausländische Käufer heute aus der Ferne äthiopische Kaffeebohnen en gros kaufen können, ohne sie vor Ort auf Qualität prüfen zu müssen, und zwar von verschiedenen Verkäufern gleichzeitig, ohne sich über deren Ruf oder Verlässlichkeit den Kopf zu zerbrechen.

Wenn Sie also an Ihrer morgendlichen Tasse Kaffee nippen, profitieren Sie von einer erst jüngst erfolgten planvollen Gestaltung des Marktes für einen uralten agrarischen Rohstoff, der nicht von jeher so standardisiert – beziehungsweise hochwertig – war wie heute.

Gleichwohl kommt der Kaffee nicht unbedingt anonym zu Ihnen, selbst wenn Sie nicht wissen, wer die Bohnen angebaut hat.

Vielleicht besorgen Sie sich Ihren Kaffee bereits fertig zubereitet in einer Starbucks-Filiale oder einem anderen Café, aber in beiden Fällen wissen Sie ziemlich viel über den Verkäufer. Vielleicht wählen Sie das Café wegen seiner guten Erreichbarkeit, wegen des Gebäcks, das es zum Kaffee verkauft, oder auch wegen der Muster, die der Barista in den Schaum auf Ihrem Latte zaubert. Und wenn Sie ein Stammkunde sind, dann wird dieser Verkäufer auch manches über Sie wissen – zum Beispiel »das Übliche« für Sie zubereiten, wenn er Sie hereinkommen sieht.

Cafés geben sich große Mühe, ihre Produkte zu differenzieren, damit die Kunden regelmäßig wiederkommen. Wenn Sie in einer fremden Stadt sind, suchen Sie vielleicht nach einer Filiale einer großen Kette wie Starbucks, gerade wegen der Standardisierung der dort verkauften Getränke, weil Sie nicht die Gelegenheit hatten, ein Café ausfindig zu machen, das Ihnen vielleicht besser gefallen hätte.

Beachten Sie das Spannungsverhältnis zwischen Umwandlung in eine Ware und Produktdifferenzierung – also zwischen dem Wunsch, in einem dichten Markt an Kunden zu verkaufen, selbst wenn sich diese nicht für den Verkäufer interessieren, und dem Bestreben, seinem Produkt eine »besondere Note« zu verleihen und dadurch möglichst viele Kunden an sich zu binden. Anbieter verkaufen gern in einem dichten Käufermarkt, aber es missfällt ihnen, mit anderen Verkäufern verwechselbar zu sein. Topmarken wie Apple und Microsoft verkaufen Produkte, die so sehr »Ware« sind, dass es einem egal ist, welches iPhone-Gerät oder welche Microsoft-Office-Lizenz man hat, aber sie sind zugleich hinreichend differenziert, sodass man die gleichen Smartphones und die gleiche Software sonst nirgends kaufen kann. Ein Teil des Erfolgs von Apple liegt darin begründet, dass das Unternehmen eine einzigartige Marke von Laptop-Computern verkauft, während die von IBM am Markt eingeführten PCs zu einer Ware wurden, die von anderen Unternehmen leicht nachgeahmt werden konnte. Dies ebnete den Weg für Microsofts Quasi-Monopolstellung auf dem Markt für PC-Betriebssysteme, da die Ausbreitung der PCs einen großen, dichten Markt für Software auf der PC-Plattform schuf.

In ähnlicher Weise besteht ein Spannungsverhältnis zwischen Waren- und Matching-Märkten. Sie legen Wert darauf, wer Ihren Kaffee kocht, aber Ihr Café verkauft an alle Kunden, die zu ihm kommen. Das heißt, auf dem Markt für eine Tasse Kaffee muss speziell Ihr Café ausgewählt werden, aber Sie haben die Wahl – und Sie wählen mit Bedacht aus. Vollkommen anonyme Warenmärkte und über persönliche Beziehungen funktionierende Matching-Märkte lassen sich also nicht fein säuberlich voneinander abgrenzen. Vielmehr liegen Märkte jeweils irgendwo in einem Spektrum zwischen reinem Waren- und reinem Matching-Markt. Wenn ich im Supermarkt Brot kaufe, kenne ich den Bäcker nicht, aber ich kann erkennen, dass es die gewohnte Bäckerei ist, da die Tüte, in der die Baguettes verpackt sind, mit dem Namen der Bäckerei und der Information versehen ist, dass sie seit 1984 mit Freuden Brot bäckt.

Käufer fühlen zum Teil die gleiche Ambivalenz wie Verkäufer: Während wir den Umstand schätzen, dass einige Güter Waren sind, die wir ohne nähere Prüfung kaufen können, mögen wir doch auch Abwechslung und suchen nach Produkten von besonders hoher und nur schwer zu standardisierender Qualität. Manchmal kaufen meine Frau und ich sonntagsmorgens unser Frühstück auf einem örtlichen Wochenmarkt – eine traditionsreiche Einrichtung, die nach wie vor viele Städter anlockt. Es ist ein attraktiver Ort zum Einkaufen, nicht zuletzt wegen der augenscheinlichen Frische der Waren, die man auf einem Markt bekommt, der nur einen Tag in der Woche geöffnet hat. Man weiß ganz genau, dass die Waren an diesem Tag frisch auf den Markt gekommen sind und nicht im Lagerraum eines Supermarktes ihren Nährwert eingebüßt haben, bevor sie ins Regal wandern.

Außerdem stammen die Bauern, die ihre Produkte feilbieten, in der Regel aus der Region. Und weil die Erzeuger selbst (oder ihre Verwandten) am Stand bedienen, kann man leicht etwas über sie in Erfahrung bringen. Es handelt sich also eher um einen Zuordnungsmarkt, als wenn man sich in seinem lokalen Supermarkt eindeckt, auch wenn dieses Geschäft jeden Tag geöffnet ist, was das Einkaufen dort bequemer macht.

Der Supermarkt mag jeden Tag geöffnet haben, aber nicht rund um die Uhr, weil es teuer ist, ein Geschäft geöffnet zu halten, wenn es nur wenige potenzielle Käufer gibt. Aber egal, ob man auf dem Wochenmarkt oder im örtlichen Supermarkt einkauft – man muss stets selbst dorthin gehen. Das Internet ändert all dies und sorgt für eine räumliche Entgrenzung von Märkten.

Marktplätze überall

HEUTZUTAGE KÖNNEN SIE mit Ihrem Smartphone und Ihrer Kreditkarte ein Flugticket kaufen, ein Hotelzimmer reservieren, sich Essen nach Hause liefern lassen oder ein Paar Schuhe kaufen. Im Netz können Sie bei Millionen verschiedener Anbieter einkaufen – und wenn Sie mit Ihrem Smartphone oder Computer einen großen Internet-Marktplatz wie Amazon durchstöbern, können Sie Ihren virtuellen Einkaufswagen mit den Waren vieler verschiedener Anbieter füllen und diese in einer einzigen Transaktion kaufen. Das ist einer der Gründe, warum Internetmärkte so benutzerfreundlich und so erfolgreich sind. Wenn meine Uhr kaputtgeht, kaufe ich mir vielleicht auf Amazon eine neue. Aber vielleicht kaufe ich mir auch noch einen Rückspiegel für meinen Fahrradhelm und ein Buch, das ich schon seit längerem lesen will, bezahle dann alles mit einer Kreditkarte und lasse es mir nach Hause liefern. Es kommt mir vor wie eine einzige Transaktion, obwohl ich jedes Produkt womöglich bei einem anderen Anbieter gekauft habe, der auf dem Amazon-Marktplatz registriert ist.

Dadurch, dass Amazon so viele Käufer und so viele Händler anlockt, hat es einen dichten Markt geschaffen, in dem viele Teilnehmer bereit sind, viele verschiedene Arten von Transaktionen durchzuführen. Die Dichte des Amazon-Marktplatzes – die leichte Verfügbarkeit so vieler Käufer und Verkäufer – ist ein sich selbst verstärkender Prozess. Von all diesen potentiellen Käufern werden mehr Verkäufer angelockt, und mehr Käufer suchen diesen Marktplatz auf, weil die Vielfalt an Anbietern stetig zunimmt. Amazon macht es mir also möglich, an ein und demselben Ort viele verschiedene Produkte einzukaufen, und mein Smartphone sorgt dafür, dass dieser Marktplatz überall dort ist, wo ich mich gerade aufhalte.

Mein Smartphone ist ein Marktplatz nicht nur für Wunschartikel von Amazon, sondern auch für Software-Anwendungen (Apps), die dafür sorgen, dass mein Telefon mehr kann. Aus diesem Grund läuft Ihr Handy höchstwahrscheinlich mit einem der beiden populärsten Smartphone-Betriebssysteme, Apples iPhone oder Googles Android. Die Leute wollen Handys mit einer langen Liste von Apps, aus denen sie auswählen können, und sie wissen, dass sie in Zukunft Apps haben wollen, die noch gar nicht erfunden worden sind. Gleichzeitig will ein Software-Entwickler, der eine App schreibt, diese auf einem Marktplatz mit vielen potentiellen Käufern anbieten, damit die App die Chance hat, ein Renner zu werden.

Handy-Käufer und App-Entwickler hoffen, sich auf einem dichten Marktplatz zu treffen – einem mit vielen Möglichkeiten auf der *anderen* Seite des Marktes. Aus diesem Grund schreiben unabhängige Entwickler zuerst Apps für Smartphones mit vielen Nutzern, und Telefonkäufer suchen nach Handys mit einer Fülle von Apps. Das Betriebssystem eines Handys ist der Schlüssel zum Marktplatz, da jede App so geschrieben werden muss, dass sie mit einem bestimmten Betriebssystem kompatibel ist.

Apple und Google haben ihre eigenentwickelten Betriebssysteme mit einer Vielzahl bereits verfügbarer Apps lanciert, damit Kunden sofort durch ihre Dichte angelockt werden. Aber Apple und Google gingen sehr unterschiedliche Wege bei der Gestaltung ihrer Märkte. Apple entschied sich für ein »geschlossenes« Betriebssystem, das ihm erlaubt, zu kontrollieren, welche Apps an iPhone-Nutzer verkauft werden können. Google, das später in diesen Markt einstieg, entschied sich für ein »offenes« System und veröffentlichte den Quellcode, sodass jeder Entwickler Apps dafür schreiben kann. Diese Weichenstellungen entsprachen ähnlich gegensätzlichen strategischen Entscheidungen, die Apple und Microsoft zu Beginn des PC-Zeitalters trafen. Jeder konnte Software für die PC-Plattform entwickeln, aber nur Apple (beziehungsweise jene Entwickler, denen Apple dies erlaubte) konnte Software für seinen Personal Computer, den Mac, schreiben. Aufgrund dieser Entscheidungen hat der Markt für PC-Software sehr viel schneller eine hohe Dichte erreicht als der Markt für Mac-Software. Aber Apples Entscheidung, sowohl seine Hard- als auch seine Software auf einem proprietären Standard zu halten, hat dem Unternehmen schließlich gigantische Gewinne beschert.

Wie andere Arten von Märkten werden auch begehrte Betriebssysteme noch begehrter, je mehr neue Käufer und Verkäufer sie anlocken. Mit der Zeit werden sie zu De-facto-*Industriestandards* – was im Wesentlichen bedeutet, dass sie einen Marktplatz schaffen, auf dem Produkte (neue Anwendungen) verkauft werden können. Sobald dies geschieht, können sie, zumindest eine Zeitlang, ihre Märkte derart vollständig beherrschen, dass konkurrierende Betriebssysteme nicht genug Nutzer und Entwickler für sich gewinnen können und daher auf den Status von Nischenangeboten beschränkt bleiben.

Genau das geschah auf dem Smartphone-Markt. Die beiden beliebtesten Betriebssysteme, iPhone und Android, haben so große Marktanteile erobert, dass sie sich fast eigendynamisch entwickeln. Im Zuge dessen haben sie populäre ältere Betriebssysteme verdrängt, vor allem das BlackBerry, das seinerseits nicht-internetfähige Handys und nicht-telefonische digitale Assistenten wie den PalmPilot verdrängt hatte.

Es ist erstaunlich, wie Märkte interagieren. Amazon hätte nicht ohne das Internet zu dem Marktplatz werden können, der es heute ist, und das Internet wiederum hätte ohne die ersten Rechner und anschließend Smartphones auch nicht zu einem Marktplatz werden können. Und Smartphones hätten nicht zu Marktplätzen werden können, wenn es keine Möglichkeit gegeben hätte, Einkäufe über das Telefon zu bezahlen. Auf dem Wochenmarkt und im Supermarkt kann jeder bar bezahlen, wenn er will. Im Internet ist es bequem, mit einer Kreditkarte zu bezahlen. Eine Kreditkarte ist ebenfalls ein Marktplatz, und daher benutzen Sie wahrscheinlich eine der großen: Visa, MasterCard oder American Express. Verbraucher,

die Kreditkarten benutzen, und Händler, die sie akzeptieren, wünschen sich alle einen dichten Markt mit vielen Teilnehmern auf der
anderen Seite.

Ich bin alt genug, um mich noch an die Zeit zu erinnern, als die
meisten Produkte bar oder mit einem Scheck bezahlt wurden. Es
war schwierig, mit Scheck zu bezahlen, wenn man weit weg von zu
Hause war, weil Händler nicht das Risiko eingehen wollten, dass
der Scheck platzte. Aber wenn man Stammgast in einem örtlichen
Restaurant war, nahm der Inhaber in der Regel den Scheck gern
an – wobei man selbst damals manchmal ein Schild auf der Registrierkasse sah, mit der Aufschrift: »In God we trust; all others pay
cash« (Auf Gott vertrauen wir, alle anderen zahlen bar).

Kreditkarten boten Händlern Sicherheit, aber diese Sicherheit
brachte Transaktionsgebühren mit sich.[3] Die meisten Händler waren bereit, diese Gebühren zu bezahlen, weil ihnen die Akzeptanz
von Kreditkarten Kunden bescherte, die ihnen andernfalls vielleicht
entgangen wären. Und auch weil Kreditkarten es für sie risikolos
machten, bargeldlose Zahlungen von Kunden anzunehmen, die sie
nicht gut kannten, denn die Bank garantierte die Zahlung als eine
Art Versicherung.

Es dauerte eine Weile, bis die durch Kreditkarten ermöglichten
Märkte durch Auslese einiger weniger großer Karten dicht wurden, aber dass dies so kam, ist kaum verwunderlich. Stellen Sie
sich vor, wie gering der Nutzen von Kreditkarten wäre, wenn sich
die Märkte in die andere Richtung entwickelt hätten und jedes Geschäft eine andere Karte akzeptieren würde. In der Anfangszeit
führten einige Leute mehrere Kredit- beziehungsweise Girokarten
mit sich, und verschiedene Firmen akzeptierten jeweils nur ganz
bestimmte. Dies führte manchmal zu peinlichen Momenten, wenn
in einem Restaurant die Rechnung kam. Im Lauf der Zeit wurde es
für Kunden und Händler am sinnvollsten, sich die beliebtesten
Karten zuzulegen beziehungsweise diese zu akzeptieren, weil sie
Zugang zu den dichtesten Märkten verschafften – das heißt zu den
meisten Restaurants und Geschäften auf der einen Seite und zu
den meisten Restaurantgästen und Käufern sonstiger Güter und

Dienstleistungen auf der anderen. Ende der 1960er-Jahre hatte bereits eine Bereinigung der Branche eingesetzt. Einige bekannte Karten – vor allem Diners Club, die erste weitverbreitete Kreditkarte – verloren an Bedeutung.

Kreditkarten haben sich auch deshalb auf breiter Front durchgesetzt, weil sie Transaktionen für Käufer und Verkäufer vereinfachen. Die Konzentration auf einige wenige Karten macht die Abläufe auf beiden Seiten des Marktes noch einfacher. Daher konnten sich seit der großen Flurbereinigung keine neuen Kreditkarten mehr etablieren; die Zugangsschwelle zum Markt hat sich als zu hoch erwiesen. Trotzdem hat die Internet-Revolution in den letzten Jahren die Tür für Konkurrenz aus völlig neuen Richtungen aufgestoßen – einschließlich neuer Zahlungsdienste wie PayPal; eines weltweiten Netzwerks von Geldautomaten, die alte Reservezahlungsmittel wie etwa Reiseschecks verdrängen; und vielleicht sogar neuer Arten von »virtuellem Geld« wie Bitcoin. Im Jahr 2014 hat Apple ein neues Zahlungssystem für die jüngsten iPhones angekündigt, und wir können sinnvollerweise davon ausgehen, dass dieses und/oder andere neue Zahlungssysteme für mobile Geräte sich auf breiter Front durchsetzen werden.

Die Bank, die die Transaktionen für Amazon abwickelt oder die das Konto Ihres Lieblingsrestaurants verwaltet, ist in der Regel nicht dieselbe Bank, die Ihre Kreditkarte ausgestellt hat und Ihre Zahlung akzeptiert. Hinter den Kulissen gibt es daher auch einen Interbankenmarkt, durch den die Zahlungen fließen. Dieser versteckte Markt wirkt einer Verstopfung entgegen, die eintreten würde, wenn sehr viele vergleichsweise kleine Transaktionen abgewickelt werden müssten – in der gleichen Weise, wie Amazon selbst der Verstopfung entgegenwirkt, die eintreten würde, wenn man als Kunde viele kleine Einkäufe bei verschiedenen Anbietern tätigen müsste. Dieser Interbankenmarkt sorgt dafür, dass jeder Händler seinen Zahlungsverkehr über nur eine einzige Bank abwickelt, so wie es Ihnen Ihre monatliche Kreditkartenabrechnung erlaubt, mit einer Einzelzahlung Ihre Verbindlichkeiten bei vielen Einzelhändlern zu begleichen.

Ihre Kreditkarte fungiert auch als Kreditgeber. (Das unterscheidet Kreditkarten von Girokarten, die nur die Bequemlichkeit einer bargeldlosen Transaktion bieten.) Sie eröffnet Ihnen den Zugang zum Kreditmarkt, sodass Sie jedes Mal, wenn Sie etwas kaufen wollen, Geld leihen können, wenn auch in der Regel zu einem extrem hohen Zinssatz, indem Sie einfach den geschuldeten Betrag nicht vollständig begleichen, wenn die Rechnung eintrifft. Die Bank, die Ihre Kreditkarte ausgibt, kann sich solche hohen Zinsen erlauben, weil Sie, sobald Sie Ihren Kauf getätigt haben, nicht so mühelos und bequem bei anderen Banken einen Kredit aufnehmen können, sodass der Wettbewerbsdruck auf Ihre Bank gering ist. Tatsächlich haben Sie vielleicht gerade diese Karte gewählt, weil sie bei gewissen Käufen einen Rückzahlungsbonus erhalten. Es zeigt sich, dass viele Menschen, die dies tun, dem Zins keine große Beachtung schenken, weil sie vorhaben, ihre Rechnungen vollständig zu begleichen. Aber dann wechseln sie ihre Karten nur selten.[4] Die Banken stehen also nicht unter großem Druck, ihre Zinsen zu senken. Ich hoffe, Sie nehmen nicht allzu oft Kredite auf Ihre Kreditkarte auf, das ist nämlich ein schlechtes Geschäft – die Art von Geschäft, die einem angeboten wird, wenn die andere Seite des Marktes keine hohe Dichte aufweist.

In dichteren Märkten, in denen Kunden leicht auf Alternativen ausweichen können, ist es für einen Verkäufer schwieriger, mit solchen schlechten Deals durchzukommen. Eine Zeitlang haben Händler versucht, die Kosten von Kreditkartenkäufen auf Verbraucher abzuwälzen, indem sie einen Aufschlag für die Nutzung der Kreditkarte verlangten. Aber sie setzten sich damit nicht durch, zum Teil weil dies Kreditkartenkäufern gegen den Strich ging und sie ihre Einkäufe andernorts erledigen konnten. Dass Verbraucher vor Angeboten zurückschrecken, die ihnen unfair erscheinen, passiert häufiger, als man meinen sollte. Selbst Marketinggiganten wundern sich manchmal darüber, womit sie bei den Verbrauchern *nicht* durchkommen. Im Jahr 1999 zum Beispiel testete Coca-Cola Getränkeautomaten, die bei heißem Wetter automatisch den Preis erhöhen konnten. Die Reaktion ließ nicht lange auf sich warten – und das

Unternehmen gab die Idee schleunigst wieder auf. Normale Verbraucher, die gewisse Transaktionen besonders abstoßend finden, haben also Ausweichmöglichkeiten, wenn sie ihre Einkäufe andernorts erledigen oder auch einfach darauf verzichten können – und auch dies spielt bei der Gestaltung von Märkten eine Rolle.

Dass die meisten Einkäufe das Gleiche kosten, egal ob Sie mit einer Kreditkarte oder bar bezahlen, macht eine Art von Wettbewerb unter Kreditkarten möglich, der letztlich nicht so attraktiv ist, wie es zunächst den Anschein hat. Viele Kreditkarten konkurrieren untereinander über die Höhe des »Cashback« (Rückzahlungsbonus), den sie Konsumenten anbieten. Diese Rückzahlungen werden finanziert aus den Gebühren, die Kreditkartengesellschaften Händlern in Rechnung stellen und die ihrerseits in die Preise eingehen, die Händler ihren Kunden in Rechnung stellen. Wenn daher zwei Kunden mit identischen Einkäufen hintereinander an der Kasse stehen und einer mit Kreditkarte und der andere bar bezahlt, dann zahlt der Barzahler für den Rabatt, den der Kreditkartenkunde erhält. Das heißt, je mehr Verbraucher sich von höheren Cashback-Angeboten angesprochen fühlen und je erfolgreicher Kreditkarten-Anbieter um Kunden konkurrieren, indem sie diese Rückzahlungen erhöhen, umso höhere Kreditkartengebühren zahlen die Händler, worauf sie ihrerseits die Preise erhöhen. Und ein Abschlag von einem höheren Preis ist kein besonders guter Rabatt, vor allem nicht für diejenigen, die bar bezahlen. Anders ausgedrückt, die Annehmlichkeit der Nutzung eines Vermittlers kostet uns etwas, auch weil die Vermittler – in diesem Fall die Kreditkartengesellschaften – in einer Weise um uns Kunden konkurrieren, die den Wettbewerb, der ansonsten zu sinkenden Preisen führen würde, drosselt.[5] Merke: Der Wettbewerb kann viele Formen annehmen, und es ist nicht immer leicht zu erkennen, wer gewinnt und wer verliert.

JEDER DIESER ALLGEGENWÄRTIGEN MARKTPLÄTZE hat einen Weg gefunden, Märkte nicht nur hinreichend »dicht«, »unverstopft« und sicher, sondern auch *nutzerfreundlich* zu machen.

Allerdings ist es nicht immer leicht, einen Markt so zu gestalten, dass er sich mühelos nutzen lässt. Amazons Strategie des »One-Stop-Shopping« zum Beispiel – also Einkauf des gesamten Bedarfs an einem Ort – erfordert Lagerhaltung und Versand, schnelle Web-Server und sichere Zahlungswege, mit gespeicherten verschlüsselten Kreditkartennummern, damit Stammkunden nicht bei jedem Einkauf mit der erneuten Eingabe der Daten behelligt werden müssen.

Vereinfachung dient zuweilen im Wettbewerb neuen Marktplattformen dazu, ältere zu verdrängen. Kreditkarten haben Papierschecks ersetzt, und es bleibt abzuwarten, ob mobile Zahlungssysteme Kreditkarten verdrängen werden. Wenn sie es tun, dann deshalb, weil es einfacher und sicherer ist, mit dem Finger über ein Smartphone zu wischen, als eine Kreditkarte einzulesen, oder einfacher für den Händler, eine Zahlung auf diese Weise anzunehmen. Wenn die Konkurrenz zwischen Marktplätzen dazu führt, dass bislang erfolgreiche Märkte zusammenbrechen, dann oft deshalb, weil der bisherige Erfolg bei der Schaffung eines dichten Marktes untergraben wird. Wenn sich zum Beispiel mobile Zahlungen für Händler als attraktiver erweisen sollten, dann werden einige Händler bei zunehmender Dichte des Marktes für mobile Zahlungssysteme vielleicht keine Kreditkarten mehr akzeptieren, die sie mit einer hohen Gebühr belasten. Dies wiederum würde diese Kreditkarten für Konsumenten weniger attraktiv machen, was sie wiederum für noch mehr Händler unattraktiv machen würde – und ein bislang dichter Markt würde dünn werden.

IN DEN NACHFOLGENDEN KAPITELN werden wir Märkte genauer unter die Lupe nehmen und uns eingehender mit ihrer Funktionsweise, ihren »Spielregeln«, befassen.

Einige der Marktplätze, mit denen ich Sie bekannt mache, habe ich selbst mitgestaltet beziehungsweise erforscht. Andere sind lediglich Märkte, an denen ich, wie Sie, einfach nur teilnehme – etwa der Markt für Handys, Kreditkarten oder die morgendliche Tasse Kaffee.

Wenn wir an Märkte denken, fällt den meisten von uns spontan die Aktienbörse oder ein Ladengeschäft ein, oder die explodierende Nachfrage nach neuen Smartphones, oder vielleicht auch nur ein traditioneller Wochenmarkt. Aber wir haben bereits gesehen, dass wir jeden Tag vielen anderen Märkten begegnen, und ohne sie sähe unsere Welt völlig anders aus (und oft weit weniger angenehm). Zu diesen Märkten zählen nicht nur unsere Erfahrungen im Supermarkt oder im Telefonladen, sondern auch die Zulassung zum Hochschulstudium, die Jobsuche, unser Frühstück – ja sogar eine Nierentransplantation.

Es wird klar, dass die »Magie« des Marktes nicht wie von Zauberhand entsteht: Viele Marktplätze funktionieren nicht gut, weil sie schlecht gestaltet sind. Sie machen den Markt entweder nicht dicht oder nicht sicher, oder sie kommen nicht mit Überlastung klar. Also wäre es an der Zeit, ihre Funktionsweise zu verbessern. Und manchmal bietet sich die Chance, einen Marktplatz von Grund auf zu entwickeln, einen völlig neuen Markt zum Laufen zu bringen oder eine neue Art von Börse aus der Taufe zu heben. Das werden wir im nächsten Kapitel sehen, wo ich Ihnen vom Nierentausch erzähle.

3. Börsen, die Leben retten

DR. MICHAEL REES KONNTE nicht länger mit ansehen, wie seine Patienten leiden mussten – und starben.

Allzu oft geschah genau dies, wenn er einem Patienten mit Nierenversagen erklärte, er müsse warten, bis die Niere eines verstorbenen Spenders verfügbar sei. Diese Gespräche waren besonders schwierig, weil viele Patienten voller Hoffnung zu ihm gekommen waren. Sie hatten schon jemanden gefunden – einen Verwandten, einen engen Freund, manchmal auch nur einen Bekannten –, der bereit war, ihnen eine Niere zu spenden (ein Spender braucht wie jeder gesunde Mensch nur eine der beiden Nieren, mit denen er geboren wurde). Eine rechtzeitige Organspende kann Nierenkranken nicht nur die lange Wartezeit auf das Organ eines verstorbenen Spenders ersparen, sondern auch die zermürbende Prozedur der Dialyse.

Aber ein williger Spender genügt nicht. Die Blutgruppen müssen kompatibel sein, und das Immunsystem eines Patienten darf die neue Niere nicht sofort abstoßen. Immer wieder führte Mike am Klinikum der Universität von Toledo Tests durch, um dann seinen Patienten die schlechte Nachricht zu überbringen, dass keiner ihrer potentiellen Spender kompatibel sei. Er hasste solche Gespräche. Er war Arzt geworden, um Menschen zu heilen, aber nicht, damit sie an der Schwelle des Todes darauf warteten, dass eine andere arme Seele mit gesunden Nieren starb.

Dann, im Jahr 2000, hörte Mike, dass im Krankenhaus von Rhode Island ein »Nierentausch« praktiziert worden war. Das von Anthony Monaco und Paul Morrissey geleitete Transplantationsteam hatte zwei inkompatible Patienten-Spender-Paare; doch sie stellten fest, dass die Niere jedes der beiden Spender für den jeweils anderen Patienten geeignet war. Mit Erlaubnis der Patienten und Spender führten sie den Tausch durch.

Mike fragte sich, ob er seinen Patienten mit ähnlichen Organtauschen helfen könnte, und nahm zwei Kisten mit Patienten- und Spenderakten mit nach Hause. Nachdem er seine Kinder ins Bett gebracht hatte, setzte er sich an den Küchentisch und verbrachte die nächsten vier Stunden damit, über den Akten zu brüten und die Blut- und Gewebeunverträglichkeiten jedes Patienten zu notieren. Schon bald war der Tisch mit Papier übersät. Er verglich nacheinander jede Patientenakte mit sämtlichen Spenderakten. »Ich hatte eigentlich keinen festen Plan«, erinnert er sich. »Ich bin in dieser Nacht so lange aufgeblieben, bis ich zwei Paare gefunden hatte, die vielleicht zusammenpassten.«

Die großen Fortschritte bei der Entwicklung immunsuppressiver Medikamente, die das Risiko, dass ein Empfänger ein gespendetes Organ abstößt, deutlich verringern, machen es möglich, dass ein Mensch eine Niere auch von jemandem erhalten kann, der kein eineiiger Zwilling, ja nicht einmal ein Blutsverwandter ist. Aber um einen passenden Spender zu finden, genügt es nicht, die richtige Blutgruppe zu haben. Die Tatsache, dass meine Frau und ich gemeinsame Kinder haben, verringert zum Beispiel die Wahrscheinlichkeit, dass ihr Körper eine meiner Nieren annimmt. Während der Geburt war sie womöglich einigen meiner Proteine ausgesetzt, die unsere Kinder erbten, und ihr Immunsystem hat vielleicht Antikörper dagegen entwickelt.

Das war auch bei einigen von Mikes potentiellen Tauschpartnern der Fall. Obwohl es so aussah, als würde der Tausch funktionieren, weil die Blutgruppen von Patienten und Spendern kompatibel waren, hatte einer der Patienten Antikörper gegen einige der Proteine in der geplanten Spenderniere. Diese Transplantation würde fehlschlagen, und daher konnte der Tausch nicht stattfinden.

Mikes erster Versuch war gescheitert, aber er erkannte, dass ein Nierentausch funktionieren konnte. Er brauchte nur eine hinreichend große Datenbank von Patienten-Spender-Paaren, um die Chancen zu erhöhen, und eine Software, die die potentiellen Kombinationen durchrechnen konnte. Mark war überzeugt davon, dass er passende Spender und Empfänger finden würde, wenn beide Voraussetzungen erfüllt waren.

NIEREN UND LEICHEN mögen in einer Diskussion über Märkte deplatziert erscheinen. Aber die Geschichte der Einrichtung von Nierentauschbörsen – an der ich maßgeblich beteiligt war – streift fast sämtliche Themen, auf die ich in den nachfolgenden Kapiteln eingehen werde. Sie verdeutlicht, wie Probleme, die mit Anreizen, Marktdichte, Marktverstopfung und Timing zusammenhängen, durch Marktdesign gelöst werden können und welche Arten von Transaktionen aus welchen Gründen weithin als abstoßend betrachtet werden. Ich beschreibe, wie der Marktplatz für Nierentausch geschaffen wurde, und zugleich behandle ich damit die wichtigsten Themen dieses Buches.

Die bloße Tatsache, dass etwas so Intimes, Persönliches und, offen gesagt, auch Beunruhigendes wie der Tausch menschlicher Nieren nicht nur als Marktplatz organisiert, sondern dabei auch besser, fairer und effizienter gemacht werden kann, zeigt die Bedeutung dessen, was Sie, wie ich hoffe, überall um Sie herum beobachten können. Nämlich, dass Märkte und Marktplätze viele Formen annehmen, von denen einige nicht den herkömmlichen Vorstellungen von Märkten entsprechen; zudem spielt Geld in einigen dieser Märkte nur eine geringe oder gar keine Rolle.

Kehren wir also zu unserer Geschichte über die Hoffnungen von Dr. Michael Rees für den Nierentausch zurück, und betrachten wir sie als eine Einführung in das Design von Märkten und Marktplätzen.

WENN WIR EINE SCHLANGE von Menschen sehen, die anstehen, um ein knappes Gut zu erwerben, vermuten wir, dass die Nachfrage das Angebot übersteigt. Wenn wir eine leise Ahnung von wirtschaftlichen Zusammenhängen haben, kommen wir vielleicht auch zu dem Schluss, dass dieses Ungleichgewicht eintritt, weil der Preis zu niedrig ist, um ein großes Angebot zu generieren.

Gegenwärtig warten über hunderttausend Menschen in den Vereinigten Staaten auf eine Nierentransplantation. Dabei ist der Preis einer Niere null, da es in den USA und in den meisten anderen Ländern der Erde verboten ist, Nieren für Transplantationen zu kaufen oder zu verkaufen. Selbstverständlich muss für Krankenhäuser, Ärzte und Medikamente eine Menge Geld ausgegeben werden, ehe eine Transplantation vorgenommen werden kann. Aber laut Gesetz muss die Niere selbst gespendet worden sein. Nieren müssen also getauscht werden, ohne dass dabei Geld fließt, und zwar in einer Art Tauschhandel.

Gegen Ende des 19. Jahrhunderts wies der Wirtschaftswissenschaftler William Stanley Jevons darauf hin, dass die Erfindung des Geldes eine Marktdesign-Lösung für ein gravierendes, den Tauschhandel erheblich einschränkendes Problem war, nämlich die Notwendigkeit, jemanden zu finden, der das hat, was Sie wollen, und zugleich das will, was Sie anbieten. Mit Geld ist diese »doppelte Übereinstimmung« nicht mehr nötig: Wenn Geld im Markt ist, genügt es, jemanden zu finden, der das anbietet, was Sie wollen. Sie können von dieser Person kaufen, was Sie wollen, ohne jemanden finden zu müssen, mit dem Sie Güter tauschen können.

Die Schwierigkeit, auf die Mike Rees stieß, als er seinen ersten Tausch arrangieren wollte, war genau diejenige, auf die Jevons hingewiesen hatte: Ohne doppelte Übereinstimmung kam kein Tausch zustande. Die Frage lautete dann, wie man eine Clearingstelle für den Nierentausch so gestaltet, dass sie als ein effizienter Marktplatz fungieren kann, ohne dabei Geld einzusetzen.

Tauschringe

ICH WAR EIN frischgebackener Spieltheoretiker, als ich im Jahr 1974 an die Universität Illinois kam. Ich hatte gerade an der Universität Stanford in Operations Research promoviert. Zu Beginn meines Studiums erfuhr ich, dass die meisten der mathematischen Instrumente, die für die effiziente Gestaltung betrieblicher Prozesse zur Verfügung stehen, sich auf Dinge, nicht auf Menschen, konzentrierten. Die Methoden mathematischer Optimierung, die für die Organisierung von Fabriken und Warenlagern und für die Zeitplanerstellung für Güterzüge oder Passagierflugzeuge entwickelt wurden, ließen die Tatsache außer Acht, dass verschiedene Menschen unter Umständen verschiedene Ziele haben, die man allesamt berücksichtigen muss. Die Ausnahme war das gerade aufkommende Fachgebiet der Spieltheorie, die sich mit der Erforschung strategischer Interaktionen befasst.

Ich fühlte mich von der Spieltheorie angezogen, weil es mich interessierte, wie Menschen Entscheidungen treffen und sich selbst organisieren. Spieltheoretiker versuchen sich in Marktteilnehmer hineinzuversetzen, um zu verstehen, wie sie die ihnen zur Verfügung stehenden Strategien einsetzen.

Im selben Jahr haben zwei Spieltheoretiker, Lloyd Shapley und Herb Scarf, einen Beitrag in der allerersten Nummer des *Journal of Mathematical Economics* veröffentlicht, in dem sie ein Gedankenexperiment anstellten: *Wie können Menschen unteilbare Güter tauschen, wenn jeder genau ein Gut benötigt, eines zum Tauschen hat und kein Geld verwenden darf?*[6] Obwohl Shapley und Scarf kein bestimmter Markt vorschwebte, nannten sie die Güter »Häuser«. Wie Ihnen einleuchten wird – und wie mir selbst schließlich klar wurde –, konnte es sich bei den Menschen in dem Gedankenexperiment auch um inkompatible Empfänger-Spender-Paare handeln, wobei jedes Paar eine Niere brauchte und eine Niere zum Tauschen hatte.

Aber 1974 dachte ich nicht an Nierentausch. Auch wenn aus Gedankenexperimenten wie diesem später praktische Anwendungen werden können, sind sie zunächst eine Art Spielzeug. So wie Kinder sich durch Spielen auf das Erwachsenenleben vorbereiten, macht ein abstraktes mathematisches Modell es für Ökonomen möglich, in einer unkomplizierten Weise mit Möglichkeiten zu spielen. Und so entwickelten Shapley und Scarf ein neues Spielzeug, mit dem man erkunden konnte, wie ein Tausch unter erschwerten Bedingungen funktionieren kann – nämlich wenn kein Geld verwendet werden darf und ein Gut gegen ein anderes getauscht werden muss, weil jeder eine unteilbare Sache zum Tauschen hat –, das heißt, es war nicht möglich, eine Sache einfach gegen einen Teil einer anderen Sache zu tauschen.

Solche Tauschoperationen können in *Zyklen* bzw. *Ringen* stattfinden. Die einfachste Art von Tausch ist ein Zweipaar-Ring, ein Tausch also zwischen zwei Patienten-Spender-Paaren, bei denen jeder Spender mit dem Patienten im anderen Paar kompatibel ist. Ein größerer Zyklus, zwischen drei Paaren, würde eine weitere Transplantation ermöglichen, wobei der Spender im ersten Paar dem Patienten im zweiten Paar ein Niere spendet, der Spender im zweiten Paar dem dritten Paar und der Spender im dritten Paar dem ersten Paar und so den Kreis schließt.

Shapley und Scarf haben gezeigt, dass es für sämtliche Präferenzen von Patienten und deren Chirurgen in Bezug auf die Spendernieren immer eine Möglichkeit gab, eine Reihe von Tauschringen, die sie »Top-Tauschringe« nannten, zu finden, welche die Eigenschaft besaßen, dass keine Gruppe von Patienten und Spendern alleine losziehen konnte, um einen Tauschring zu finden, der ihnen besser gefiel. Eine derartige Organisation von Tauschhandel würde es für Chirurgen sicher machen, ihre Patienten in einem solchen Markt anzumelden, da die Patienten keine Vorteile davon hätten, untereinander anders zu tauschen.

Als ich mit diesem Modell zu spielen begann, sah ich darin zunächst eine potentielle Architektur für eine zentrale Clearingstelle, die Tauschwilligen helfen könnte, die Hindernisse für einen Tauschhandel zu überwinden. Aber damit eine solche Clearingstelle die beste Zusammenstellung von Tauschgeschäften findet, müsste sie über die Bedürfnisse und Präferenzen der Patienten Bescheid wissen, und daher müsste die Teilnahme auch auf andere Weise sicher sein.

Da Präferenzen weitgehend vertrauliche Informationen sind, könnte eine Clearingstelle nur funktionieren, wenn Menschen diese Informationen preisgäben. Aber Patienten und Ärzte könnten befürchten, dass die Clearingstelle, wenn sie dieser zu viel verraten, die Informationen dazu nutzen könnte, ihnen eine weniger erwünschte Niere zuzuteilen, weil sie ihre Bereitschaft erklärt hatten, diese zu akzeptieren, selbst wenn eine präferierte Niere ebenfalls verfügbar wäre. Vielleicht könnten sie auch befürchten, dass sie, wenn sie bei dem Versuch, die für sie beste Niere zu bekommen, scheitern, ihre Chance verlieren, eine fast genauso gute Niere zu kriegen, weil diese nicht ihre erste Wahl war. Im Jahr 1982 konnte ich jedoch zeigen, dass Top-Tauschringe es ermöglichen, eine Clearingstelle so zu organisieren, dass es für Patienten und ihre Chirurgen garantiert risikofrei ist, diese Art von Information freimütig preiszugeben.[7]

Ebenfalls 1982 ging ich an die Universität Pittsburgh, die das landesweit größte Transplantationszentrum unterhielt. Dessen Direktor, Thomas Starzl, der die erste erfolgreiche Lebertransplantation durchführte, war dort ein Held. Ich sah ihn oft, umringt von jüngeren Chirurgen, im Café in der Nähe des Campus. Das weckte mein Interesse an Organtransplantationen. Als ich eine Lehrveranstaltung über den geldlosen Tausch von unteilbaren Gütern abhielt, benutzte ich, statt der »Häuser« von Shapley und Scarf, Nieren als ein Beispiel für Tauschgüter. Nieren waren ein besseres Beispiel als Häuser, weil Häuser im wirklichen Leben gegen Geld getauscht werden, während es gesetzlich verboten ist, sich Nieren für Geld zu beschaffen. (Auch wenn Studenten sich damit abfinden, dass man ihnen im Unterricht »Spielzeug«-Modelle präsentiert, sind sie doch froh, wenn sie sehen, dass diese einfachen Modelle vielleicht eine praktische Anwendung haben. Ich selbst halte zwar viel von abstrakten Modellen, aber auch mich befriedigt es viel mehr, wenn ich sehen kann, wohin sich meine Forschungsarbeit konkret entwickelt.)

1998 ging ich nach Harvard. Kurze Zeit später, im Jahr 2000, fand in den USA der ersten Nierentausch statt. In der Zwischenzeit hatten Fortschritte bei der Lösung eines anderen Problems die Grundlagen für meine weitere wissenschaftliche Beschäftigung mit dem Nierentausch gelegt. Zwei türkische Ökonomen, Atila Abdulkadiroğlu und Tayfun Sönmez, hatten sich mit dem Problem der Zimmerzuteilung in Studentenwohnheimen befasst – noch ein Problem, bei dem Geld keine entscheidende Rolle spielt.

Die Zuteilung von Zimmern in Studentenwohnheimen hat mehr mit Organtausch gemeinsam, als man meinen könnte. Einige Studenten – Erstsemester – haben kein Zimmer und brauchen eines. Andererseits gibt es Zimmer, die von Studenten, die ihre Abschlussprüfung machen, geräumt wurden und die daher frei sind. Außerdem gibt es Bewohner, die ihr Zimmer gegen ein anderes, präferiertes tauschen wollen. Man wende dies jetzt auf Nieren an: Patienten mit inkompatiblen Spendern gleichen Bewohnern, die tauschen wollen. Patienten ohne einen Lebendspender gleichen Erstsemestern, die kein Zimmer haben. Und Nieren von verstorbenen Spendern sind wie Zimmer, die von Studierenden im Abschlusssemester geräumt wurden.

Im Jahr 2002 kam ein ehemaliger Doktorand von mir an der Universität Pittsburgh, Utku Ünver, von der Koç-Universität in Istanbul als Forschungsstipendiat nach Harvard. Ich schlug ihm vor, dass wir im Rahmen meiner Lehrveranstaltung über Marktdesign eine Vorlesung über Nierentausch halten. Wir veröffentlichten unsere Aufzeichnungen im Internet, und Tayfun, Utkus Kollege an der Koç-Universität, las sie und bot uns an, gemeinsam mit uns ein praxistaugliches Konzept für eine Nierentauschbörse zu erarbeiten.

Unsere Zusammenarbeit war intensiv und kräftezehrend, aber auch anregend. Der siebenstündige Zeitunterschied zwischen Istanbul und Boston vermittelte uns das Gefühl, rund um die Uhr zu arbeiten. Es gelang uns schließlich, einen Algorithmus sowohl für den Nierentausch zwischen Patienten-Spender-Paaren als auch für die Integration derartigen Tauschhandels mit »nicht-gerichteten Spendern« zu entwickeln. Nicht-gerichtete Spender sind etwa verstorbene Spender (und eine wachsende Anzahl von Lebendspendern), die sich zu Lebzeiten bereit erklärt hatten, einem Hilfsbedürftigen eine Niere zu spenden, aber keinem bestimmten Empfänger fest zugeordnet waren.

Ein Tausch, der bei einem nicht-gerichteten Spender beginnt, ist eine *Kette*, kein Ring, da er nicht zum Anfang zurückkehren muss: Der nicht-gerichtete Spender ist eine altruistische Person, deren Bereitschaft zur Spende nicht auf einen bestimmten Empfänger begrenzt ist und die auch dann spendet, wenn sie im Gegenzug keine Spende erhält. In der Vergangenheit wurden Spenden Verstorbener und andere nicht-gerichtete Spenden immer an jemanden an der Spitze der Warteliste für Leichenspender-Nieren vergeben. Aber der Nierentausch machte es jetzt möglich, dass durch eine nicht-gerichtete Spende mehr Transplantationen erreicht werden, da eine Kette mit dem nicht-gerichteten Spender beginnen konnte, einige Patienten-Spender-Paare einbeziehen und schließlich mit einer Spende an jemanden auf der Warteliste enden konnte.

Unser Algorithmus fand sowohl Top-Tauschringe unter Patienten-Spender-Paaren als auch Ketten, die mit nicht-gerichteten Spendern begannen, und zwar in einer Weise, dass Patienten und ihre Chirurgen gefahrlos daran teilnehmen konnten. Jetzt mussten wir nur noch die Theorie in die Praxis umsetzen und Chirurgen davon überzeugen, dass wir ihnen helfen konnten. Das war nicht so leicht. Ärzte sind nicht immer überzeugt, dass für Ökonomen das Wohlergehen von Menschen an erster Stelle steht.

Wir veröffentlichten unsere Arbeit im Netz und schickten Kopien an Nierenchirurgen im ganzen Land.[8] Zunächst antwortete nur ein Arzt, Frank Delmonico, ein Chirurg an der Harvard Universität und ärztlicher Direktor der Organbank von Neuengland. Frank und ich begannen mit einer Reihe von Gesprächen über die Logistik der Organisation von Tauschoperationen zwischen vielen Patienten-Empfänger-Paaren.

Frank meinte zunächst, die großen Ringe und Ketten, die uns vorschwebten, seien zu komplex; er glaube nicht, dass der Nierentausch unter mehr als zwei Paaren gleichzeitig praktikabel sei, zumindest *noch* nicht. Weil die Transplantationen und Nephrektomien (operative Entfernung einer Niere) gleichzeitig durchgeführt werden müssten (mehr dazu später), würde selbst ein Tausch unter Einbeziehung von nur zwei Paaren vier OPs und OP-Teams erfordern. Frank befürchtete, eine größere Tauschoperation wäre logistisch zu kompliziert.

Also machten wir uns wieder an die Arbeit und entwickelten einen anderen Algorithmus. Es war uns klar: Patienten und Empfänger lassen sich nicht steuern wie Güterzüge, und es reicht nicht, ihnen zu sagen, wohin sie gehen sollen. Auch dieser Algorithmus musste so gestaltet werden, dass Patienten und Chirurgen unbesorgt – ohne Nachteile zu befürchten – alle notwendigen Informationen preisgeben konnten. Ein Großteil dieser Informationen ist nicht automatisch verfügbar; er muss freiwillig zur Verfügung gestellt werden. So würde ein gut konzipierter Algorithmus zum Beispiel Informationen darüber anfordern, wie viele willige Spender ein Patient hat.

Angenommen, ein Patient hätte zwei potentielle Spender, seine Ehefrau und seinen Bruder. Der Algorithmus würde wahrscheinlich mehr potentielle Übereinstimmungen finden, wenn sich der Patient mit beiden potentiellen Spendern für das Programm anmelden würde, auch wenn nur einer spenden müsste. Zwei Spender würden die Chance für eine Übereinstimmung mit einem anderen Patienten-Spender-Paar erhöhen, da einer von diesen beiden Spendern derjenige sein könnte, der mit dem anderen Patienten kompatibel ist. (Dagegen wäre ein Matching-Algorithmus, der Patienten mit nur einem Spender Priorität gäbe, schlechtes Marktdesign, weil Patienten mit zwei Spendern dann vielleicht nur einen angeben würden, damit auch sie Priorität erhielten.) Daher muss ein Nierentausch-Algorithmus gewährleisten, dass Patienten und ihre Ärzte sämtliche Informationen offenlegen, weil Informationen von entscheidender Bedeutung dafür sind, die besten Tauschoperationen zu finden.

Mit Franks Unterstützung stieß dieser neue Vorschlag auf breitere Resonanz. Aus dieser Arbeit ging 2004 das New England Program for Kidney Exchange (NEPKE) hervor, das zunächst die vierzehn Nierentransplantationszentren in New England organisierte, um inkompatiblen Patienten-Spender-Paaren zu helfen, passende Tauschpartner zu finden. Ein Jahr verging, ehe NEPKE mit den

Tauschoperationen beginnen konnte. Man benötigte Einverständ-
niserklärungen von Patienten und ihren Spendern, ehe man mit
dem Aufbau der Datenbanken anfangen konnte. NEPKE musste
außerdem Mitarbeiter einstellen, unter anderem die Leiterin des
klinischen Programms, Ruthanne Leishman, eine Krankenpflege-
rin mit einem Master-Abschluss in Gesundheitswissenschaf-
ten. Ruthanne sollte mit akribischer Sorgfalt sämtliche Details des
Nierentauschs koordinieren – eine schwierige Aufgabe.

Tayfun, Utku und ich freuten uns darüber, dass unsere Software beim NEPKE mit Erfolg für einen guten Zweck genutzt wurde,
und auch, dass die grundlegenden Ideen von anderen übernommen wurden. Aber es war frustrierend für uns zu beobachten, dass
nur Tauschvorgänge mit zwei Paaren stattfanden. Wir wussten, dass
mehr Patienten Transplantate erhalten könnten, wenn sich Krankenhäuser an größeren Tauschoperationen versuchen würden. Dies
ist darauf zurückzuführen, dass einige Patienten, für die es vielleicht keinen passenden Zweipaar-Tausch gibt, womöglich einen
passenden Spender finden würden, wenn mehrere Paare in den
Tauschprozess einbezogen würden. Wir wussten, dass dies logistisch möglich war, weil bereits eine Handvoll erfolgreicher Drei-
paar- und sogar Vierpaar-Tausche stattgefunden hatte.

2005 schrieben wir einen Aufsatz, in dem wir zeigten, dass
viele der Vorteile größerer Tauschnetze realisiert werden konnten,
wenn Transplantationszentren regelmäßig Tauschoperationen
zwischen drei Patienten-Spender-Paaren bzw. nur zwei Paaren
durchführen konnten.[9] (Wie viele zusätzliche Transplantationen
mit Kombinationen aus Zweipaar- und Dreipaar-Tauschen, statt
nur Zweipaar-Tauschen, vorgenommen werden könnten, würde
von dem Patientenpool abhängen und davon, wie viele leicht zuzuordnende Paare dieser enthielte.) Einmal mehr wirkte sich der
Zeitzonenunterschied vorteilhaft für uns aus, weil Utku mittlerweile in die Türkei zurückgekehrt war, während Tayfun als Forschungsstipendiat nach Harvard gekommen war. Wir schlugen
eine Methode zur planvollen Gestaltung von Tauschoperationen vor, die für einen Tausch eine Höchstgrenze von drei bis vier

Paaren als Teilnehmer festsetzte. Wir ließen diesen Aufsatz einem großen Kreis von Personen zukommen, und diesmal waren unsere Kollegen beim NEPKE überzeugt. Innerhalb eines Jahres hatten NEPKE und andere Netzwerke größere Tauschringe in ihre logistischen Prozesse integriert.

Dies alles hört sich recht abstrakt an, aber der gesamte Vorgang und seine Folgen werden unmittelbar anschaulich, sobald man einen konkreten Dreipaar-Organtausch beschreibt.[10] Bei diesem Tausch waren die drei Patienten-Spender-Paare allesamt Ehepaare, die in Neuengland lebten. Einer der Spender war zufälligerweise selbst Nephrologe – Facharzt für Nierenkrankheiten. Dieser Spender, Dr. Andy Levey vom Tufts Medical Center, ist mit der Onkologin Dr. Roberta Falke verheiratet.

Mehrere Mitglieder der Familie Falke litten an der gleichen Erkrankung wie sie, einer polyzystischen Nierenerkrankung (PKD). Ihr Vater war im Alter von 54 Jahren an dieser Krankheit gestorben. Zwei ihrer vier Geschwister waren ebenfalls erkrankt, desgleichen Falkes und Leveys erwachsener Sohn. Ein anderer Bruder hatte bereits eine seiner Nieren an eine der Schwestern Falkes gespendet. Mehrere Freunde meldeten sich als freiwillige Spender, aber keiner war kompatibel. Obwohl Levey, ohne gesundheitliche Schäden zu befürchten, hätte spenden können, wäre eine Niere von ihm für seine Ehefrau ungeeignet.

Peter und Susan Scheibe aus Merrimack, New Hampshire, und Hai Nguyen und Vy Yeng aus Revere, Massachusetts, hatten ebenfalls vergeblich nach einem geeigneten Spender gesucht. Diabetes, eine Hauptursache für Nierenversagen, zerstörte die Nieren von Peter Scheibe und Hai Nguyen. Ihre Ehefrauen waren bereit zu spenden, aber inkompatibel. NEPKE ordnete die drei Paare einander passgenau zu; es zeigte sich, dass Leveys Niere für Peter geeignet war, die Niere von Susan Scheibe für Nguyen und Yengs Niere für Falke. Die Organentnahmen und Verpflanzungen fanden am 15. Dezember 2009 statt.

Levey und Falke wurden im Tufts-Klinikum operiert. Levey fand die Erfahrung, an dem Ort, wo er selbst dreißig Jahre lang als

Arzt tätig gewesen war, medizinisch betreut zu werden, sehr bewegend. »Ich kannte die meisten Menschen, die sich um mich kümmerten«, erinnert er sich. »Es sind Leute, mit denen ich während des größten Teils meines Lebens zusammengearbeitet hatte. Es war ein großartiges Gefühl.« Eine weitere Überraschung kam vier Wochen später, nachdem er wieder zur Arbeit ging. »Meine Patienten waren begeistert«, sagt er. »Mehrere Patienten sagten mir, wie stolz sie auf das waren, was ich getan hatte.«

INZWISCHEN BEGANNEN SICH mehr Chirurgen für unsere Ideen zu interessieren. Mike Rees arbeitete mittlerweile mit Steve Woodle zusammen, einem erfahrenen Transplantationschirurgen an der Universität von Cincinnati, der selbst 2003 eine Leber transplantiert bekommen hatte, nachdem seine Leber durch einen Tumor zerstört worden war. Die beiden Männer begannen, mit Hilfe von Software – eine frühe Version davon wurde von Mikes Vater geschrieben – kompatible Paare zu identifizieren. Sie baten Tayfun, Utku und mich, unsere Zuordnungs-Algorithmen an ihr System anzupassen und ihnen zu helfen, auszutüfteln, wie die Tausche organisiert werden mussten, um im Einklang mit den von ihnen angewandten Kriterien möglichst viele Transplantationen zu schaffen.

Im Januar 2006 bat mich Steve dann, am College of Medicine der Universität von Cincinnati eine Vorlesung über Nierentausche zu halten. Ein von unserer Software ermittelter Zweipaar-Tausch sollte an diesem Morgen stattfinden, und Steve lud mich ein, dabei zuzusehen. Zwei Operationen fanden in dieser Klinik statt, die beiden anderen in Mikes Klinik in Toledo.

An diesem Morgen holte mich Steve in seinem SUV ab, und wir fuhren ins Klinikum der Universität von Cincinnati und zogen uns OP-Kittel an. In zwei benachbarten Operationssälen wurden bereits Vorkehrungen getroffen. Zur selben Zeit waren die gleichen Vorbereitungen in Toledo im Gange. Steve rief wiederholt in Toledo an, um sich über die Fortschritte dort zu informieren. Bei seinem letzten Anruf wurde ihm bestätigt, dass bei allen vier Spendern und

Empfängern eine Narkose vorgenommen und erste operative Zugänge gelegt worden waren. Alle waren bereit; bei niemandem war es bei der Narkose zu Problemen gekommen. Beide Nephrektomien erhielten grünes Licht.

Die Spender-Operation, bei der ich zusah, war eine »handassistierte laparoskopische Nephrektomie«. Bei dieser Operationsmethode erholt sich der Spender schneller als bei dem alten Verfahren, bei dem die Niere durch einen viel größeren Schnitt entfernt wird. Stattdessen arbeitete der Chirurg durch zwei kleine Einschnitte. Durch den einen führte er eine Kamera und eine Lichtquelle ein; die Livebilder aus dem Körperinnern, die der Chirurg auf einem Bildschirm sah, zeigten ihm genau, was er gerade tat, während wir ihm dabei zusahen. Durch den anderen Einschnitt führte er ein Schneidewerkzeug ein, das Ähnlichkeit mit einer winzigen Schere besaß, die an der Spitze einer Stricknadel befestigt war. Auf dem Bildschirm waren nicht nur die Instrumente und die inneren Organe des Patienten zu sehen, sondern auch die behandschuhte Hand eines assistierenden Chirurgen, die dieser durch einen größeren Schnitt eingeführt hatte. Die beiden Ärzte arbeiteten als Team, wobei die scheinbar vom Körper abgetrennte Hand auf Anweisungen reagierte, an Geweben zu ziehen, sodass sie durchtrennt und kauterisiert werden konnten. Wie ein aus einem Hut gezaubertes Kaninchen tauchte die herausgeschälte Niere in der behandschuhten Hand des zweiten Chirurgen aus dem Körperinnern auf, worauf sie sofort in einen eisgekühlten Stahlbehälter gelegt wurde.

Dieser Behälter wurde umgehend in den benachbarten Operationssaal, zu dem wartenden Empfänger, gebracht. Bevor die Niere eingepflanzt werden konnte, musste sie erstmal präpariert werden. Eine anatomische Skizze der Niere in einem Lehrbuch zeigt, wie Blut durch die Nierenarterie ein- und durch die Nierenvene abfließt. In Wirklichkeit zweigen viele kleinere Venen von der großen zentralen Vene ab, und diese müssen ebenfalls lokalisiert und abgebunden werden. Steve und sein Kollege, der erfahrene Chirurg Rino Munda, taten dies in Teamarbeit; sie spürten die vielen kleinen Blutgefäße auf und banden sie ab. Ihre manuelle Geschicklichkeit erinnerte mich an Forellenangler, die Fischköder präparierten.

Ich hatte das Frühstück ausfallen lassen, da ich befürchtete, durch die Anblicke und Gerüche im OP würde mir übel, aber diese Sorge war unbegründet. Denn ich war viel zu fasziniert von dem, was ich sah. Unterdessen waren Steve und Rino so entspannt, dass sie genügend Zeit hatten, um mir jeden ihrer Handgriffe live zu erklären. Die große Nierenvene glich einem feuchten Tissue-Papier, man konnte sich kaum vorstellen, dass sie überhaupt genäht werden konnte. Und dennoch arbeiteten Steve und Rino mit geübter Leichtigkeit. Sie hielten ihre Nähnadeln mit Instrumenten, die wie riesige Pinzetten aussahen, und handhaben sie so, als wären sie Verlängerungen ihrer Hände. Als sie einem jungen Chirurgie-Assistenzarzt die Chance gaben, eine Naht in der Arterie auszuführen (die fester und daher leichter zu nähen ist als die Vene), wurde mir durch seine Ungeschicklichkeit erst klar, dass sie viele Jahre gebraucht hatten, um diese Fertigkeit zu erlangen.

Sich für eine Gefälligkeit revanchieren

JE MEHR SELBSTVERTRAUEN und Erfahrung Chirurgen und Krankenhäuser mit dem Tausch von Nieren gewannen, umso akzeptabler wurden ambitioniertere Formen von Nierentausch. Die Vorstellung, dass der Nierentausch als eine Mischung aus Tauschringen und -ketten gestaltet werden könnte, erschien jetzt realistischer als damals, als wir dies erstmals vorgeschlagen hatten. Die interessanteste Art von Tauschkette ergab sich aus der kleinen, aber wachsenden Zahl potentieller Lebendspender, die bereit waren, irgendeiner beliebigen Person, die eine Niere benötigte, eine solche zu spenden. Bis dahin hatte ein solcher nicht-gerichteter bzw. »altruistischer« Spender seine Niere einem Patienten auf der Warteliste für Leichenspender gespendet. Jetzt erhielten diese Spender die Chance, mehr als nur ein einziges Leben zu retten, indem sie eine Transplantationskette in Gang setzten. Das erste Glied in einer solchen Kette wäre die Spende von dem nicht-gerichteten Spender an einen Patienten in dem Pool von Patienten-Spender-Paaren statt an einen Patienten auf der Warteliste. John Robertson aus Portsmouth, New Hamsphire, wurde 2010 ein solcher Spender, nachdem er eine Reportage auf CBS News gesehen hatte. »Es ging dabei um eine Frau in Phoenix, die drei Tage in der Woche mit dem Taxi zur Dialyse fuhr«, sagt Robertson. »Sie sagte zu dem Taxifahrer, sie werde sterben, wenn sie keine neue Niere bekomme. Und der antwortete: »Sie können eine meiner Nieren haben.«

DIESE GESCHICHTE BEFLÜGELTE ROBERTSON. Er war bereits halb in Pension – er hatte ein paar Jahre zuvor seine Buchhandlung verkauft – und wusste, dass er sich für die Operation und die Genesung freinehmen konnte. Dennoch fragte er sich, ob er mit 62 Jahren nicht zu alt war, um noch ein Organ zu spenden. Ein Krankenhaus in seiner Heimatstadt vermittelte einen Kontakt zum Transplantationskoordinator des Brigham und Women's Hospital in Boston. »Ich fragte: ›Akzeptieren Sie auch Nieren von alten Knackern?‹ Und sie sagte: ›Ja, aber Sie müssen verdammt gesund sein.‹ Je mehr ich erfuhr, umso stärker wurde mein Wunsch, Spender zu werden.«

Robertson wurde wochenlang gründlich untersucht, während NEPKE nach einem passenden Empfänger suchte. »Am schwierigsten war meine Ungeduld«, sagt er.

Während Robertsons Ungeduld wuchs, war Jack Burns regelrecht verzweifelt. Er war seit seinen Dreißigern Diabetiker. Dreißig Jahre später versagten seine Nieren. Ohne Transplantation müsste er regelmäßig zur Dialyse und würde wahrscheinlich seinen Job als Leiter der Gastronomie im Fenway-Park-Baseballstadion verlieren. Die Dialyse ist so zermürbend und zeitaufwendig, dass viele Patienten über kurz oder lang ihren Job aufgeben. Seine Frau, Adele, wollte ihm eine ihrer Nieren spenden, aber ihre Blutgruppen passten nicht zusammen. Jacks Transplantationskoordinator meldete das Paar beim NEPKE an. Im Mai jenes Jahres erfuhren die Burns', dass sie Teil einer Dreierkette sein würden. Ein Spender aus New Hampshire – sein Name wurde ihnen nicht mitgeteilt – würde Jack eine Niere spenden, während Adeles Niere an jemanden auf der Warteliste gehen sollte. Die Operationen waren für Juni geplant.

John Robertson und Adele Burns wurden gleichzeitig operiert. Sobald die Chirurgen in der Brigham-Klinik Robertsons Niere entnommen hatten, schickten sie diese ins nahegelegene Beth Israel Deaconess Medical Center, wo Jack vorbereitet wurde. Adeles Niere wurde einem jungen Mann aus Cambridge, Massachusetts, implantiert. Während früher nur eine Spende stattgefunden hätte – von Robertson an eine Person auf der Warteliste –, kam es jetzt zu zwei Spenden. Einige NEPKE-Ketten bestanden damals sogar aus drei Spenden und drei Einpflanzungen beziehungsweise sechs Operationen insgesamt. Warum aber nur sechs? Weil NEPKE-Ketten weiterhin über gleichzeitige Operationen erfolgten, mussten mehreren OP-Teams und Operationssäle koordiniert werden, was längere Ketten behinderte. Nach so vielen Erfolgen war dies eine frustrierende Begrenzung.

In einem Aufsatz von 2006 hatten Tayfun, Utku und ich zusammen mit Frank Delmonico und Susan Saidman, den Immunologie-Spezialisten von NEPKE, angeregt, das Erfordernis der Gleichzeitigkeit der Operationen zu lockern, da sich dadurch die Zahl der Transplantationen erhöhen ließe.[11] Dies war ein umstrittener Vorschlag. Um zu verstehen, warum er trotzdem sinnvoll war, wollen wir eine einfache Kosten-Nutzen-Analyse anstellen, um nachzuvollziehen, warum konventionelle Organtausche gleichzeitig durchgeführt werden.

Bei nicht-gleichzeitigen operativen Eingriffen könnte ein Spender bei einem konventionellen Tausch zwischen zwei Paaren sein Versprechen brechen und den potentiellen Empfänger im Regen stehen lassen. Man kann sich vorstellen, wie sich dies abspielt: Ich spende heute dem Bruder einer Person eine Niere, in der Erwartung, meine Ehefrau werde ihrerseits morgen eine Niere erhalten. Aber morgen springt dann der potentielle Spender ab. Ich habe meine zweite Niere abgegeben – was bedeutet, dass wir nicht länger an einem zukünftigen Nierentausch teilnehmen können –, aber meine Frau benötigt nach wie vor eine Niere. Die gerissene Verbindung hat uns dauerhaften Schaden zugefügt. Um dies zu verhindern, werden Organtausche in geschlossenen Ringen immer gleichzeitig durchgeführt.

Die Anwesenheit eines nicht-gerichteten Spenders kann das Risiko, dass ein Paar eine Niere spendet, aber im Gegenzug keine erhält, eindämmen. Jetzt könnte jedes Paar planmäßig eine Niere erhalten, bevor es eine spendet. Und wenn die Kette unerwartet reißt – das heißt, wenn jemand überraschend nicht spenden wollte oder könnte –, würde niemandem ein dauerhafter Schaden entstehen.

Lassen Sie mich die Robertson-Burns-Kette um meine Frau und mich erweitern, um Ihnen zu verdeutlichen, was ich meine. Stellen Sie sich vor, wir stehen in der Reihe hinter Jack und Adele Burns: Ich soll eine Niere spenden, nachdem meine Frau eine von Adele erhalten hat. Die Kette würde in der gleichen Weise beginnen, mit John Robertsons altruistischer Spende an Jack. Aber da die Operationen nicht gleichzeitig stattfinden, könnte Adele in der Zwischenzeit in Panik geraten und abspringen. (Die wirkliche Adele hätte dies nicht getan, aber wir wollen einmal annehmen, sie hätte es getan.) Was geschieht? Meine Frau und ich sind sehr enttäuscht, aber wir sind nicht schlechter dran, als wir es waren, bevor sich Robertson freiwillig meldete. Ich habe noch immer meine Niere, und wir können weiterhin an einem zukünftigen Tausch teilnehmen. Dies verringert die Kosten einer gebrochenen Kette und erhöht so den Anreiz, nicht-gleichzeitige Operationen zuzulassen.

Als Tayfun, Utku und ich die Idee nicht-gleichzeitiger Tausche zur Diskussion stellten, stießen wir, wie schon erwähnt, auf erheblichen Widerstand. Ruthanne Leishman vom NEPKE erklärte uns, Chirurgen würden dies niemals akzeptieren. Frank, der das Nierentauschprogramm, für das er mit den Weg bereitet hatte, unbedingt erhalten wollte, befürchtete Klagen, wenn jemand eine versprochene Spende doch nicht durchführte – und dass die sich daraus

ergebenden negativen Schlagzeilen einen Rückschlag für das
gesamte Programm bedeuten könnten.

Aber Mike Rees in Ohio war bereit, ein Risiko einzugehen. Er
hatte bereits über die von ihm gegründete gemeinnützige Organisation Alliance for Paired Donation (APD) Nierentausche über die
Grenzen mehrerer US-Bundesstaaten hinweg organisiert. Seine
erste nicht-gleichzeitige Kette begann mit Matt Jones, einem altruistischen Spender aus Michigan. Jones, Manager einer Niederlas-
sung des US-amerikanischen Mietwagenunternehmens National Car Rental, war erst 28 Jahre alt, als er beschloss, eine seiner
Nieren zu spenden. Er wollte etwas tun, wofür ihn seine Kinder
bewundern würden. Jones' Spende im Juli 2007 löste eine Kette
von zehn Transplantationen aus, die sich über die nächsten acht
Monate erstreckten.

Jones brachte den Ball ins Rollen, indem er nach Phoenix flog
und seine Niere einer dort lebenden Frau spendete. Anschließend
spendete deren Ehemann seine Niere einer Frau in Toledo. Im
März 2008 hatte die Kette sechs Transplantationszentren und fünf
Bundesstaaten durchlaufen. Zweimal lagen Monate zwischen dem
Zeitpunkt, zu dem der Patient eines Paares eine Niere erhielt, und
dem Zeitpunkt, zu dem der Spender in dem betreffenden Paar eine
Niere spendete. Doch trotz der langen Wartezeiten hat niemand
sein Versprechen gebrochen. Im November 2009 erklärte das
Magazin *People* Mike und die übrigen Spender in dieser Kette zu
»Helden unter uns«. Und die Kette war noch nicht an ihr Ende
gelangt: Die letzte Person in der Fotogalerie von 21 Patienten, die
People veröffentlichte, war die 29-jährige Heleena McKinney, die
Tochter des letzten Empfängers. Unter ihrem Foto war zu lesen
»Spenderin in Wartestellung«. Es zeigte sich, dass sich für McKin-
ney nur schwer ein passender Empfänger fand, aber nach fast drei
Jahren war es so weit, und sie setzte die Kette fort, die schließlich
sechzehn Transplantationen umfasste und endete, als der letzte
Spender einem Patienten auf der Warteliste, der seinerseits keinen
Spender hatte, um die Kette fortzusetzen, eine Niere spendete.

DANK MIKES KETTE und der öffentlichen Aufmerksamkeit, die sie erhielt, hatte eine Revolution begonnen. Potentielle Spender erkannten, dass ihr Geschenk vielleicht zehn Leben retten würde, und immer mehr begannen daraufhin, die Klinik von Mike und andere Krankenhäuser zu kontaktieren. Unser Bericht über diese erste nicht-gleichzeitige Kette im renommierten *New England Journal of Medicine* verschaffte ihr jene wissenschaftliche Würdigung, die es anderen Transplantationszentren und Nierentausch-Netzwerken erlaubte, solche Ketten ernsthaft in Erwägung zu ziehen.[12] In den Jahren, die seither vergangen sind, sind nicht-gleichzeitige Ketten immer länger geworden, und zig weitere Krankenhäuser und Netzwerke beteiligen sich daran.

Einer derjenigen, die Mikes Beispiel nicht-gleichzeitiger Ketten besonders tatkräftig nacheifern, ist kein Chirurg, sondern ein Geschäftsmann, Garet Hil, der von der Möglichkeit des Nierentauschs hörte, als die Nieren seiner Tochter 2007 versagten. Weder Garets Niere noch diejenigen mehrerer Onkel seiner Tochter waren kompatibel. Garet meldete sich landesweit bei so vielen Nierentauschprogrammen an, wie er nur konnte, und er erinnert sich dankbar daran, dass ihn sowohl NEPKE als auch APD herzlich willkommen hießen. Aber seine Kontakte mit einigen der Kliniken, die eigene Nierentauschprogramme hatten, etwa dem Johns Hopkins und dem University of Pittsburgh Medical Center, frustrierten ihn. »Einige von ihnen wollten mich nur dann in ihr Programm aufnehmen, wenn ich persönlich bei ihnen erschien – auch wenn ich dazu in eine weit entfernte Stadt hätte fliegen müssen – und mich bei ihnen sämtlichen medizinischen Untersuchungen unterzog«, erinnert er sich. »Und nicht nur mich, sondern auch meine Tochter, die sich regelmäßig einer Dialyse unterziehen musste. Als sie sagten: ›Sie müssen Ihre Tochter in unser Transplantationszentrum bringen‹, sagte ich: ›Meine Tochter fühlt sich wohl im Klinikum der Cornell University [in New York City].‹ Aber sie blieben hart.« Garet gelangte zu dem Schluss, dass diese Krankenhäuser ihre finanziellen Interessen über die Interessen ihrer Patienten stellten. Er glaubt noch immer, dass sie »paarweisen Organtausch als eine Waffe benutzen, um ihren Marktanteil zu vergrößern«.

Innerhalb weniger Monate war die Diskussion darüber, ob seine Tochter für die Transplantation reisen müsste, obsolet. Ein Cousin war ein geeigneter Spender, und die Operationen fanden im Juli statt. Eine Woche nach diesen Eingriffen geschah etwas, was Garets Überzeugung bestätigte, dass Patienten sich in der Nähe ihres Wohnorts transplantieren lassen sollten. Die Beine seiner Tochter begannen anzuschwellen, und Garet und seine Frau befürchteten, dass ihr Körper die neue Niere abstieß. Sie brachten sie schnell in die Notaufnahme des New York-Presbyterian, des Klinikums der Cornell Universität. »Es war keine Abstoßung«, sagt er. »Aber wenn sie in einer tausend Meilen entfernten Stadt transplantiert worden wäre – was für ein Albtraum wäre das gewesen. Das Transplantationszentrum sollte immer möglichst in der Nähe sein.«

Garets Frustrationen brachten ihn Ende 2007 dazu, ein Tauschnetzwerk zu gründen, das er National Kidney Registry – Nationale Nieren-Datenbank – nannte. Ihre Zentrale befindet sich in der Nähe seines Hauses auf Long Island, und ihr Ziel ist es, durch Anwerbung von Krankenhäusern und nicht-gerichteten Spendern potentiell recht lange, nicht-gleichzeitige Tauschketten zu ermöglichen. Wenn ein Krankenhaus einen nicht-gerichteten Spender meldet, verspricht das NKR, eine seiner Ketten in diesem Krankenhaus enden zu lassen. Das garantiert, dass das Krankenhaus keine Transplantation »verliert«, nur weil es seinen Spender teilt. Wohlgemerkt: Kliniken erzielen mit ihren Transplantationen Einnahmen; sie sind Wirtschaftsunternehmen und zugleich Erbringer medizinischer Dienstleistungen.

APROPOS GEWINNSTREBEN: Manchmal, wenn ich erkläre, wie viel Marktdesign, Programmierung und Überzeugungsarbeit im Medizinbetrieb nötig sind, um Nierentausche zu ermöglichen, sagt mir der eine oder andere – manchmal ein Kollege –, Organhandel würde die Dinge vereinfachen. Wenn wir einfach den Markt seine Arbeit tun ließen, so das Argument, würde sich der Preis einer

Niere dort einpendeln, wo genügend Menschen bereit seien, ihre zweite Niere zu verkaufen – und die Warteliste würde verschwinden. Schließlich ist es nicht so, als gäbe es einen Mangel an hochmotivierten Käufern.

Als Wirtschaftswissenschaftler verstehe ich diese Sichtweise. Märkte bieten oftmals genau das an, was Menschen wünschen, und dies, ohne dass sich Marktdesigner darum bemühen. Aber das große Hindernis für diesen Handel mit Nieren habe ich bereits erwähnt: Bis auf den Iran ist er überall verboten. Aus diesem Grund finden viele Menschen Organverkäufe abstoßend. Wir werden uns in Kapitel 11 eingehender mit dieser Ablehnung als einer Beschränkung ansonsten sinnvoller Transaktionen befassen. Im Moment erscheint es unwahrscheinlich, dass das Verbot, mit Nieren zu handeln, in absehbarer Zeit aufgehoben wird.

Schwierige und leichte Paarungen

BIS DAHIN KÖNNEN gut konzipierte Clearingstellen Menschen, die auf Spendernieren angewiesen sind, helfen. Ich glaube nicht, dass der Nierentausch allein jemals die ständig länger werdende Warteliste für Spendernieren vollständig beseitigen wird, aber wenn wir genügend Patienten, Chirurgen und Kliniken dazu bringen, mitzumachen und ihre Informationen umfassend preiszugeben, können wir viel mehr Transplantationen durchführen.

Doch in dem Maße, wie sich der Nierentausch ausweitet, sieht er sich neuen Hindernissen gegenüber, wie bei so vielen Märkten, sobald sie sich etablieren. Als wir anfingen, bestand das Problem darin, den Nierentausch in einer Weise zu gestalten, die es Patienten-Spender-Paaren und ihren Chirurgen erlauben würde, risikolos an dem Programm teilzunehmen. Heutzutage sind die Leiter von Transplantationszentren zu strategischen Akteuren geworden, und die größte Herausforderung besteht darin, Organtausch-Clearingstellen so zu gestalten, dass Krankenhäuser, ohne Nachteile befürchten zu müssen, *all* ihre Patienten-Spender-Paare anmelden können, nicht nur diejenigen, bei denen es am schwierigsten ist, einen passenden Partner zu finden. Gegenwärtig wollen einige Krankenhäuser die Paare, für die sich leicht passende Tauschpartner finden (sodass sie den Organtausch intern ausführen können), für sich behalten. Nur wenn eine solche Klinik keinen passenden internen Tauschpartner finden kann, meldet sie ein bestimmtes Paar einer Clearingstelle.

Einfach zu realisierende Transaktionen zurückzuhalten ist ein verbreitetes Phänomen in Märkten mit Vermittlern. Denken wir nur an den Immobilienmarkt. Wenn der Markt heiß ist, tauchen leicht verkäufliche Häuser möglicherweise nie auf dem Markt auf. Vielmehr werden Immobilienmakler Anbietern, die sich bei ihnen angemeldet haben und die keinen allzu hohen Preis verlangen, passende Käufer zuteilen, die für den Häuserkauf die Hilfe eines Maklers in Anspruch nehmen und die ihr eigenes Haus nicht verkaufen müssen, ehe sie ein neues erwerben. Das mag für diese Käufer und Verkäufer sinnvoll sein oder auch nicht. Es sorgt sicher für einen schnellen Verkauf, der einige Unannehmlichkeiten erspart, aber die Verkäufer könnten vielleicht einen besseren Preis erzielen, wenn sie ihr Haus einem größeren Kreis von Interessenten anbieten würden. Allerdings ist es gewiss ein gutes Geschäft für den Immobilienmakler, da dieser die Transaktion rasch, ohne nennenswerten Einsatz an Zeit und Aufwand, über die Bühne bringen kann. Doch führt dies auch dazu, dass sich der gesamte Markt stärker anstrengen muss, weil es diejenigen, die mühelos kaufen und verkaufen, vom offenen Markt fernhält und dort einen unverhältnismäßig hohen Anteil an hochpreisigen Häusern und Käufern, die knapp bei Kasse sind, zurücklässt. Dies kann die Gesamtzahl der Verkäufe verringern, da einige der preisgünstigen Häuser vielleicht von Käufern erstanden worden wären, die üblicherweise durch zu hohe Preise vom Markt ausgeschlossen sind.

Börsenmakler haben ähnliche Anreize, und deshalb gibt es heute Gesetze und branchenspezifische Regulierungen, die es Maklerfirmen verbieten, leicht akquirierbare Wertpapiergeschäfte intern abzuwickeln. Es ist für Broker verlockend, Kosten zu sparen –

und zusätzliche Gewinne zu machen –, indem sie direkt bei Anbietern, die niedrige Preise verlangen, kaufen und anschließend
sofort an Käufer, die hohe Preise anbieten, weiterverkaufen. Man
beachte, dass diese Praxis zwar für die Maklerfirmen, nicht aber
unbedingt für deren Kunden vorteilhaft sein mag, und erst recht
nicht für den Markt als Ganzes – der vielleicht weniger Kunden
zufriedenstellt, als wenn er jene Marktdichte besäße, die er hätte,
wenn alle Wertpapiergeschäfte über Finanzbörsen abgewickelt
würden.

Wenn nun Transplantationszentren leicht zuzuordnende Paare
für sich behalten und sie intern transplantieren, dann verringert
dies in ganz ähnlicher Weise die Anzahl der Personen, die landesweit kompatibel zugeordnet werden können – weil es leichter ist,
Tauschpartner für schwer vermittelbare Paare zu finden, wenn sie
nicht immer mit anderen schwer vermittelbaren Paaren abgeglichen werden müssen. Ich habe dieses Problem zusammen mit
Itai Ashlagi, einem Professor am MIT, erforscht, und wir glauben,
das Problem ließe sich schon durch kleine Veränderungen beste
hender Praktiken beheben, nämlich durch Ausweitung einer bestimmten Buchführung, die bereits zur Erfassung von Krankenhäusern, die nicht-gerichtete Spenderketten initiieren, verwendet
wird. Dies lässt sich mit einer Art Vielfliegerprogramm für Krankenhäuser vergleichen:[13] Wir könnten erfassen, wie viele leicht zuzuordnende Paare jedes Krankenhaus registriert. Immer dann,
wenn man nicht genau weiß, welches von zwei schwer zuzuordnenden Paaren in einen Tausch einbezogen werden sollte, sollte diese
Unsicherheit zugunsten des Paares mit einem Patienten aus einem
Krankenhaus entschieden werden, das auch leicht zuzuordnende
Paare registriert hat. Dies bedeutet leider auch, dass wir uns ein-
gestehen müssen, dass Krankenhäuser strategische Akteure sind,
die im Wettbewerb stehen – was alle wissen, aber viele Ärzte und
Verwaltungsleiter von Kliniken nur ungern zugeben.

Unterdessen wird sich das Problem, dass Krankenhäuser Paare
für sich behalten, vermutlich verschärfen. Dadurch werden lange,
nicht-gleichzeitige Ketten noch wichtiger,[14] denn wenn Kranken-

häuser ihre leicht vermittelbaren Paare für sich behalten, werden die gemeldeten schwer vermittelbaren Paare vermutlich nicht in einfache Tauschoperationen mit nur einem oder zwei anderen Paaren einbezogen werden können, da sich der Ring nur schwer schließen lässt, wenn jedes Paar nur schwer zuzuordnen ist.[15]

Gutes Zusammenspiel

DIE PROBLEME, die dafür sorgen, dass der Nierentausch gegenwärtig sein Potential nicht vollständig ausschöpfen kann, kommen nicht völlig unerwartet. Schließlich geht es beim Marktdesign nicht nur darum, Märkte zu verstehen und herauszufinden, wie man sie besser organisieren kann. Es geht auch um »Interessenpolitik«. Das meine ich gar nicht abfällig; es ist normal, dass in einem Wirtschaftszweig, in dem Milliardenumsätze gemacht werden, wie etwa bei der medizinischen Versorgung von Nierenkranken, institutionelle und Karriereinteressen im Spiel sind, und diese reagieren nur zögerlich auf neue technologische und organisatorische Möglichkeiten. Dies zeigt sich nirgends deutlicher als bei den Bemühungen, den Nierentausch auf nationaler Ebene zu organisieren.

Frank Delmonicos New England Program for Kidney Exchange und Mike Rees Alliance for Paired Donation erzeugten dadurch dichtere Märkte, dass sie Patienten-Spender-Paare aus Dutzenden von Krankenhäusern zusammenbrachten. Später stieß Garet Hils National Kidney Registry zu dieser exklusiven Gruppe. Aber diesen drei Programmen gelingt es nur selten, ihre Patientendaten untereinander auszutauschen, um Transplantationen über Netzwerkgrenzen hinweg zu arrangieren. Und viele Kliniken verweigern schlichtweg die Teilnahme. Folglich ist der Markt nicht so dicht, wie er sein könnte. Dies bedeutet, dass man so manche Transplantationschancen ungenutzt lässt.

Es war von Anfang an klar, dass man eine für den Nierentausch optimale Marktdichte am besten dadurch erreichen kann, dass man eine nationale Nierentauschbörse organisiert. Aber dem standen zwei Probleme entgegen: Eines davon ist technischer und rechnerischer, das zweite ist politischer und organisatorischer Natur.

Die politischen und organisatorischen Probleme sind in vielerlei Hinsicht schwerer zu lösen als die rechnerischen, und sie sind mindestens genauso wichtig für das Marktdesign. Leider ist es so, dass Krankenhäuser sich nicht reibungslos miteinander vernetzen, weil sie eben auch um Patienten konkurrieren. Dies hat es sowohl der APD als auch der NKR erschwert, kontinuierlich landesweit zu expandieren, wenngleich beide in dieser Richtung Fortschritte machen.

Tatsächlich gibt es eine nationale Organisation, mit der die Transplantationszentren bereits über Organe von verstorbenen Spendern kommunizieren – eine gemeinnützige Organisation auf Bundesebene, das United Network for Organ Sharing (UNOS). Doch als Frank Delmonico 2004 zum Präsidenten des UNOS gewählt wurde, musste er feststellen, dass die Mitarbeiter nicht erpicht darauf waren, die zusätzliche Verantwortung für die Organisation von Nierentauschen zu übernehmen.

2010 startete UNOS ein nationales Pilotprogramm für seine Clearingstelle zum Nierentausch. Bis heute hat dieses Programm nur zu wenigen Transplantationen geführt, auch wenn es Anzeichen dafür gibt, dass sich die Situation vielleicht ändert. UNOS muss viele Interessen unter einen Hut bringen. Dies mag seine Fähigkeit beeinträchtigen, die besten Praktiken, die andere Nierentausch-Netzwerke entwickelt haben, zügig zu übernehmen. Da eine effektive, landesweit organisierte Tauschbörse fehlt, werden Clearingstellen wie die APD und NKR vielleicht weiter expandieren und sich zusammenschließen. Aber UNOS hatte einen positiven Effekt: NEPKE schloss Ende 2011 seine Pforten, um sich mit dem nationalen Programm zusammenzuschließen, und die Leiterin des klinischen Programms von NEPKE, Ruthanne Leishman, wechselte zu UNOS. Bevor Ruthanne im Sommer 2011 ihren neuen Posten antrat, hatte das UNOS-Programm ganze zwei Transplantationen vermittelt. Nachdem sie die Arbeit aufgenommen hatte, organisierte UNOS immerhin weitere fünfzehn Transplantationen. Aber während es landesweit expandiert, hat UNOS beim Nierentausch noch einen erheblichen Nachholbedarf.[16]

Unabhängig davon, ob wir eine nationale Tauschbörse oder einige wenige große Tauschnetze haben, kann sich der Nierentausch nur dann kontinuierlich weiterentwickeln, wenn die US-Regierung und Versicherungsgesellschaften eine Lösung dafür finden, wer die Kosten von Nierentauschen tragen soll.[17] Die USA befinden sich heute in der paradoxen Situation, dass Medicare und private Versicherer zwar die Dialyse bezahlen, die teurer und weniger effektiv als eine Transplantation ist, aber nicht sämtliche Kosten der Vorarbeiten, die Nierentausch überhaupt erst ermöglichen, tragen. Deshalb nehmen Krankenhäuser manchmal die Dienste von Privatpiloten wie Jerry Green in Anspruch, um Spendernieren von A nach B zu bringen – wie wir in Kapitel 1 gesehen haben.

ICH FREUE MICH AUF DEN TAG, an dem Nierenkrankheiten Geschichte sind und wir keine Nierentransplantationen mehr brauchen. Aber bis dahin wünsche ich mir, dass möglichst viele der Patienten, die ein Spenderorgan brauchen, ein solches bekommen. Und auch wenn es mich oft frustriert, wie langsam wir vorankommen, hätte ich andererseits nicht gedacht, dass wir in so kurzer Zeit so große Fortschritte machen würden.

Mittlerweile ist der Nierentausch zu einer Standardmethode für Organverpflanzungen in den Vereinigten Staaten geworden, und er wird weltweit immer häufiger praktiziert. (In Deutschland gibt es für Lebendspenden – also auch für Nierentausch – äußerst strenge Vorgaben, die rechtlichen und medizinischen Voraussetzungen regelt seit 1997 das »Transplantationsgesetz«.[18])

Mit zunehmenden Erfahrungen deutet immer mehr darauf hin, dass potentiell lange, nicht-gleichzeitige Ketten für Nierenpatienten vorteilhaft sind, und *besonders* nützlich für jene Patienten, für die ein passender Spender am schwersten zu finden ist. Tausende von Transplantationen, die andernfalls nicht möglich gewesen wären, wurden durchgeführt.[19] Und in den vergangenen Jahren fanden die meisten davon in Gestalt von Ketten statt.

DER MARKT FÜR NIERENTAUSCHE unterscheidet sich grundlegend von den Märkten, die wir in Kapitel 2 kennengelernt haben. Aber wie ich zu zeigen versuchte, geht es beim Marktdesign für den Nierentausch darum, den Markt hinreichend dicht, »unverstopft«, sicher, einfach und effizient zu machen. Beim Nierentausch erforderte die Schaffung einer ausreichenden Marktdichte den Aufbau von Datenbanken mit Patienten-Spender-Paaren. Um der Gefahr der Verstopfung zu begegnen, musste man einst in der Lage sein, genügend Operationssäle zur gleichen Zeit zu reservieren – heute geht es darum, Tauschketten zu organisieren. Der Markt lässt sich dadurch sicher und einfach gestalten, dass man es für Krankenhäuser leicht macht, all ihre Patienten-Spender-Paare für das Programm anzumelden, damit der Markt in effizienter Weise möglichst vielen Patienten hilft, ein Transplantat zu bekommen.

Damit ein Markt gut funktioniert, müssen seine Marktplätze all diese Probleme lösen, auch wenn die Lösungen für verschiedene Märkte jeweils unterschiedlich sind.

Marktdesign hat noch einen weiteren wesentlichen Aspekt, der mit dem menschlichen Verhalten zusammenhängt. In den letzten Jahren haben Verhaltensökonomen traditionelle ökonomische Annahmen auf den Kopf gestellt, weil sie erkannten, dass Menschen nicht gnadenlos berechnend und rein eigennützig handeln, und Marktdesigner vergeben große Chancen, wenn sie dies vergessen. Betrachten wir nicht-gerichtete Nierenspender. Wenn jeder ausschließlich eigennützig handelte (wie dies althergebrachte ökonomische Modelle zuweilen unterstellen), gäbe es keine altruistischen Spender. Wenn die meisten Menschen nur an sich selbst und ihre Verwandten und Freunde denken würden, würden mehr von ihnen ihr Versprechen nicht halten und ihre Niere nicht spenden, nachdem der Mensch, der ihnen nahesteht, eine bekommen hat – aber nur sehr wenige tun dies.

Jede Phase in der Gestaltung einer Nierentauschbörse ist mit Korrekturen des Marktdesigns verbunden – eine Art von Balanceakt zwischen den mathematischen Modellen, der chirurgischen Logistik, den Anreizen für Patienten, Ärzte und Krankenhäuser,

Risiken und Belohnungen. Als wir erstmals vorschlugen, der Nierentausch solle Ringe und Ketten mit einbeziehen, rechneten wir
nicht damit, dass wir mit einfachen Zweipaar-Tauschoperationen
beginnen müssten oder dass, sobald größere Ringe und Ketten
möglich würden, lange nicht-gleichzeitige Ketten mit der Zeit eine
so wichtige Rolle spielen würden. Jede dieser Entwicklungen ging
mit einer Modifikation des Marktdesigns einher, die auf Änderungen der Marktbedingungen und des Verhaltens der Teilnehmer
reagierte.

Die Lektion, die wir beherzigen müssen, wenn wir gewöhnliche
Märkte betrachten, lautet, dass Marktplätze nicht nur die Probleme
lösen müssen, die damit verbunden sind, einen dichten Markt zu
erzeugen, »Verstopfung« zu verhindern und dafür zu sorgen, dass
die Teilnahme sicher und einfach ist. Vielmehr müssen sie diese
Probleme auch *immer wieder neu* lösen, denn Märkte entwickeln
sich weiter.

Und so, wie Ingenieure viel darüber lernen, wie man Brücken
baut, indem sie diejenigen, die eingestürzt sind, ausführlich untersuchen, können Marktdesigner viel darüber lernen, was Märkte gut
funktionieren lässt, indem sie die analysieren, die versagen. Eine
Brücke stürzt ein, wenn das schwächste Bauteil versagt, und ein
Marktdesign kann nur dann erfolgreich sein, wenn es alle möglichen Formen von Marktversagen berücksichtigt und vermeidet.
Oftmals sind es dieselben Wettbewerbsimpulse, die gut gestaltete
Märkte reibungslos funktionieren lassen, während sie auf schlecht
gestalteten Märkten zu Versagen führen.

In den nächsten vier Kapiteln werden wir uns verschiedene
Formen des Versagens näher ansehen: unzureichende Marktdichte,
»Verstopfung«, mangelnde Sicherheit und Einfachheit. Dann werden wir besser verstehen, wie einige Märkte, die kaputt waren, neu
gestaltet und repariert werden konnten.

TEIL II

Vereitelte Wünsche:
Wie Marktplätze versagen

4. Zu früh

UM DIE VERSCHIEDENEN FORMEN von Marktversagen zu verstehen, müssen wir noch vor dem Anfang beginnen.

Wenn wir eine ausreichende Marktdichte schaffen wollen, müssen wir unter anderem einen Zeitpunkt finden, zu dem viele Menschen gleichzeitig am Markt teilnehmen. Aber das System auszutricksen, wenn es nach dem Grundsatz »Wer zuerst kommt, mahlt zuerst« verfährt, kann bedeuten, dass man einen Plan aushecken muss, um seinen Konkurrenten zuvorzukommen.

Aus diesem Grund wird zum Beispiel die Rekrutierung von Erstsemestern durch Studenten- und Studentinnenverbindungen »Rush« (Ansturm) genannt. Gegen Ende des 19. Jahrhunderts waren Studentenverbindungen hauptsächlich Gesellschaftsklubs für Studenten im letzten Semester. Aber in dem Bemühen, ihren Konkurrenten bei der Rekrutierung ein bisschen zuvorzukommen, begannen einige »loszustürmen«, um immer früher Mitglieder zu werben. Und dies führte schließlich zu der heutigen Situation, wo Anwerbekampagnen von Studenten- und Studentinnenverbindungen bereits auf Studenten und Studentinnen im ersten Semester abzielen.[1]

Das ist nicht das einzige Beispiel dafür, wie der Drang zur Eile bei Transaktionen Eingang in die englische Sprache gefunden hat. Auch werden zum Beispiel die Bewohner Oklahomas »Sooners« (nach engl. »soon« = früh, vorzeitig) genannt.

Der Spitzname wurde am 22. April 1889 geboren, dem Tag, an dem der Oklahoma Land Rush begann, und vier Jahre später, am 16. September 1893, auf dem Höhepunkt des Ansturms, dem sogenannten Cherokee Strip Land Run, hielt er wirklich Einzug in die amerikanische Umgangssprache. In beiden Fällen versammelten sich Tausende von Menschen – allein 50 000 im Jahr 1893 – an der Grenze zum vormaligen Indianerschutzgebiet und stürmten, sobald eine Kanone den Startschuss abfeuerte, los, um ein freies Stück Land abzustecken.

Zumindest war das der Plan.[2] Und die meisten Teilnehmer hielten sich an die Regeln – nicht zuletzt, weil Streifen der US-Kavallerie in dem Strip unterwegs waren und Befehl hatten, jeden zu erschießen, der ihnen in dem offenen Gebiet begegnete beziehungsweise der die Grenze überschritt, bevor das Startsignal ertönte. Als ein Pechvogel, der vielleicht durch einen Pistolenschuss irritiert wurde, vorzeitig losstürmte, sah die Kavallerie darin eine willkommene Gelegenheit, ein Exempel zu statuieren: Sie ritten ihn um und erschossen ihn, zum Entsetzen der Zuschauer.

Als schließlich die Kanone abgefeuert wurde, preschten Tausende – auf Pferden, Planwagen und sogar Kutschen – los: Eine Szene, die in dem berühmtesten Foto der damaligen Zeit festgehalten wurde.

Fünfzehn Meilen entfernt – dort, wo sich an diesem Nachmittag die geschäftige Gemeinde Enid, die jüngste Stadt der USA, befinden sollte – stand das einzige öffentliche Gebäude im gesamten Strip, ein Grundbuch- und Postamt. Gegen Mittag nahm der stellvertretende Postmeister, Pat Wilcox, sein Fernglas und kletterte auf das Dach des Gebäudes. Als er nach Süden sah, erblickte er einen einsamen Reiter, einen 22-jährigen Cowboy namens Walter Cook, der auf einer niedrigen Hügelkuppe auftauchte. Cook preschte auf ihn zu und an ihm vorbei, um genau in der Mitte der geplanten Stadt jubelnd eine Parzelle abzustecken.

Cook hatte sich an die Regeln gehalten und gewartet, bis er das Signal zum Aufbruch hörte. Aber sehr viele andere Siedler hatten trotz der drakonischen Maßnahmen der Kavallerie die Grenze früher überschritten. Diese »vorzeitigen Landbesetzer« (claim jumpers) wurden, weil sie der legalen Landaneignung vorgriffen und »zu früh« dran waren, Sooners genannt. Sie stehen in jener langen Tradition, die aus Piraten, Bankräubern und anderen dreisten

Verbrechern liebenswerte Gauner macht. Und Sooner sollte zum Spitznamen aller Bewohner Oklahomas und schließlich des Footballteams der Universität von Oklahoma werden.

Es war verboten, das System auszutricksen, indem man das Oklahoma Territory vor dem 16. September betrat, um ein Stück Land abzustecken. Dennoch geschah es. Und die vorzeitige Landbesetzung war nicht die einzige Sache, die an diesem verrückten Tag nicht planmäßig verlief.

Nehmen wir den armen Walter Cook. Sein Eigentumsanspruch auf das Land wurde alsbald von dreihundert unberechtigten Anspruchstellern bestritten, die alle die Tatsache ausnutzten, dass erst Stunden später Amtsträger eintrafen, um geltend gemachte Grundstücksansprüche für rechtsgültig zu erklären. Am Ende ging Cook leer aus, und er bekam eine Lektion über die Gefahren eines schlecht regulierten, rechtsfreien Marktes.

Cook hätte vielleicht eine Chance gehabt, wenn das Grundbuchamt geöffnet gewesen wäre, als er vor Ort eintraf, und seinen Anspruch schnell bearbeitet hätte. Stattdessen wuchs die Schlange vor dem Amt in kürzester Zeit auf mehrere hundert Anspruchsteller und schließlich auf Tausende, die aus dem gesamten Strip herbeiströmten. Es kam zu Schlägereien und Raubüberfällen, und mindestens ein Mensch starb an einem Herzinfarkt.

Die Landzuteilung funktionierte an diesem Tag aus mindestens zwei Gründen nicht richtig. Erstens kamen den gesetzestreuen Bürgern, die sich an die Regeln hielten, oftmals diejenigen zuvor, die das Territorium eher betreten und ihre Ansprüche früher markiert hatten. Zweitens führte die Tatsache, dass diese Ansprüche alle am selben Tag beim Grundbuchamt in Enid angemeldet werden mussten, zu Überlastung und Verwirrung, sodass selbst einige derjenigen, die rechtzeitig eingetroffen waren, um ein Stück Land abzustecken und so einen Anspruch darauf zu erwerben, wie etwa Walter Cook, diesen nicht registrieren lassen konnten. Der Markt arbeitete nicht schnell genug, um alle Ansprüche, die an diesem Tag geltend gemacht wurden, zu bearbeiten, und daher konnte er nicht immer klären, welche Ansprüche Priorität hatten.

MANCHMAL SIND DIE PROBLEME des »zu früh« subtiler. Das Vorpreschen kann dazu führen, dass potentiell dichte Märkte »ausdünnen«.[3] Sie verlieren ihre Dichte, wenn zu viele Teilnehmer versuchen, eine Transaktion durchzuführen, bevor ihre Konkurrenten richtig wach und im Markt präsent sind.

Betrachten wir jetzt jene anderen »Sooner«, die für die Universität Oklahoma Football spielen. Wenden wir uns nun den College-Bowl-Spielen zu, um zu verstehen, wie ein »zu früh« dafür sorgen kann, dass ein Matching-Markt nicht mehr in der Lage ist, gute »Paarungen« zu bilden. Die »Paarung« von Football-Mannschaften für die großen Spiele am Saisonende war viele Jahre lang suboptimal, weil die Mannschaften für diese Spiele so früh ausgewählt wurden, dass sich keine guten Paarungen daraus ergaben.

Den passenden Partner im Football finden

FÜR DIE FANS des College Football gibt es keine spannendere Zeit des Jahres als die sogenannte Bowl Season, in der die Top-Mannschaften verschiedener Regionalligen gegeneinander antreten, um die Besten unter sich zu ermitteln – und letztlich den nationalen Champion zu bestimmen. Leider glauben die meisten Fans des College Football inzwischen, dass das System nicht funktioniert – sie kritisieren dies manchmal auch lautstark. Und sie haben Recht.

Lange Zeit sind Mannschaften und Veranstalter der nachsaisonalen Bowl-Spiele der Versuchung erlegen, frühzeitig Vereinbarungen zu treffen. Und auch wenn der College Football nicht der wichtigste Markt auf der Welt ist (außer für seine Fans), zeigt die Tatsache, dass jedes Wochenende neue Informationen darüber verfügbar sind, welche Mannschaften gewonnen oder verloren haben, und dass diese Mannschaften danach eingestuft werden, wie sie von Sportjournalisten und Trainern beurteilt werden, sehr deutlich, wie wichtige Informationen ignoriert werden können, wenn der Markt Entscheidungen trifft, bevor die Ergebnisse der letzten Spiele der Saison vorliegen.

Als die Anzahl der Fernsehzuschauer und die Werbeeinnah-
men immer wichtiger wurden, begannen die Bowl-Ausschüsse
immer früher, Mannschaften für die Bowl-Spiele zu rekrutieren –
tatsächlich so früh, dass die von ihnen angeworbenen Teams
manchmal, nach einem oder zwei Spielen, die sie unerwartet verloren, zu dem Zeitpunkt, als das Spiel ausgetragen wurde, keine Meis-
terschaftsanwärter mehr waren. Das ist eine der Gefahren, die mit
frühzeitigen Transaktionen verbunden sind: Sie können, lange bevor wichtige Informationen verfügbar sind, über die Bühne gehen.
Und das kann bedeuten, dass schlechte »Paarungen« gebildet und
gute »Paarungen« verpasst werden.

HEUTE ERFOLGT DIE AUSWAHL der Mannschaften für die verschiedenen Bowl-Wettbewerbe im College Football anders als früher. Fans dieser Sportart mögen unterschiedlicher Meinung darüber sein, wie gut das gegenwärtige System funktioniert, aber alle
sind sich darin einig, dass es schlecht funktionierte, bevor der
Markt neu gestaltet wurde.

Die Veranstalter der Bowl-Wettbewerbe sind unabhängige Unternehmen, die ein Stadion verwalten und Verträge mit Fernsehsendern und Firmensponsoren abschließen. Jeder würde gern in
der Nachsaison ein Spiel zwischen den beiden Mannschaften ausrichten, die am Ende der Saison als die landesweit besten eingestuft
werden. Viele Jahre lang hat sich die National Collegiate Athletic
Association (NCAA) bemüht, Bowl-Veranstalter und Teams dazu
zu bringen, so lange zu warten, dass sie gute Mannschafts-Paa-
rungen bekommen. Aber das ist ihr nicht gelungen, und nach der
Saison 1990/91 hat sie es auch gar nicht mehr versucht.

In jener Saison gab es neunzehn nachsaisonale Bowl-Wettbewerbe. Der Bowl, der den Teams am meisten bezahlte, war der
Rose Bowl, der »geschlossen« war: Er hatte langfristige Verträge mit
den Football-Ligen Big Ten und Pacific-10, und jedes Jahr spielten
die Meister dieser beiden Ligen im Rose Bowl gegeneinander (und
die beiden Ligen waren an den Bowl-Einnahmen ihrer Meister beteiligt). Der Rose Bowl war also nicht an der Marktverdünnung

durch Vorpreschen beteiligt, die wir hier näher untersuchen; er wartete lediglich, bis die Meister der jeweiligen Ligen ermittelt waren.

Aber andere Bowl-Wettbewerbe hatten andere Regeln. Der Fiesta-Bowl war mit einer besonderen Herausforderung konfrontiert: Als ein »offener« Wettbewerb musste er selbst zwei Mannschaften finden, die gegeneinander antreten. Die anderen Top-Wettbewerbe waren alle »halb-geschlossen« – das heißt, sie hatten jeweils einen Vertrag mit einer Football-Liga, deren Meister eines der Teams war, die spielen würden. Unterdessen musste jeder dieser Bowls ein zusätzliches Team finden, um für einen hinreichend spannenden Wettbewerb zu sorgen. Der verfügbare Pool bestand aus Mannschaften, die keiner Football-Liga angehörten (Unabhängige) oder Mitglied einer Liga waren, die vertraglich an keinen Bowl gebunden war.

Im Jahr 1990 lautete die Regel der NCAA, dass Mannschaften und Bowl-Veranstalter die Bowl-Paarungen erst am »pick' em day« endgültig festlegen durften, der in jenem Jahr ein Samstag, der 24. November, war. Aber einige Bowls und Teams preschten vor und trafen bereits früher Vereinbarungen. Notre Dame, eine unabhängige Mannschaft, hatte die Saison als das auf Platz eins gesetzte Team begonnen und sich von einem zwischenzeitlichen Tief erholt, sodass es Anfang November wieder ganz oben stand. Derweil hatte Colorado eine Schwächephase zu Beginn der Saison überwunden und stand jetzt auf einer Rangliste auf Platz 4 und auf der anderen auf Platz 3. Als Colorado Oklahoma State besiegte und sich den Meistertitel der Big-Eight-Liga sicherte, war der Universität ein Startplatz beim Orange Bowl garantiert, und sie stieg in der Rangliste auf Platz 2.

Am nächsten Tag, Sonntag, dem 11. November, dreizehn Tage vor dem »pick' em day«, wurde eine Vereinbarung zwischen Orange Bowl und Notre Dame bekanntgegeben. Dies bedeutete, dass die gegenwärtig landesweit an erster und an zweite Stelle stehenden Mannschaften im Orange Bowl aufeinandertreffen und damit den Bowl de facto zur Landesmeisterschaft machen würden.

Am selben Tag wurde bekanntgegeben, dass Virginia ein Angebot des Sugar Bowl angenommen hatte, gegen den noch zu bestimmenden Meister der Southeastern Liga zu spielen. Und nach
der Orange-Bowl-Vereinbarung erklärte sich die Universität Miami
bereit, im Cotton Bowl gegen den noch zu bestimmenden Meister
der Southwest Liga zu spielen. Zu diesem Zeitpunkt mussten Notre
Dame, Virginia und Miami noch vier Spiele in der regulären Saison
bestreiten.

Im College Football sind vier Spiele eine Ewigkeit. Und tatsächlich, kurz nachdem Notre Dame die Vereinbarung unterschrieben
hatte, verlor die Mannschaft ein Spiel und beendete die reguläre
Saison auf dem fünften Platz. Gleichzeitig verlor Virginia, das vor
dem Vertragsschluss mit dem Sugar Bowl nur ein Spiel verloren
hatte, zwei Spiele und beendete die reguläre Saison in einer Umfrage ohne Rangeinstufung (was bedeutet, dass es nicht einmal unter den oberen 25 war) und in der anderen auf Platz 23. Letztendlich
gelang es keinem Bowl, die als Nummer eins und Nummer zwei
gesetzten Teams zu bekommen (es stellte sich heraus, dass dies
Colorado und Georgia Tech waren).

Als die Bowl-Spiele vorüber waren, gab es daher keinen einvernehmlichen nationalen Meister: In einer Umfrage landete Colorado auf dem ersten Platz, in der anderen Georgia Tech. Da sie
nicht gegeneinander gespielt hatten, fühlten sich die Sportjournalisten und Trainer, die für die nationale Rangfolge befragt wurden,
jeweils mit ihrer Meinung im Recht.

ANGESICHTS DIESER OFFENSICHTLICHEN SCHLAPPE bei
der Durchsetzung des »pick' em day« verzichtete die NCAA in der
Saison 1991/92 auf einen erneuten Anlauf.[4] Die Football Bowl
Association (FBA) reagierte mit dem Versuch, selbst einen »pick' em
day« durchzusetzen, und beschloss, eine Geldstrafe in Höhe von
250 000 Dollar gegen jedes Mitglied zu verhängen, das gegen diese
Vorschrift verstieß. Allerdings war die FBA nicht erfolgreicher als
die NCAA, und wie nicht weiter verwunderlich, kam es auch
bei den Bowls von 1991/92 nicht zu einem Aufeinandertreffen der

beiden Spitzenteams. Wieder endete die Nachsaison ohne einen einvernehmlichen nationalen Champion.

Im Rückblick ist klar, dass mehrere problematische Merkmale des Marktdesigns gute Bowl-Paarungen verhinderten. Weil der Rose-Bowl-Veranstalter mit nur zwei Ligen verhandelte, bestand das Risiko, dass die Meister dieser Ligen nicht nah beieinander eingestuft würden und nur selten landesweit die beiden am höchsten eingestuften Teams wären. (Aber zumindest hatte der Rose Bowl einen Vertrag, der sicherstellte, dass die beiden Mannschaften, die jedes Jahr gegeneinander spielten, die Meister ihrer jeweiligen Ligen waren.) Die anderen bedeutenden Bowl-Spiele konnten aus einem größeren Pool von Ligen und Mannschaften auswählen, doch aufgrund der vorzeitigen Bewerbungen um ihre freien Startplätze wurden die meisten bereits vergeben, ohne dass die Bowl-Ausschüsse die Rangplätze der eingeladenen Mannschaften am Saisonende kannten. Und weil viele Bowls eine Position für einen bestimmten Liga-Champion reserviert hatten, schränkte dies die Flexibilität der »Paarungen« für jeden von ihnen, und somit auch die des Marktes insgesamt, ein.

Es war nicht bloße Selbstbeschränkung, die die Universitäten und Bowls davon abbrachte, die Dinge frühzeitig klarzumachen, und auch eine mächtige Organisation wie die NCAA konnte sie nicht aufhalten. Letztendlich hörten die vorzeitigen Transaktionen erst auf, als die jeweiligen Ligen und Bowl-Wettbewerbe neue Regeln aufstellten, wodurch die Anreize, Mannschaftspaare festzulegen, ehe die abschließenden Rangplätze bekannt waren, beseitigt wurden.

Sie taten dies durch eine Reihe schrittweiser, nahezu jährlicher Neugestaltungen des Marktes, die darauf abzielten, nach der regulären Saison mehr Mannschaften für »Paarungen« verfügbar zu machen – das heißt die Marktdichte in der Nachsaison zu erhöhen. Dies ließ sich unter anderem dadurch erreichen, dass man die Football-Ligen vergrößerte, sodass der Meister jeder Liga der Beste einer größeren Gruppe von Mannschaften wäre. Im Jahr 2011 war aus der Pacific-10-Liga die Pacific-12-Liga geworden. Die Big-Ten-Liga behielt zwar ihren Namen, aber nicht die Anzahl ihrer Mitglieder: Bis 2011 war sie ebenfalls auf zwölf Teams angewachsen, und für die College-Football-Saison 2014/15 vergrößerte sie sich dann auf vierzehn Teams. Außerdem entstanden Bowl-Koalitionen, die die Marktdichte erhöhten, und schließlich tat sich der Rose Bowl mit den anderen größeren Bowls zusammen, um 1998 die Bowl Championship Series (BCS) zu gründen. Jetzt spielten die Mannschaften Nummer 1 und Nummer 2 im Land, die auf der Basis des BCS-Rangsystems ermittelt wurden, ein Spiel um die nationale Meisterschaft, und dieses Spiel wechselte von Jahr zu Jahr zwischen den teilnehmenden Bowls.

Die Tatsache, dass Mannschaften und Bowls später, im dichteren BCS-Markt, gepaart wurden, beweist nicht unbedingt, dass der Markt besser funktionierte. Es ist oftmals schwierig, die Leistungsfähigkeit eines Matching-Marktes zu messen – zum Beispiel seinen gesellschaftlichen und sozialen Nutzen, und zwar jenseits der Frage, wie gut er die Marktteilnehmer selbst bedient. Aber wenn wir Football-Spiele als eine Form von Unterhaltung betrachten, ist die Anzahl der Personen, die sich die Spiele im Fernsehen ansehen, kein schlechtes Maß für die Funktionstüchtigkeit des Marktes. Als Guillaume Fréchette, Utku Ünver und ich uns die Einschaltquoten für im Fernsehen übertragene Bowl-Spiele über mehrere Jahre ansahen, stellten wir fest, dass ein Spiel zwischen den landesweit als Nummer eins und zwei eingestuften Mannschaften so viel mehr Zuschauer anlockte, dass es sich für die Bowl-Veranstalter durchaus lohnte, wenn reihum jeder einmal ein solches Spiel ausrichten würde.[5] Aus diesem Grund funktionierte die BCS gut, wenn es am Ende der Saison eine einvernehmliche Nummer 1 und Nummer 2 gab, und weniger gut, wenn es diese nicht gab.

Gegenwärtig gibt es Pläne für einen Playoff-Modus nach der Saison, der für ein attraktives Endspiel sorgt. Vier Mannschaften werden für das College Football Playoff ausgewählt, und die Halbfinalgewinner tragen dann das Endspiel aus. Das vorgeschlagene neue Playoff-Modell hat noch immer einige der alten Schwächen des BCS, aber die Ungewissheit darüber, welche *vier* Mannschaften ausgewählt werden sollten, sollte bei der Ermittlung des nationalen

Champions weniger folgenreich sein als die Ungewissheit darüber, welche *beiden* Mannschaften ausgewählt werden sollten.

Der langsame, schrittweise Prozess, durch den sich der Markt für Bowls entwickelte, lässt sich als eine Art kulturelle Evolution betrachten. Verschiedene Praktiken wurden im Lauf der Zeit behutsam so umgestaltet, dass alle großen Akteure – die erfolgreichen Mannschaften und Ligen, die großen Bowl-Veranstalter und die Fernsehsender – im Geschäft blieben. Viele Interessen mussten berücksichtigt werden, um ein Mindestmaß an Koordination und gewisse Fortschritte zu erreichen. Und es waren kleine, mühsame Fortschritte.

Übrigens werden nicht nur Football-Mannschaften frühzeitig einander zugeordnet, oftmals werden auch Spieler schon früh gebunden. Zum Beispiel bot die Louisiana State University Dylan Moses, einem Vierzehnjährigen, der noch nicht einmal die achte Klasse besuchte und der erst in fünf Jahren aufs College gehen würde, ein Football-Stipendium an. Wer weiß, ob er groß, gesund und leistungsstark genug sein wird, wenn er schließlich das Alter erreicht, um das College zu besuchen. Aber Trainer befürchten, dass alle anderen Mannschaften eben frühzeitig rekrutieren und ihnen ein zukünftiger Star entgehen könnte, wenn sie nicht das Gleiche tun.

Diese Mentalität des »früher« ist nicht auf die bekannteren College-Sportarten begrenzt. Wenn ich Auswahlspielern der Stanford Universität begegne, wo ich arbeite, frage ich sie, wann sie erstmals einem Trainer der Stanford Cardinals begegnet sind. Die bislang früheste Begegnung hatte eine Spielerin des Basketballteams, die den Trainer der Cardinals erstmals traf, als sie in der sechsten Klasse war. Sie beeilte sich hinzuzufügen, dass sie eine *sehr große* Sechstklässlerin war, in einem Team mit älteren Spielerinnen, und dass der Trainer überrascht war, zu hören, dass sie erst in der sechsten Klasse war. Eigentlich suchte er nach Achtklässlerinnen …

Überstürzter Ruhm

VORPRESCHEN, UM SCHNELLER ZU SEIN als andere – davon ist nicht nur in den Geschichtsbüchern oder auf den Sportseiten zu lesen. Wenn Sie jemanden kennen, der vor kurzem eine Stelle bei einer großen Investmentbank wie etwa Goldman Sachs angetreten hat, wird dieser Jemand mit einer recht hohen Wahrscheinlichkeit bald nach seinem Eintritt in die Firma einen Anruf von einer großen Private-Equity-Firma wie Kohlberg Kravis Roberts erhalten, die daran interessiert ist, ihn einen Vertrag unterzeichnen zu lassen, der wirksam würde, nachdem er zwei Jahre lang für Goldman Sachs gearbeitet hätte. Und wenn Sie jemanden kennen, der gerade seinen Jura-Abschluss gemacht hat und für eine große amerikanische Kanzlei arbeitet, dann wurde er wahrscheinlich ursprünglich als Praktikant eingestellt, zwei Jahre bevor er seinen Abschluss machte. Ist das eine gute Idee? Denken wir an den Orange Bowl von 1991.

Das Gleiche, was damals geschah, kann Kanzleien passieren, die zukünftige Mitarbeiter, schon Jahre bevor sie ihren Abschluss machen, rekrutieren. Bei diesem ausgezeichneten Jura-Studenten im ersten Studienjahr kann sich im Lauf der nächsten beiden Jahre noch viel verändern. Immerhin wusste das Auswahlgremium des Orange Bowl, wie viele Mannschaften – zwei – es für das Spiel benötigte. Anders bei Kanzleien, die zwei Jahre im Voraus abschätzen müssen, wie hoch ihr Bedarf an neuen Juristen sein wird. Wenn sie dabei danebenliegen, könnten sie ernsthafte Schwierigkeiten bekommen.

Wenn ein Markt so organisiert ist, dass in absehbarer Weise Probleme auftreten, beginnen Ökonomen zu fragen, ob er vielleicht *ineffizient* ist und ob daher eine andere Organisation vielleicht alle Teilnehmer besserstellen würde. Wir haben bereits gesehen, dass vorzeitiges Agieren zu schlechten Paarungen führen kann, aber diese Vorgehensweise könnte auch manchen Menschen nützen und anderen schaden. Der Markt für frischgebackene Juristen zeigt uns, dass vorzeitige Transaktionen manchmal *allen* schaden.

Vor allem hätten sich praktisch alle bessergestellt, wenn dieser Markt während der Großen Rezession von 2008, die die Nachfrage von Unternehmen nach externer Rechtsberatung verringerte, weniger von der Tendenz zu verfrühten Transaktionen geprägt gewesen wäre. Die Einstellung von Personal bereits mehr als ein Jahr vor der Aufnahme der Beschäftigung machte es für Kanzleien schwierig, ihren Bedarf vorherzusagen. Folglich mussten Tausende von Praktikanten bei großen Sozietäten, die kurz nach ihren Sommerpraktika im August 2008 Angebote für eine »Festanstellung« akzeptiert hatten, erleben, dass ihre Verträge aufgelöst oder zurückgestellt wurden, noch ehe sie im Herbst 2009 ihre Stelle antraten.

Um ihren Ruf und ihre Beziehungen aufrechtzuerhalten, zahlten einige der Firmen diesen zurückgestellten Mitarbeitern einen Teil ihres Einstiegsgehalts und ermunterten sie dazu, ein Jahr lang unentgeltlich zu arbeiten – ein Ergebnis, das beide Seiten des Marktes teuer zu stehen kam.

Wenn sich diese zweijährige Vorfrist schon bedenklich anhört, sollte man sich klarmachen, dass Ende der 1980er-Jahre die Einstellung sogar noch früher erfolgte: Einige Studenten erhielten unmittelbar nach der Zulassung zu einer Elite-Universität, sogar noch vor ihrer ersten Lehrveranstaltung, Angebote für Sommerpraktika. Diese Kanzleien hätten zweifellos gern zugewartet, um zu sehen, welche Studienleistungen ihre zukünftigen Mitarbeiter tatsächlich erbrachten – aber sie befürchteten, dass andere Kanzleien ihnen die besten Talente wegschnappten, wenn sie warteten. Also sagten sie sich, wenn die Yale Law School einen Studenten wolle, werde aus diesem Studenten mit hoher Wahrscheinlichkeit ein guter Jurist – so wie Notre Dame in der Mitte der Saison mit hoher Wahrscheinlichkeit das Team Nummer eins sein würde, wenn es im Orange Bowl spielte.

Wenn sehr frühe Angebote dazu führen, dass sich gute Stellenbewerber nur schwer ermitteln lassen, sollte man meinen, dass sich manche Firmen etwas mehr Zeit lassen und solchen Kandidaten Angebote machen, die bereits ein Angebot von wenigstens einer anderen Firma erhalten haben. Aber die Firmen, die frühe Angebote offerierten, verhinderten dies dadurch, dass sie ihre Angebote mit einer sehr kurzen Verfallsfrist versahen (sie »*explodierend*« machten) – das heißt, diese Angebote mussten umgehend angenommen werden, und dies bedeutete, dass eine andere Firma nicht genug Zeit hatte, um ein Gegenangebot für denselben Stellenbewerber abzugeben, beziehungsweise ein Kandidat nicht genug Zeit, um zu Vergleichszwecken ein anderes Angebot einzuholen.

Angebote mit sehr kurzen Annahmefristen sind in Märkten mit der Tendenz zu immer früheren Transaktionen weit verbreitet. Diese Angebote werden frühzeitig unterbreitet und gelten nur für kurze Zeit. Nicht nur also, dass Firmen Angebote machen, bevor sie so viele Informationen über die Studienleistungen von Bewerbern haben, wie sie gerne hätten – vielmehr müssen auch die Bewerber selbst ein Angebot annehmen oder ablehnen, bevor sie wissen, welche anderen Angebote sie vielleicht noch erhalten werden. Anders gesagt führen »explodierende« Angebote mit sehr kurzen Annahmefristen zu dünnen und »verfrühten«Märkten, in denen Teilnehmern Informationen sowohl über die Güte der »Paarungen« als auch über potentielle andere, passende Angebote am Markt vorenthalten werden.

In dieser Situation hat *niemand* genügend Informationen, um eine optimale Entscheidung zu treffen.

Mehr als die anderen Ursachen von Marktversagen ist der verfrühte Abschluss von Transaktionen ein Versagen der *Selbstkontrolle*. Teilnehmer können es sich einfach nicht verkneifen, eine Transaktion frühzeitig abzuschließen, denn wenn sie dem Impuls widerstehen, ziehen sie gegenüber einem anderen den Kürzeren. So etwas Ähnliches passierte meiner Familie, als sie in unserem Garten in Pittsburgh, direkt neben einem bewaldeten Hang, einen Birnbaum pflanzte. Jedes Jahr, lange bevor die Birnen reif waren, hat ein Eichhörnchen sie stibitzt. Ich weiß nicht, ob Eichhörnchen unreife Birnen mögen oder ob sie nur Angst hatten, dass ihnen Waschbären oder Hirsche zuvorkommen würden.

WENN EIN MARKT SCHLECHT FUNKTIONIERT und ein ineffizientes Ergebnis produziert, ist es für die Teilnehmer sinnvoll, sich zusammenzusetzen (und sei es auch nur zur Selbsterhaltung) und neue Regeln zu konzipieren, um die Funktionstüchtigkeit des Marktes zu verbessern.

Das geschah in den 1980er-Jahren. Studentenorganisationen, juristische Fakultäten und Anwaltskanzleien unterstützten eine Organisation namens National Association for Law Placement (NALP), die versuchte, im ungeregelten Markt für Juristen für eine gewisse Ordnung zu sorgen.

Weil Juristen präzise Regeln mögen, vermittelt uns die nähere Betrachtung dieser Regeln besondere Aufschlüsse darüber, weshalb sich die Tendenz zu verfrühten Transaktionen so schwer kontrollieren lässt.

Eine der Regeln sollte Jura-Studienanfängern eine Chance geben, sich ein paar juristische Kenntnisse anzueignen, ehe ihnen ein »explodierendes« Angebot einer Kanzlei unterbreitet würde. Diese Regel besagte, dass ein Angebot, das einem Jura-Studenten, der das erste Studienjahr noch nicht abgeschlossen hatte, unterbreitet würde, bis zum Ende des ersten Semesters, im Dezember, offen bleiben müsste.

Leider ist es schwer, Regeln zu formulieren, an die sich Juristen definitiv gebunden fühlen, weil Juristen ihren Lebensunterhalt damit verdienen, dem Buchstaben des Gesetzes zu gehorchen, aber gegen seinen Geist zu verstoßen. Und so funktionierte diese Regel für ein oder zwei Jahre, bis irgendein Jurist, der in seiner Sozietät für die Personaleinstellung zuständig ist, die brillante Idee hatte, ein Angebotsschreiben aufzusetzen, das im Wesentlichen folgendes besagte: *Entsprechend den NALP-Richtlinien bleibt dieses Angebot bis zum Ende des Semesters offen.* Aber, so fuhr der Brief fort, die Stelle sei nur mit einem sehr niedrigen Gehalt dotiert. Es gebe allerdings einen ansehnlichen Bonus bei Unterschrift, durch den das Gehalt die übliche Höhe erreiche. *Aber* dieser Bonus würde nur dann bezahlt, wenn das Angebot *unverzüglich* angenommen würde.

Die Regulierung des Marktes für frischgebackene Juristen wurde zu einem Wettlauf zwischen den Regelmachern und den Regelbrechern. Die bislang neuesten NALP-Regeln besagen, dass »explodierende« *Boni* ebenfalls regelwidrig sind.

Vorschnelle Urteile

JURISTEN UND SOZIETÄTEN tun immerhin so, als würden sie die Regeln befolgen, während sie versuchen, sie zu umgehen. In dem prestigereichsten Teil des Marktes für junge Juristen, dem für Richter an Bundesberufungsgerichten, die Topstudenten als Referendare einstellen, setzen sich viele Richter offen über die Regeln hinweg. »Vorsichtiger« ausgedrückt: Bundesrichter glauben, sie könnten ihre eigenen Regeln aufstellen.

Ein Referendariat bei einem Richter an einem Berufungsgericht ist mit die prestigereichste Erstanstellung für einen ehrgeizigen jungen Juristen. Zum einen ist es eine Eintrittskarte für jene Art von Karriere, die Menschen Jura studieren lässt. Das ist ein Grund, weshalb der Nachruf auf einen pensionierten Partner einer großen Sozietät oftmals sein Jahrzehnte zurückliegendes Referendariat erwähnt. (Der erste Satz könnte folgendermaßen lauten: »Clancy Goldfinger, geschäftsführender Gesellschafter von Catchum, Killum und Eatum, der 1951 seinen Abschluss an der Harvard Law School machte und sein Referendariat bei Richter X und Bezirksrichter Y machte, ist am Dienstag von uns gegangen.«)

Es gibt also einen starken Wettstreit unter den besten Jura-Studenten von Elite-Universitäten um die Referendariatsplätze bei den vergleichsweise wenigen Richtern an Bundesberufungsgerichten. Aber auf den ersten Blick sieht der Markt für Referendariate nicht wie ein Markt mit einer Tendenz zu vorzeitigen Transaktionen aus, auch wenn sich leicht ersehen lässt, warum es für einen Jura-Student verlockend wäre, ein frühes Angebot eines Berufungsrichters anzunehmen. Weil es so wenige Richter und so viele Jura-Studenten gibt, könnte allerdings jeder Richter einen sehr gut qualifizierten Referendar bekommen, wenn er abwarten würde, um zu sehen, welche Jura-Studenten gute Leistungen bringen.

Aber obwohl es nur wenige Bundesrichter gibt, wissen diese Richter, dass es noch weniger Jura-Studenten gibt, die Einser-Examen machen oder die ausgewählt werden, um die juristischen Fachzeitschriften ihrer jeweiligen Universitäten herauszugeben. Und diese Berufungsrichter sind in Berufungsgerichten organisiert, die nicht alle gleich renommiert sind. Des Weiteren ist es nicht für alle Richter eines bestimmten Bezirks gleich wahrscheinlich, ihre Referendare in einem zweiten, noch begehrteren Referendariat am Obersten Gerichtshof unterzubringen.

Wenn daher alle Richter warten und nur Studenten im dritten Jahr als Referendare rekrutieren würden – wenn klar ist, wer es an einer Universität zum Herausgeber einer juristischen Fachzeitschrift oder zum Topstudenten gebracht hat –, könnten nur die angesehensten Richter die besten Jura-Studenten von der Handvoll Elite-Universitäten einstellen. Das ist ein starker Anreiz für die etwas weniger renommierten Richter, Studenten vor dem dritten Studienjahr Angebote zu machen.

Eine Studentin muss schon sehr mutig sein, um ein Angebot beispielsweise von einem Richter des Neunten Bundesberufungsgerichts (das für ganz Kalifornien und angrenzende Gerichtsbezirke zuständig ist) in der Hoffnung abzulehnen, dass sie, wenn sie wartet, vielleicht ein Angebot von dem noch renommierteren Bundesberufungsgericht von Washington D.C. erhält. Wenn sie Glück hat, funktioniert es. Aber wenn sie nur etwas weniger Glück hat, muss sie sich vielleicht mit einer deutlich weniger attraktiven Stelle als jener, die ihr gerade angeboten wurde, zufriedengeben – und die sie unverzüglich annehmen muss, da sie sonst weg ist. Natürlich pokert auch der Richter: Ein Student, der seiner Einschätzung nach ein Prädikatsexamen machen wird, mag eine schlechte Note erhalten und vielleicht zu einem Referendar werden, der nicht das hält, was er früher einmal zu versprechen schien. Wenn die Markttransaktionen später über die Bühne gingen, wären die Zuordnungen von Studenten zu Richtern besser vorhersagbar, da die Top-Positionen durchweg an Studenten mit Spitzennoten gehen würden.

Man beachte, dass die Jura-Studenten, die diese frühen Angebote bekommen, kaum dem Risiko von Arbeitslosigkeit ausgesetzt sind. Aber das bedeutet nicht, dass sie keine schwierigen Entscheidungen treffen müssen. Selbst wenn sie warten, werden sie Stellen finden, aber vielleicht keine so guten Positionen. Sie müssen schnelle, strategische Entscheidungen treffen, die berücksichtigen, was der Rest des Marktes tut.

Das Läuten der Hochzeitsglocken

NUR WENIGE VON UNS kriegen jemals das Angebot, in einem Bundesberufungsgericht ein Referendariat zu machen. Aber sobald man diese Art strategischer Entscheidungsfindung verstanden hat, erkennt man sie überall in seinem Alltag – vom Heiraten bis zur Parkplatzsuche. Viele von uns mögen mit einem solchen Dilemma konfrontiert sein, wenn sie entscheiden, ob sie ihre aktuelle Freundin oder Freund heiraten oder sich in der Hoffnung, später einen besser zu ihnen passenden Partner zu finden, trennen sollen. In einem dichten Markt, etwa wenn Sie studieren und eine Menge gleichaltriger Singles in Ihrem Umfeld sind, sieht diese Entscheidung anders aus als in einem dünnen Markt, wie er dann existiert, wenn die meisten Personen Ihres Alters bereits verheiratet sind. Und auf einigen Heiratsmärkten herrschen rauere Verhältnisse als auf anderen. Nehmen wir die halbwüchsige Beduinenbraut, in deren Gemeinschaft Polygamie weit verbreitet ist. Eine solche junge Frau klagt: »Wenn man zwanzig oder älter ist, wird man vielleicht nur noch als Zweitfrau geheiratet.«[6]

Aber selbst halbwüchsige Bräute sind nicht mit den weltweit frühesten Heiratsentscheidungen konfrontiert. Zu manchen Zeiten und an manchen Orten wurde der Heiratsmarkt so weit »vorverlegt«, dass schon Neugeborene verlobt wurden. In Entwicklungsländern ist es nicht ungewöhnlich, Ehen schon sehr früh zu arran-

gieren, insbesondere für Frauen und insbesondere in Gebieten, wo
Frauen ein »knappes Gut« sind, weil Männer um mehrere Frauen
konkurrieren. Einige Länder, wie etwa Indien, haben versucht, dieser Praxis mit Hilfe von Gesetzen über das Mindestheiratsalter
einen Riegel vorzuschieben. Aber es hat sich gezeigt, dass sich diese
Gesetze nur schwer durchsetzen lassen, weil sich private und informelle Mechanismen der Heiratsvermittlung herausgebildet haben.

Bei der Suche nach einem besonders anschaulichen Beispiel für
die Tendenz zu verfrühten Transaktionen haben Xiaolin Xing und
ich Orte betrachtet, wo Kinderehen geschlossen werden, und uns
auch sogenannte primitive Gesellschaften näher angesehen, in denen schon ungeborene Kinder verlobt werden. Das bemerkenswer-
teste Beispiel haben wir bei einem Aborigine-Volk in Australien
gefunden, den Arunta.

Weil die Arunta polygam waren, herrschte ein relativer Mangel
an Frauen. Ehen zwischen Arunta wurden häufig durch zwei Män-
nern arrangiert, von denen der eine gerade Vater eines kleinen
Sohns geworden war, während der andere Vater einer kleinen
Tochter geworden war. Wenn sich zwei dieser Männer trafen, um
eine Ehe zu arrangieren, stifteten sie diese Verbindung nicht zwischen den beiden Säuglingen – dafür war es viel zu spät, weil die
Ehe der kleinen Tochter bereits arrangiert worden war. Vielmehr
vereinbarten die beiden Väter, dass der kleine Sohn die erste Tochter des kleinen Mädchens heiraten würde. Das heißt, sie vereinbarten, dass die kleine Tochter die Schwiegermutter des kleinen Sohnes werden würde. Dies war eine Ehe, die der Vater des kleinen
Sohnes im Namen seines Sohnes und der Vater der kleinen Tochter
im Namen seiner Enkeltochter für seine kleine Tochter arrangierte.
In der Arunta-Gesellschaft konnten Ehen über eine Generation vor
ihrem Vollzug arrangiert werden. Es ist leicht nachvollziehbar, dass
man als verantwortungsvoller junger Vater nicht will, dass die Hei-
ratsvereinbarungen für den eigenen Sohn – oder die eigene Enkeltochter – hinter denen ihrer Konkurrenten zurückbleiben.

Man beachte, dass in vielen Industrieländern das Durch-
schnittsalter bei der ersten Eheschließung ansteigt, nicht abnimmt.

Da immer mehr Frauen einen höheren Bildungsabschluss und eine berufliche Karriere anstreben, warten sie mit dem Heiraten. Wenn ich es so formuliere, konzentriere ich mich auf die Entscheidungen, die Frauen treffen. Aber eine Frau kann nicht einfach einen Ehepartner auswählen, und auch die Wahl des Zeitpunkts für die Heirat ist weder für Frauen noch für Männer eine ausschließlich individuelle Entscheidung.

Denken wir zurück an die Zeit, als nur wenige Frauen studierten. Im Jahr 1947 zum Beispiel studierten mehr als doppelt so viele Männer wie Frauen an amerikanischen Colleges.[7] Viele heirateten eines Tages ihre Highschool-Liebe, weil die Highschool einen dichten Heiratsmarkt bereitstellte, in dem man viele gegengeschlechtliche Singles finden konnte, und später gab es keine vergleichbare Fülle an Gelegenheiten mehr.

Im Jahr 1980 studierten deutlich mehr Männer und Frauen, und zwar zahlenmäßig gleich viele, sodass es auch hier Gelegenheiten gab, einen passenden Partner zu finden, und der Druck, frühzeitig zu heiraten, ging zurück. Heute ermöglicht das rasche Wachstum von Internet-Dating-Websites auch Hochschulabsolventen noch den Zugang zu einem dichten Heiratsmarkt. Das Aufschieben des Heiratens ist weniger riskant, wenn es auch in der Zukunft noch einen dichten Markt gibt, und reifere Heiratswillige haben vielleicht eine bessere Chance, einen passenden Partner zu erkennen.

Die zeitliche Planung von Transaktionen richtet sich also nicht nur danach, was jetzt verfügbar ist, sondern auch danach, was wahrscheinlich später verfügbar sein wird. Wenn man eine stark befahrene Straße entlangfährt, in der Hoffnung, eine freie Parkbucht zu finden, ist man mit einer ähnlichen, wenn auch weniger folgenreichen Entscheidung konfrontiert, wie jener, vor der ein Jura-Student mit einem »explodierenden« Referendariatsangebot steht – oder jemand, der darüber nachdenkt, seine Highschool-Liebe zu heiraten. Sie erblicken einen freien Platz, der jedoch noch recht weit von Ihrem eigentlichen Ziel entfernt ist. Sollten Sie ihn nehmen? Dieser Platz wird wahrscheinlich besetzt sein, bevor Sie eine Runde gedreht haben und zurückkehren können, oder Sie müssen sich mit einer noch weiter entfernten Parkgelegenheit oder einem Platz in einer teuren Garage begnügen. Oder sollten Sie es riskieren, auf eine bessere Option zu warten: einen Platz unmittelbar vor Ihrem Ziel? Das wäre eine weniger riskante Option, wenn Sie wüssten, dass in der Nähe Ihres Ziels eine Menge Parkplätze verfügbar sind.

Wie Sie sehen, sind Märkte mit verfrühten Transaktionen nicht schwer zu finden. Wir haben gerade die Tendenz zur Verfrühung in Matching-Märkten gesehen, die von Sport über Jura-Referendariate bis zur Heirat reichen, aber auch bei einfachen Entscheidungen, etwa ob man eine Birne pflücken sollte, bevor sie reif ist, oder wie weit entfernt vom Ziel man parken sollte.

Aber dieser Art von Marktversagen wurde kaum Beachtung geschenkt, bis ich das Phänomen der Verfrühung erstmals in den 1980er-Jahren beschrieb, als ich den Markt für frischgebackene Ärzte untersuchte. In den 1940er-Jahren mussten sich Medizinstudenten ihre erste Stellen bereits zwei Jahre vor ihrem wahrscheinlichen Studienabschluss beschaffen. Umgekehrt mussten Krankenhäuser neue Praktikanten und Assistenzärzte aus einem Pool von Medizinstudenten auswählen, die noch nicht einmal den klinischen Abschnitt ihres Medizinstudiums begonnen hatten. Jede Seite hatte angesichts der Umstände zu Recht das Gefühl, sich schnell entscheiden zu müssen, da ansonsten die guten Stellen und die besten Studenten bereits vergeben wären. Es war das reinste Chaos.

Zuerst dachte ich, die Tendenz zu verfrühten Transaktionen sei ungewöhnlich, eine Art von seltenem Unfall, der sich in vergleichsweise speziellen Märkten ereignete, wie etwa dem für Mediziner. Aber wie wir gesehen haben, kommt es auf vielen Märkten zu verfrühten Transaktionen. Tatsächlich ist es ein noch weiter verbreitetes Phänomen, als ich bislang dargelegt habe.[8] So füllen zum Beispiel viele anspruchsvolle Colleges mehr als die Hälfe ihrer freien Studienplätze für Erstsemester durch »bindende Frühzulassungen«, eine Art »explodierendes« Angebot, bei dem sich Studenten frühzeitig bewerben und sich dazu verpflichten, an diesem College zu studieren, wenn sie zugelassen werden – ohne sich an anderen Colleges zu bewerben.

Unterdessen nehmen einige Privatschulen Schüler schon bei der Geburt auf. An der Wetherby School in England, einer von den Prinzen William und Harry besuchten Schule, werden die Neugeborenen vorbehaltenen Plätze in jedem Monat bereits frühzeitig besetzt, und die Schule rät Frauen, die einen Kaiserschnitt planen, diesen möglichst am Monatsersten vornehmen zu lassen, um einen Platz zu sichern, ehe alle vergeben sind.

Tatsächlich ist die Tendenz zu verfrühten Transaktionen ein sehr altes Problem. Im mittelalterlichen England galt es manchmal als Verbrechen, das »*Forestalling*« – Marktbruch –, genannt wurde, vor der amtlichen Öffnungszeit eines Marktes Handelsgeschäfte abzuschließen. Heute ist es kein Verbrechen mehr, aber versuchen Sie das einmal den Verkäufern zu sagen, die zum Wochenmarkt in der Nähe meines Hauses kommen und mir nichts verkaufen wollen, wenn ich mich vor der offiziellen Öffnungszeit einfinde – aus Angst davor, ein Wettrennen mit den anderen auszulösen, wer als Erster aufmacht.

Diese Händler üben sich in Selbstbeherrschung, vielleicht mit etwas Hilfe durch die Stadt, die ihnen erlaubt, die Straße nur in einem bestimmten Zeitraum zu nutzen. Aber die Marktverfrühung lässt sich nicht immer durch Selbstkontrolle einschränken. Selbst wenn eine Kanzlei sich selbst beschränkt und ihre Personaleinstellung auf einen vernünftigen Zeitpunkt verschiebt, könnte die Kanzlei das Nachsehen haben, wenn ihre Konkurrenten schon früher Plätze für Referendare vergeben. Die Furcht, abgehängt zu werden, macht aus Pionieren vorzeitig losstürmende »Sooner«.

In einem Markt, der auf Selbstkontrolle basiert, lässt sich die Tendenz zur Verfrühung folglich kaum beherrschen. Selbst wenn *Sie* eine Menge Selbstkontrolle haben, reicht bereits der *Verdacht*, dass andere Teilnehmer vorzeitig handeln, und Sie werden das Gleiche tun. Es wäre irrational, dies nicht zu tun. In vielen Märkten sehen wir zunächst eine schleichende Vorverlegung von Transaktionen, die plötzlich in eine aberwitzige Hetze umschlägt. Oftmals entsteht erst dann, wenn die Teilnehmer einsehen, dass die Gewinne aus einer geringfügigen Vorverlegung von den Kosten eines Wettrennens mit allen anderen um eine immer weitere Vorverlegung aufgezehrt werden, schließlich ein Konsens, der die Umkehr dieser Verfrühungstendenzen unterstützt. Hier könnten dann neue Marktdesigns in Betracht gezogen werden.

Lassen Sie mich Ihnen von einer einfachen Marktdesign-Lösung erzählen, die diese Dynamik der Verfrühung zum Stillstand brachte und umkehrte – in einem Markt, in dem die Tendenz zu verfrühten Transaktionen das einzige noch zu behebende Marktversagen darstellte. Der Trick bestand darin, diejenigen, die versucht waren, frühe Angebote zu machen, von dem Zwang zur Selbstkontrolle zu befreien, indem man einen Teil der Kontrolle den Angebotsempfängern übertrug.

Den Mut haben, abzuwarten

WENN SIE UNTER FÜNFZIG SIND, brauchen Sie vermutlich nicht zu wissen, was Gastroenterologen tun. Begnügen wir uns mit der Feststellung, dass es Ärzte sind, die sich auf Krankheiten des Verdauungstrakts spezialisiert haben, und nach Ihrem fünfzigsten Lebensjahr sollten Sie einen aufsuchen, um sich auf frühe Anzeichen von Darmkrebs untersuchen zu lassen. Um die Zulassung als Gastroenterologe zu erhalten, muss ein Arzt an einem Facharztweiterbildungsprogramm (*fellowship*) teilnehmen, das sich an seine Tätigkeit als Assistenzarzt (*residency*) anschließt, die er nach Abschluss des Medizinstudiums absolviert. Der Markt für Assistenzärzte war der erste Markt mit verfrühten Transaktionen, den ich näher untersucht habe. Heute ist dieser Markt nicht mehr verfrüht, und frischgebackene Mediziner werden im letzten Jahr ihres Studiums den freien Assistenzarztstellen zugeteilt, in einem Markt, der dicht und sicher und nicht durch »Verstopfung« überlastet ist. (Ich werde diese Geschichte in Kapitel 8 erzählen.)

Zukünftige Gastroenterologen müssen in den USA drei Jahre lang im Fachgebiet Innere Medizin als Assistenzarzt arbeiten. Gastroenterologie-Fellows könnten also theoretisch nach dreijähriger praktischer klinischer Ausbildung eingestellt werden. Leider führte die Tendenz zu verfrühten Transaktionen dazu, dass die Stellen immer früher vergeben wurden, bis schon Assistenzärzte im ersten Jahr manchmal zu Bewerbungsgesprächen für Stellen eingeladen wurden, die sie erst in zwei Jahren antreten würden. Auch dies könnte kostspielig sein, sowohl für Direktoren von Fellowship-Programmen, die Fellows bereits einstellen, wenn diese noch unerfahren sind, als auch für junge Ärzte, die sich bereits für ein Fachgebiet entscheiden müssen, ehe sie überhaupt wissen, was ihnen gefällt.

Als meine Kollegin Muriel Niederle und ich die Tendenz zur Verfrühung in diesem Markt untersuchten, stellten wir fest, dass Fellowship-Direktoren zunehmend Bewerber einstellten, die ihre Assistenz vor Ort absolviert hatten, weil die einzigen Assistenzärzte im ersten Jahr, die sie risikolos einstellen konnten, diejenigen waren, über die jene Direktoren zuverlässige Empfehlungen von ihren eigenen Kollegen erhalten konnten.

Diese Einschränkung des Kandidatenpools verminderte die wünschenswerte Vielfalt der Fellows. Was diese Direktoren nicht ahnten – bis sie unsere Resultate sahen –, war die Tatsache, dass diese lokale Einstellung überall stattfand. Erst dann erkannten sie, dass ihr eigenes Problem tatsächlich den gesamten Markt betraf. Wie Sie sich vielleicht vorstellen können, erzeugte dies ein großes Interesse daran, später einzustellen.

Muriel und ich halfen ihnen schließlich, eine Clearingstelle zu planen, die zu einem späteren Zeitpunkt der Ausbildung von Assistenzärzten tätig werden sollte, ähnlich derjenigen, die frischgebackene Ärzte an Assistenzstellen vermittelte. Aber dieselben Fellowship-Direktoren vertrauten nicht darauf, dass andere kooperieren und auf die Clearingstelle warten würden. Sie alle befürchteten, dass die anderen weiterhin Bewerber über Angebote mit kurzen Annahmefristen einstellen würden. Wenn sie auf die Teilnahme an der Verteilung über die Clearingstelle warteten, liefen sie ihres Erachtens Gefahr, dass die besten Kandidaten bereits vergeben wären.

Wegen dieses mangelnden Vertrauens würden alle womöglich weiterhin frühe Angebote abgeben, nur für den Fall, dass es jeder andere auch tun würde – auch wenn es niemand oder fast niemand wollte. Also fragten wir die vier größten Berufsverbände von Gastroenterologen, ob sie ihren Mitgliedern nicht einfach verbieten könnten, Bewerber einzustellen, bevor die Clearingstelle ihre Arbeit aufnahm. Sie sagten uns, sie seien nicht befugt, das Verhalten ihrer Mitglieder, der Leiter der Fellowship-Programme, zu reglementieren.

Als Nächstes fragten wir diese Organisationen, ob sie einen Beschluss vereinbaren könnten, der es Fellowship-Bewerbern, die sehr frühe Angebote angenommen hatten, erlauben würde, sich umzuentscheiden, wenn sie später, wenn die Clearingstelle aktiv würde, ihre früheren Entscheidungen bedauern sollten. Dieser Vorschlag stieß auf erhebliche Bedenken: Verwaltungsleiter befürchteten, dass viele Angebote im Markt zuerst akzeptiert und dann abgelehnt würden. Wir konnten ihnen glaubhaft versichern, dass dies nicht geschehen würde, da der Anreiz, ein Angebot zu machen, bevor man wusste, welche Bewerber geeignet waren, wegfiele, wenn frühe Angebote und Annahmen nicht bindend wären. Wenn es Fellows freigestellt würde, sich umzuentscheiden, nachdem sie ein frühes Angebot angenommen hatten, würde das neue Verfahren Programmleitern den Anreiz nehmen, frühe Angebote zu unterbreiten, und sie von der Angst befreien, dass andere dies tun würden. Daher könnten sie unbesorgt abwarten und einem hervorragend geeigneten Bewerber später, wenn die Clearingstelle ihre Arbeit aufnähme, eine Stelle anbieten.

Ein Teil unserer Daten stammte vom Markt für Doktoranden an Universitäten. Fast alle amerikanischen Universitäten erklärten sich einverstanden, dass Studenten ihre Angebote nicht vor dem 15. April jedes Jahres annehmen müssten. Wenn Studenten es eilig haben, vor diesem Stichtag ein Angebot anzunehmen, können sie dies tun und dann später ablehnen, um vor diesem Datum ein anderes Angebot anzunehmen. Diese eine Regel hat praktisch alle »explodierenden« Angebote für Promotionskandidaten in den Vereinigten Staaten eliminiert.

Ein anderer Teil unserer Daten stammte aus Experimenten: Als wir diese Regeln im Labor aufstellten und sie in einem einfachen künstlichen Markt erprobten, kam es zu keinen »explodierenden« Angeboten mehr.

Außerdem präsentierten wir theoretische Belege. Es kommt nicht zu »explodierenden« Angeboten, wenn jeder genug Erfahrung mit dem Markt hat, um zu wissen, womit er zu rechnen hat. Wenn dies geschieht, sprechen Ökonomen davon, dass der Markt »im Gleichgewicht« ist. In diesem Fall bedeutete Gleichgewicht, dass jeder erwarten würde, dass Fellowship-Programme junge Ärzte, denen sie frühe Angebote unterbreiteten, die jedoch anschließend in ihren Leistungen *hinter* den Erwartungen zurückblieben, trotzdem einstellen würden. Dagegen dürften sie diejenigen, die frühe Angebote angenommen hatten, aber die Erwartungen *übertrafen*, nicht einstellen, weil diese Personen später bessere Angebote annehmen würden. Da der hauptsächliche Zweck früher, »explodierender« Angebote darin besteht, bessere Kandidaten zu »fangen«, als man bekommen könnte, wenn man wartete, würden Programmleiter keine solchen stark befristeten Angebote machen, wenn sie dieses Ziel nicht länger verwirklichen könnten. Es gehört nicht viel Selbstkontrolle dazu, keine frühen Angebote mehr zu machen, wenn diese einem nicht mehr das bringen, was man will.

Dies funktionierte für die Gastroenterologen: Sie akzeptierten die Argumente und beherzigten den Rat, organisierten dann erfolgreich eine Clearingstelle, die mittlerweile jedes Jahr viel näher zu dem Zeitpunkt tätig wird, an dem Gastroenterologie-Fellows mit ihrer Weiterbildung beginnen. »Explodierende« Angebote sind jetzt kein Problem mehr, und so gelingt es fast jedem, über die nach dem Vorbild des erfolgreichen Markts für Assistenzärzte später tätig werdende Clearingstelle Personal anzuwerben und eine Stelle vermittelt zu bekommen.[9] Diese Clearingstelle sorgt für einen dichten Markt, auf dem sich das Warten lohnt, ganz so, wie ein dichter

Heiratsmarkt auf dem College es für Menschen weniger dringlich macht, ihre Lieblinge aus Kindertagen zu heiraten, oder wie es viele Parkplätze in der Nähe der Stelle, wo Sie parken wollen, Ihnen erleichtern, an leeren Plätzen vorbeizufahren, die noch recht weit von Ihrem eigentlichen Ziel entfernt sind.

Unsere Lösung für das Problem der Einstellung neuer Gastroenterologen verdeutlicht eine der entscheidenden Tatsachen beim Marktdesign: Erfolgreiche Designs hängen in hohem Maße von der konkreten Beschaffenheit des Marktes ab, unter anderem von der Kultur und Psychologie der Teilnehmer. In den folgenden Jahren stießen wir auf eine Reihe anderer Märkte, die mit genau den gleichen Problemen zu kämpfen schienen wie der Gastroenterologie-Markt. Aber letztlich verlangten einige dieser Märkte völlig andere Lösungen.

Kulturwandel

EIN GUTES BEISPIEL DAFÜR ist der Markt für orthopädische Chirurgen – der zunächst fast wie eine Kopie des Marktes für Gastroenterologen aussah.

Als ich mit den orthopädischen Chirurgen am Massachusetts General Hospital sprach, zeigte sich sehr schnell, dass sie ebenfalls ein Problem verfrühter Transaktionen hatten: Sie nahmen neue Fellows bereits drei Jahre im Voraus unter Vertrag, wenn diese gerade erst ihre Chirurgie-Facharztausbildung begonnen hatten. Die Chirurgie-Oberärzte befürchteten nicht so sehr, dass sie die Geschicklichkeit dieser jungen Assistenzärzte nicht richtig einschätzen könnten, sondern vielmehr, dass einige von ihnen, wenn sie schließlich ihre Stellen antraten, zu kleinen OP-Despoten geworden waren, mit denen Pflegekräfte und andere nur ungern zusammenarbeiten wollten. Dies komplizierte die zeitliche Planung und war schlecht für die Arbeitsmoral. Wenn die Chirurgie-Oberärzte warten könnten, bis die jungen Assistenzärzte zu leitenden Assistenzärzten mit größerer Verantwortung geworden waren, wären sie besser in der Lage, zu beurteilen, wie kollegial sich die neuen Chirurgen verhielten, und nicht nur, wie geschickt sie mit ihren Instrumenten hantierten.

Als Muriel und ich begannen, uns die Details genauer anzusehen, stellten wir fest, dass das Einstellungsverfahren für orthopädischen Chirurgen fast genauso gestaltet war wie das für Gastroenterologen – frühe Angebote mit sehr kurzer Annahmefrist, hausinterne Rekrutierung und so weiter. Und so erklärten wir ihnen, dass die Lösung, die für den Gastroenterologie-Markt funktionierte, vielleicht auch für sie funktionieren würde: Das heißt, wenn sie Bewerbern erlauben würden, sich umzuentscheiden, nachdem sie frühe Angebote angenommen hatten, würden diese frühen Angebote aufhören, und zu einem günstigen späteren Zeitpunkt könnte eine geordnete Vermittlung über eine Clearingstelle organisiert werden.

Aber die orthopädischen Berufsverbände – die mindestens neun verschiedene orthopädische Teilgebiete abdecken – erklärten uns umgehend, sie könnten es jungen Chirurgen nicht erlauben, von Vereinbarungen, die sie mit Chirurgie-Oberärzten geschlossen hatten, zurückzutreten. Dies sei unmöglich: Chirurgie-Oberärzte seien einfach zu mächtig und für jüngere Chirurgen so respekteinflößend, dass sie sich schlichtweg nicht trauten, sich umzuentscheiden, ganz egal was man ihnen sagte. Gegen die Verhängung von Sanktionen gegen Leiter von Fellowship-Programmen, die frühzeitige Angebote machten, hatten sie hingegen nichts einzuwenden. Einer der Berufsverbände sagte uns sogar, sie würden es nicht zulassen, dass solche Ärzte bei ihren Jahrestagungen Referate hielten. So wurden auch orthopädische Chirurgen mit schrofferen Methoden dazu gebracht, keine »explodierenden« Angebote mehr zu machen, was einigen Clearingstellen erlaubte, sich auf orthopädische Teilgebiete zu spezialisieren.

Orthopädische Chirurgen benötigen ein etwas anderes Marktdesign als Gastroenterologen, um ähnliche Marktversagen zu beheben, weil die beiden Berufe sehr verschiedene Kulturen haben. Aber sie fanden in beiden Fällen einen Weg, um »explodierende« Angebote zu vermeiden.

Die Probleme, denen sich Bundesrichter auf dem Markt für Referendare gegenübersehen, lassen sich schwerer lösen, weil die Kultur dieses Marktes die Schwierigkeiten, mit denen Gastroenterologen und orthopädische Chirurgen konfrontiert sind, sogar kombiniert. Die Organisationen von Richtern – die sogenannten »Judicial Conferences« als Selbstverwaltungsorgane der Richterschaft – gleichen den Berufsverbänden der Gastroenterologen, insofern sie Richter nicht davon abhalten können, frühe, »explodierende« Angebote zu machen, und keine Möglichkeit haben, diejenigen, die dies tun, zu bestrafen. Unterdessen sind Jura-Studenten, ebenso wie Assistenz- und Oberärzte in orthopädischer Chirurgie, nicht in der Lage, Versprechen gegenüber Bundesrichtern zu brechen. Diese Dinge machen es für Richter schwer, sich in einer Weise zu organisieren, die sie gegenseitig darauf vertrauen lässt, dass die Regeln befolgt werden.

Märkte haben die Tendenz zur »Verfrühung« ungeachtet des kollektiven Nutzens eines dichten Marktes, in dem viele Menschen gleichzeitig anwesend sind und viele Gelegenheiten erwogen und verglichen werden können. Ohne ein gutes Marktdesign werden es einzelne Teilnehmer nach wie vor vorteilhaft finden, etwas früher dran zu sein und eine Art »Vorwegnahme von Landrechten« zu betreiben. *Daher ist Selbstkontrolle keine Lösung:* Du kannst nur dich selbst kontrollieren, und wenn dir andere zuvorkommen, ist es womöglich in deinem Eigeninteresse, in gleicher Weise zu reagieren. Diese frühen Akteure sind das Pendant zu den »Sooners« im Oklahoma Land Rush.

Sowohl für Gastroenterologen als auch für orthopädische Chirurgen war nicht nur die Festsetzung einer bestimmten Zeit, zu welcher der Markt funktionieren sollte, bestimmend für den Erfolg, sondern auch ein zu dieser Zeit verfügbarer wohl konzipierter Markt. Wie wir im nächsten Kapitel sehen werden, lässt sich das Problem verfrühter Transaktionen in der Regel nicht dadurch lösen, dass man den Markt in einem engen Zeitfenster in Gang setzt – ohne eine Clearingstelle bereitzustellen, die den Markt gleichzeitig ordnet. Dies kann eine Verstopfung verursachen, etwa wenn eine unbändige Masse von Leuten versucht, ihre Ansprüche alle zur gleichen Zeit durchzusetzen – was zu einer anderen Art von Marktversagen führen kann, wenn sich Menschen gedrängt fühlen, nicht zu früh, sondern zu schnell Angebote abzugeben (und Antworten zu verlangen). Ein verstopfter Markt mag in einer Weise zusammenbrechen, bei der die Teilnehmer Gefahr laufen, das Schicksal des armen Walter Cook zu erleiden, des Mannes, der früh genug zur Stelle war, um ein Grundstück abzustecken, aber nicht schnell genug, um es amtlich eintragen zu lassen – der größte Gewinner und der größte Verlierer im Oklahoma Land Rush.

5. Zu schnell: Der Drang nach Tempo

MÄRKTE KÖNNEN nicht nur durch *zu frühe* Transaktionen davon abgehalten werden, jene Dichte zu erreichen, die sie brauchen, um gut zu funktionieren. Manchmal bewegen sich Märkte auch *zu schnell.*

Schnelligkeit kann einen Markt entweder florieren lassen oder zugrunde richten. Schnelligkeit hilft den Teilnehmern in einem dichten Markt, eine Vielzahl potentieller Transaktionen rasch zu beurteilen und zu verarbeiten. Aber manchmal führt die Beschleunigung von Märkten auch dazu, dass sie schlechter funktionieren.

Wir haben gesehen, wie Schnelligkeit – im Sinne allzu früher Handlungen – potentiell dichte Märkte ausdünnt, weil nicht jedem alles an einem dichten Markt gefällt. Käufer wählen in der Regel gern unter vielen Anbietern aus, und die wiederum sehen gern viele Käufer. Aber dieselben Käufer wollen nicht, dass ein Haufen anderer ungeduldiger Käufer die Preise nach oben treibt, und Verkäufer hassen es, wenn ihnen Konkurrenten ein Geschäft wegschnappen. Auch in einem dichten Markt finden sich all diese Einstellungen.

Die Entschlossenheit, etwas schneller – und nicht nur früher – zu agieren als die Konkurrenten, hat viele Märkte verändert, von den Finanzmärkten bis zum Sport, nicht zu vergessen viele Arbeitsmärkte, etwa für Juristen und Mediziner. Wir wollen jeden von ihnen einzeln betrachten und beginnen dabei mit dem schnellsten Markt von allen: dem Finanzmarkt.

Ein Spiel in (Milli-)Sekunden

NICHT WEIT ENTFERNT von dem Ort, wo Weizenterminkontrakte an der Chicago Board of Trade gehandelt werden, gibt es noch einen Marktplatz, die Chicago Mercantile Exchange. Und in der Nähe von beiden, an der Universität von Chicago, hat ein innovativer Marktdesigner namens Eric Budish über den Hochfrequenzhandel an beiden Börsen nachgedacht.

Budish untersucht, welchen Einfluss die zunehmende Verwendung von Computer-Algorithmen auf die Finanzmärkte hat. Er untersucht auch, wie Änderungen im Design von Finanzmärkten dabei helfen könnten, einige ihrer strukturellen Probleme zu lösen.

Die Chicago Mercantile Exchange hat große Ähnlichkeit mit der New York Stock Exchange. Zum einen haben beide ähnliche Marktdesigns: Die Handelsgeschäfte werden über ein fortlaufendes elektronisches Limit-Order-Buch abgewickelt, das die Kaufangebote (Geldkurse) und Verkaufsangebote (Briefkurse) verbucht, beginnend mit dem höchsten Geldkurs und dem niedrigsten Briefkurs.[10] Jeder kann jederzeit verkaufen oder kaufen, indem er den besten Geld- oder Briefkurs für x Einheiten des gehandelten Finanzprodukts akzeptiert.

Die CME und die NYSE bieten auch ähnliche Finanzprodukte an. So kann man zum Beispiel an beiden Marktplätzen in das ganze Bündel von Unternehmen investieren, aus dem sich der Aktienindex Standard & Poor's 500 zusammensetzt, der ein repräsentatives Abbild des gesamten amerikanischen Aktienmarktes darstellt. An der NYSE kann man sein Geld bequem anlegen, indem man Anteilsscheine an einem börsengehandelten S&P-500-Fonds kauft, der als SPY gelistet ist. An der CME kann man eine ähnliche Position aufbauen, indem man E-mini S&P 500 Futures kauft, die als ES gelistet sind. Der Preis von SPY an der NYSE und der Preis von ES an der CME sind hoch korreliert: Sie steigen und fallen zusammen – was nicht weiter verwunderlich ist, da sie beide Investments in dasselbe Bündel von Unternehmen sind.

Die Märkte für SPY und ES sind dicht. Jeden Tag werden Millionen von Terminkontrakten und börsengehandelten Aktien verkauft. Zu jeder Stunde, wenn die Märkte geöffnet sind – ja sogar zu jeder Minute –, können Käufer viele Verkäufer finden, und Verkäufer können viele Käufer finden, sodass ein intensiver Preiswettbewerb herrscht.

Aber die Situation ändert sich, wenn wir nicht Stunden oder Minuten – oder auch Sekunden –, sondern Tausendstelsekunden, *Millisekunden*, betrachten. (Ein Tag hat 86 Millionen Millisekunden, und ein Augenblinzeln dauert weit über hundert Millisekunden.) Selbst in der ultraschnellen Finanzwelt können viele Millisekunden vergehen, ohne dass eine einzige Transaktion stattfindet.

Ein Markt, der in einem menschlichen Zeitmaßstab dicht wirkt – mit Hunderten von Gelegenheiten zu Börsengeschäften in einer einzigen Sekunde –, kann für einen Computer vergleichsweise dünn sein. Millisekunde auf Millisekunde vergeht, ohne dass ein Abschluss getätigt wird und ohne dass sich der höchste Geldkurs oder der niedrigste Briefkurs ändert.

Genauso wichtig ist die Tatsache, dass es ein paar Millisekunden dauert, ehe Neuigkeiten über eine Preisänderung in Chicago Börsenhändler in New York erreichen und umgekehrt. Anders ausgedrückt: Wenn sich der Kurs von SPY oder ES in einer Stadt ändert, kann jemand, der von der Neuigkeit gehört hat, in den paar Millisekunden Zeitverzögerung billig auf einem Markt kaufen und auf dem anderen Markt zu einem höheren Preis verkaufen.

Wie schnell muss man sein, um auf diese Weise Geld zu verdienen? Vor 2010 wurden Marktnachrichten zwischen Chicago und New York am schnellsten durch Kabel übertragen, die entlang von Straßen und Bahngleisen verliefen. Aber in jenem Jahr gab ein Unternehmen namens Spread Networks Hunderte von Millionen aus, um ein superschnelles faseroptisches Kabel zu verlegen, das in einer viel geraderen Linie verlief und die Umlaufzeit für übermittelte Informationen und Aufträge von 16 auf 13 Millisekunden verkürzte. Diese Zeitdifferenz von 3 Millisekunden bedeutete im Grunde, dass nur Händler, die das neue Kabel benutzten, einen

Gewinn machen konnten, indem sie die kurzzeitigen Preisunterschiede zwischen Chicago und New York ausnutzten.

Weil ein elektronisches Orderbuch – ein wichtiges Element des gegenwärtigen Designs der Märkte – nach dem Grundsatz »Wer zuerst kommt, mahlt zuerst« verfährt, bekommt derjenige den Zuschlag, der als Erstes ein Angebot macht. Auf diese Weise lassen sich große Gewinne einstreichen. Also wird es Sie nicht schockieren, zu erfahren, dass seit 2010 Milliarden von Dollar für noch schnellere Kabel ausgegeben worden sind. Mitte 2014 wurden die schnellsten Kursnotizen durch einen Mikrowellenkanal mit einer Umlaufzeit zwischen den beiden Städten von nur 8,2 Millisekunden übermittelt.

Nun mag es zwar kein Problem sein, dass schnellere Händler mehr Geld verdienen können, aber es ist gewiss keine gute Nachricht, dass Milliarden von Dollar für schnellere Kabel ausgegeben werden, die Märkte nicht besser funktionieren lassen und auch sonst keinen gesellschaftlichen Nutzen bringen. Tatsächlich verschlechtern schnellere Kabel die Leistungsfähigkeit des Marktes, und dies in einer Weise, die anderen Händlern schadet.

Und zwar aus folgendem Grund: Finanzmärkte stellen gewöhnlichen Händlern unter anderem dadurch eine hinreichende Dichte zur Verfügung, dass sie gewissen professionellen Händlern einen Anreiz geben, zu »Liquiditätsversorgern« zu werden. Mitglieder dieser Gruppe haben nicht die Absicht, ein Wertpapier zu halten und abzuwarten, dass sein Wert steigt; vielmehr handeln sie sehr schnell und agieren als Marktmacher. Sie stellen jederzeit einen Geld- und einen Briefkurs für das Finanzinstrument, dessen Markt sie »pflegen«: Das heißt, sie geben gleichzeitig sowohl Kauf- wie auch Verkaufsangebote ab. Liquiditätsversorger verdienen ihr Geld dadurch, dass sie eine bestimmte Spanne zwischen Ankaufs- und Verkaufskursen festlegen, die sie fortwährend an die Bewegungen des Marktes anpassen. Je schmaler diese Spanne und je größer die Menge, die sie zu dieser Spanne zum An- oder Verkauf stellen, umso besser ist der Service, den sie denjenigen anbieten können, die auf den Markt kommen, um einen Abschluss zu tätigen (und umso eher werden *sie* das Geschäft machen statt ihrer Konkurrenten).

Doch wenn Hochfrequenzhändler in den Märkten aktiv sind, müssen Liquiditätsversorger höhere Spannen angeben beziehungsweise anbieten, eine geringere Menge zu handeln, um sich wenigstens teilweise davor zu schützen, von einem Händler, der eine der neuen superschnellen Leitungen nutzt, »weggeputzt« zu werden. Ein solcher Händler ist unter Umständen in der Lage, von ihnen zu ihren alten Preisen (die jetzt nicht mehr aktuell beziehungsweise die »verfallen« sind) zu kaufen und dann, nur Augenblicke später, zu den neuen, höheren Preisen wieder an sie zu verkaufen. Je breiter die von den Liquiditätsversorgern festgesetzten Spreads sind, umso höher müssen die Preise schnellen, ehe sie von Käufern und Verkäufern in dieser Weise ausgenutzt werden können, und umso stärker wälzen sie die Kosten für ihre Eigensicherung auf gewöhnliche Investoren ab.

Sehr schneller Hochfrequenzhandel kann auch zur Instabilität im Markt beitragen. Ein berühmtes Beispiel, bei dem es um den Hochfrequenzhandel von ES-Terminkontrakten und SPY-börsengehandelten Fonds ging, ist der »Flash-Crash« von 2010. In nur vier Minuten wurden die Kurse von Terminkontrakten und der damit zusammenhängenden börsengehandelten SPY-Fonds (sowie vieler der in dem Index enthaltenen Aktien) um mehrere Prozentpunkte gedrückt – ein sehr großer Kursausschlag, ohne dass es weltbewegende Neuigkeiten gegeben hätte –, worauf sie sich genauso schnell wieder erholten.

Eine anschließende Untersuchung der zuständigen Regulierungsbehörden, der Securities and Exchange Commission und der Commodity Futures Trading Commission, ergab, dass diese kurze Marktverwerfung darauf zurückzuführen war, dass Hochfrequenz-Computer-Algorithmen miteinander in einer Geschwindigkeit handelten, die sich menschlicher Aufsicht entzog, und kurzzeitig außer Kontrolle gerieten, ehe jemand eingreifen konnte.

Nach diesem Flash-Crash entstand zusätzliche Verwirrung durch unerledigte Auftragsbestände und fehlerhafte Zeitstempel,

die es erschwerten, herauszufinden, welche Abschlüsse durchge-
gangen waren, da sogar einige der Marktcomputer von den Hoch-
frequenzhändlern abgehängt worden waren.

Selbstverständlich sind schnelle Leitungen und Computer
nicht die einzigen Möglichkeiten, um an Informationen über den
Markt zu gelangen und danach zu handeln, bevor es andere tun.
Es gibt bewährte Gesetze gegen Insiderhandel, die es Managern
und anderen mit privilegiertem Zugang zu Informationen verbieten, dieses Wissen für eigene Börsengeschäfte zu nutzen oder
es an, zum Beispiel, interessierte Hedgefonds-Manager weiter-
zugeben, ehe diese Informationen öffentlich bekannt gemacht
werden.[11]

Diese öffentlichen Mitteilungen ergehen in der Regel nach
dem Schließen der Märkte, sodass Händler genügend Zeit haben,
diese Information aufzunehmen, bevor sie wieder Geschäfte tätigen. Aber Amerikas Gefängnisse beherbergen ebenfalls eine be-
achtliche Zahl von dynamischen Finanzjongleuren, die nicht warten konnten; einige von ihnen wurden vom Generalstaatsanwalt
des Bundesstaates New York, der auch für die Wall Street zuständig ist, aus dem Verkehr gezogen.

Der Generalstaatsanwalt kommt hier ins Spiel, weil Gesetze
gegen Insiderhandel die Ausgangsbedingungen für alle gleich
machen sollen, sodass auch einfache Anleger, ohne Angst vor Be-
nachteiligung, Aktien kaufen und verkaufen können. Ähnlich pro-
blematisch ist es, wenn der Schnelligkeitswettbewerb den Preiswettbewerb verdrängt. Diese Art von Wettstreit, der Insider-Trading
mehr als nur ein bisschen ähnelt (weil diejenigen, die davon profitieren, sich Wissen zunutze machen, das noch nicht allen zugänglich ist), ist schlecht für Aktienmärkte. Preiswettbewerb unter
wohlinformierten Händlern trägt dagegen mit dazu bei, Märkte
gesund zu halten.

Eric Budish und seine Mitautoren Peter Cramton und John
Shim schlugen als Lösung für diese sich verschärfende Krise eine
einfache Änderung im Design dieser Finanzmärkte vor, die den
Preiswettbewerb wiederherstellen würde – und es unnötig machen

würde, zu versuchen, Millisekunden vor anderen Händlern an Informationen zu gelangen. Sie schlugen vor, statt einen kontinuierlichen Markt zu organisieren, in dem der erste Händler, der einen Geld- oder Briefkurs akzeptiert, den Zuschlag bekommt, dieselben Märkte nur einmal pro Sekunde Transaktionen durchführen zu lassen.[12]

In diesem Marktmodell würden in der einen Sekunde »zwischen Märkten« (scheinbar endlosen 1000 Millisekunden) Offerten angesammelt und Transaktionen zu dem Kurs durchgeführt, bei dem das Angebot der Nachfrage entspricht – und zwar unter den Händlern, die sich dazu bereit erklärt haben, zu diesem Kurs zu handeln. Erfolgreich wären also nicht die schnellsten Händler, sondern diejenigen, die die höchsten Geld- und die niedrigsten Briefkurse angeboten hätten.

In einem solchen Markt, der einmal pro Sekunde arbeitet, müsste nach menschlichem Zeitmaßstab niemand sehr lange warten: Wirtschaftliche Nachrichten, die Preise ändern, können notfalls eine Sekunde warten, ohne die Effizienz von Märkten zu beeinträchtigen. Diese Art von Markt würde es erleichtern, den Überblick über Börsengeschäfte zu behalten: Handelsübliche Computer würden für diese Aufgabe völlig ausreichen.

MIKE OSTROVSKY, ein Stanford-Professor und Marktdesigner, erzählt eine Geschichte, die ich hier leicht abgewandelt wiedergebe, um den Unterschied zwischen »Schnelligkeitswettbewerb« und »Preiswettbewerb« zu verdeutlichen.

Angenommen, es gebe ein Footballfeld in Chicago, das auf der Flugroute zum und vom Internationalen Flughafen O'Hare liege, und eines Tages würde jedes landende und startende Flugzeug beginnen, Geld auf dieses Feld zu werfen – eine Milliarde Dollar pro Jahr –, das jeder, der schnell genug wäre, einsammeln und behalten dürfte. Was würde passieren? Nun, das würde schnell ein *sehr* beliebtes Footballfeld, da ganze Horden von Menschen auftauchen und sich um die niedergehenden Scheine streiten würden.

Selbstverständlich sind eine Milliarde Dollar im Jahr eine Menge Geld, und es würde nicht lange dauern, bis Firmen schnelle Läufer anwerben würden. Unterdessen würden andere Firmen in Maschinen investieren, und schon bald würden schnellere Drohnen kurz vor anderen, langsameren Drohnen herabschwebende Geldscheine aus der Luft schnappen.

Wie viel Geld würden Konkurrenten wohl in dieses Wettrennen um immer schnellere Dollar investieren? Vermutlich einen ganz erheblichen Teil dieser einen Milliarde Dollar. Und sofern es nicht eine Vielzahl unerwarteter Einsatzmöglichkeiten für schnelle, Geldscheine schnappende Drohnen gibt, wäre der größte Teil dieser Investitionen eine Vergeudung von Ressourcen, was die Gesellschaft insgesamt betrifft, selbst wenn sie den schnellsten Geldschein-Schnappern ansehnliche Erträge einbringen mag.

Nehmen wir jetzt einmal an, dass es nicht zu einem super-schnellen Wettrennen käme, vielmehr die Flughafenbehörden dieses Feld abriegelten, sämtliche Geldscheine, die dort niedergingen, einsammelten und sie am Ende jedes Tages bei einer Auktion verkauften. Es gäbe weiterhin Wettbewerb, aber in einer anderen Form. Jetzt würde die tägliche Ausbeute an den Höchstbietenden gehen. Da ein Dollar ein Schnäppchen ist, wenn man ihn für nur fünfzig Cent bekommt, würde der Wettbewerb die Preise schon bald näher an den Wert der Geldscheine treiben, die jeden Tag versteigert werden. Und im Lauf eines Jahres würden Geldscheine im Wert von einer Milliarde Dollar wahrscheinlich für annähernd eine Milliarde Dollar verkauft werden. Man könnte dies auch den angemessenen Marktpreis nennen – es wäre jedenfalls der Wettbewerbspreis.

Man beachte, dass, anders als der Kauf von Drohnen und das Einstellen von olympiareifen Sprintern, das Abgeben von Angeboten nicht viele Ressourcen beansprucht. Auch wenn Firmen womöglich weiterhin investieren, um eine zutreffende Schätzung der jeden Tag herunterfallenden Geldscheine zu erhalten, wäre der Nutzen, zu wissen, ob es 2 739 727 oder nur 2 739 726 Dollar sind, begrenzt. Dies hängt damit zusammen, dass die Firma, der eine treffgenauere Schätzung gelingt, nicht eine Milliarde Dollar pro

Jahr verdienen kann; tatsächlich mag sie jeden Tag nur ein paar Dollar Gewinn machen können, womit sich nicht einmal das Gehalt einer Vollzeitkraft, die Gebote abgibt, finanzieren lässt.

In diesem Szenario, in dem Bietende über den Preis und nicht über Schnelligkeit konkurrieren, kostet die jährliche Ausbeute ungefähr das, was sie wert ist, sodass die Versuchung sehr gering ist, riesige Summen für einen ansonsten unproduktiven Wettbewerb zu verschwenden. Und wenn das in dieser Weise eingesammelte Geld an die Passagiere, aus deren Gepäck es gefallen wäre, zurückerstattet werden müsste, könnte der Markt auch die Kosten von Flugreisen senken – wovon die Gesellschaft insgesamt profitieren würde –, statt die schnellsten Händler zu bereichern.

ES LÄSST SICH SCHWER SAGEN, wie groß die Chancen sind, dass der von Eric Budish und Kollegen unterbreitete vernünftige Vorschlag für »Sekundenmärkte« bald realisiert wird, sodass die Gier nach Millisekunden-Schnelligkeit durch einen Preiswettbewerb einmal pro Sekunde ersetzt würde. Finanzmärkte sind reguliert, sodass viele Dinge schnell über die Bühne gehen, sobald eine Idee von Regulierungsbehörden übernommen wird. (Und diese Idee wurde tatsächlich vom Generalstaatsanwalt des Staates New York unterstützt.) Wenn Aufsichtsbehörden keinen ausreichenden Druck ausüben, wird ein brandneues Marktdesign jedoch nur selten eingeführt, bevor ein Markt so dysfunktional wird, dass seine Nutzer unbedingt etwas Neues haben wollen (oder bis ein wagemutiger, innovativer Marktmacher eine Möglichkeit erkennt, mit bestehenden Märkten zu konkurrieren, indem er ein besseres Design anbietet).[13] Es ist nicht klar, ob die Finanzmärkte diesen Zustand der Dysfunktionalität bereits erreicht haben.

Wie die Geschichte dieser Finanzmärkte zeigt, wird ein überlegenes Marktdesign nicht immer umgesetzt. Der Bau einer besseren Mausefalle wird sich nicht immer auszahlen, wenn die Mäuse dabei mitreden können.

Finanzmärkte sind Teil einer riesigen Industrie. Die gegenwärtigen Gewinner im Wettlauf um Schnelligkeit haben einfach auf das bestehende Marktdesign reagiert. Es würde ihnen nicht gefallen, wenn ihre hohen Investitionen in schnellere Mikrowellenkanäle vergeblich wären. Aber sie wissen bereits, dass dies jederzeit durch den Bau eines neueren und schnelleren Kommunikationskanals geschehen kann. Eine Regeländerung, die gleiche Rahmenbedingungen schaffen würde, wäre also kein großer Schock, und wenn sie allmählich über einen gewissen Zeitraum eingeführt würde, fände sie vielleicht sogar ihre Unterstützung.

Wenn beispielsweise angekündigt würde, dass »Sekundenmärkte« innerhalb eines Jahres eingeführt würden, würde dies sofort von hohen Investitionen in Schnelligkeit abschrecken und den heutigen schnellsten Händlern erlauben, ihren Vorteil vor der Umstellung etwas länger zu genießen. Ich erwähne dies, weil man beim Marktdesign auch akzeptieren muss, dass gute Ideen allein manchmal nicht ausreichen, um einen Markt zu reparieren. Damit diese Ideen angenommen und umgesetzt werden, bedarf es oftmals auch einer breiten Unterstützung durch Marktteilnehmer.

Es ist also nicht einfach eine Auseinandersetzung zwischen den Guten und den Bösen. Die Interessen eines breiten Spektrums von Teilnehmern müssen berücksichtigt werden, um zu gewährleisten, dass ein neues Marktdesign so vielen Menschen wie möglich nutzt.

Das viktorianische Internet

ES MAG FÜR DIE FINANZMÄRKTE GUT SEIN, ihr Tempo auf menschliches Maß herunterzudrosseln, aber es wäre nicht gut, sie so weit abzubremsen, dass sie nicht unverzüglich auf Änderungen in der Welt und in der Nachfrage nach Wertpapiergeschäften reagieren könnten.

Das ist einer der Gründe dafür, dass mehr und mehr Finanzmärkte Geschäfte mit Hilfe von Computern tätigen. Aber wenn wir in der Geschichte zurückgehen, können wir sehen, wie die Beschleunigung der Informationsübermittlung sich günstig auf

Märkte auswirken kann – insbesondere wenn diese Geschwindigkeit in Tagen und nicht in Millisekunden gemessen wird.

Im 19. Jahrhundert war der Baumwollmarkt einer der größten
Märkte der Welt, und die Vereinigten Staaten waren ein wichtiger
Akteur in diesem Markt. Amerika produzierte Baumwolle, und die
englischen Baumwollfabriken verarbeiteten diese zu Stoffen und
Fertigprodukten aus Baumwolle. Als die Verlegung des ersten
transatlantischen Telegraphenkabels im Jahr 1858 abgeschlossen
wurde, konnten Nachrichten zwischen England und Amerika per
Telegraph statt per Schiff übermittelt werden – innerhalb von Stunden statt Tagen. Der Journalist Tom Standage hat den Telegraphen
bekanntlich das »viktorianische Internet« genannt. So, wie das
Internet in unserer Zeit zu einer Informationsrevolution führte,
so setzte auch der Telegraph in den Jahren des Amerikanischen
Bürgerkriegs eine Revolution in Gang.

Vor der Verlegung des Transatlantikkabels brauchte ein Schiff
etwa zehn Tage, um Preisinformationen von England nach New
York zu übermitteln, und weitere zehn Tage, um mit einer Baum-
wollladung nach Liverpool zurückzukehren. Es dauerte also fast
einen Monat, um auf Preise auf dem englischen Markt zu reagieren
(in denen sich Angebot und Nachfrage dort widerspiegelten).

Nach der Verlegung des Kabels konnten Preisinformationen
innerhalb eines Tages transatlantisch übermittelt werden. Dies
führte dazu, dass die Menge an verschiffter Baumwolle mehr den
Schwankungen des Marktes entsprach und Preise auf dem Baumwollmarkt nicht mehr so stark schwankten. Vor dem Unterseekabel
war es schwieriger, Angebot und Nachfrage aufeinander abzustim-
men, weil die Nachrichten, die in New York eintrafen, bereits über
eine Woche alt waren – langsamer als der Gang der Ereignisse in
jener Epoche. Dank der Beschleunigung der Nachrichtenübermittlung konnten die Händler besser auf den Markt reagieren. Schnelligkeit ließ den Baumwollmarkt effizienter funktionieren.[14]

Doch wie wir als Nächstes sehen werden, ist die Beschleunigung der Nachrichtenübermittlung, die es erlaubt, Entscheidungen auf besserer Informationsgrundlage zu fällen, etwas anderes

als die Beschleunigung von Entscheidungen, die dazu führt, dass
diese bereits vor dem Eintreffen von Nachrichten getroffen werden
müssen.

Betrachten wir abermals kurz den Markt für Rechtsreferendare,
weil er den Zusammenhang – und den Unterschied – zwischen zu
frühen und zu schnellen Entscheidungen verdeutlicht. Nachdem
dieser Markt vorübergehend das Problem der »Verfrühung« gelöst
hatte, indem Richter davon abgehalten wurden, frühzeitige Angebote zu machen, fanden diese Richter einen anderen Weg, um Zeit
strategisch zu nutzen, und dies führte abermals zu verfrühten
Transaktionen. Dieses Beispiel verdeutlicht, warum ein Markt nur
dann effizient funktioniert, wenn er mehrere Probleme gelöst hat;
er muss alle Glieder in der Kette potentiellen Versagens so weit
stärken, dass keines davon bricht.

Sofort oder gar nicht

Ich erhielt das Angebot als Sprachnachricht, als ich gerade zu
meinem zweiten Vorstellungsgespräch flog. Der Richter hinterließ genau drei Nachrichten. Erstens, um das Angebot zu machen. Zweitens, um mir mitzuteilen, dass ich umgehend antworten solle. Drittens, um das Angebot zu widerrufen. Der Flug
dauerte 35 Minuten.
*Ein Bewerber um ein Referendariat bei einem Bundesrichter,
im Jahr 2005.*[15]

DIESES ZITAT STAMMT von einem Jura-Studenten, der sich um
eine Stelle als Referendar bei einem Richter an einem Bundesberufungsgericht bewarb. Die Anrufe, auf die er sich bezieht, gingen
ein, als er von seinem ersten Bewerbungsgespräch in Boston zu
seinem zweiten in New York City eilte, das am selben Tag stattfand.
Als er das Flugzeug bestieg und sein Handy ausschalten musste,
hatte er *noch kein* Angebot. Als das Flugzeug 35 Minuten später
landete, war das Angebot schon wieder *zurückgezogen.*

Als meine Kollegen und ich diesen Markt untersuchten, sicherten wir jedem, den wir kontaktierten, Anonymität zu, also lassen wir hier die Namen einiger bekannter Richter unerwähnt. Meine Forscherkollegen dagegen sind nicht anonym: die Professoren Chris Avery und Christine Jolls und Richter Richard Posner vom 7. Bundesberufungsgericht in Chicago. Richter Posner ist ein langjähriger Teilnehmer an dem Markt, in dem Bundesberufungsrichter neue Jura-Absolventen als Referendare einstellen. In diesem Markt wurden im Lauf der Jahre viele Regeln geändert, um jene Tendenz zur verfrühten Stellenvergabe, die wir im vorhergehenden Kapitel diskutiert haben, zu unterbinden.

Dabei versuchten die Richter in jedem einzelnen Fall eine Regel aufzustellen, indem sie einen Zeitpunkt festlegten, vor dem kein Angebot gemacht werden sollte. Und in jedem Fall war dieser Versuch teilweise von Erfolg gekrönt, bis immer mehr Richter begannen, die Regeln zu umgehen oder sie vollkommen zu ignorieren und der Markt wieder in ein Wettrennen um die früheste Vertragsunterzeichnung zurückfiel. Während ich diese Zeilen schreibe, hat der jüngste Rückfall gerade erst begonnen, und wenn Sie dieses Kapitel durchgelesen haben, haben Sie vermutlich eine gute Vorstellung davon, wie er wahrscheinlich enden wird.

Als die Richter im Lauf der Jahre mit der Tendenz zur verfrühten Stellenvergabe rangen, konzentrierten sie sich nur auf das Problem der vorzeitigen Angebote. Und auch wenn sie die dadurch verursachten Probleme sehr wortgewandt schilderten, sahen sie darin lediglich eine Frage der Selbstkontrolle. Sie haben viele Male Regeln formuliert, um das Datum festzulegen, vor dem Richter potentiellen Referendaren keine Angebote machen sollten.

Aber sie haben nicht versucht, die *Umstände* zu gestalten, unter denen diese Angebote gemacht werden. Anders ausgedrückt: Indem sie den Zeitpunkt, zu dem Angebote gemacht werden können, beeinflussen, sorgen sie für eine hinreichende Marktdichte, aber sie haben den Teilnehmern keine Instrumente an die Hand gegeben, um mit dem Problem der »Verstopfung« klarzukommen. Daher sind »explodierende« Angebote, die nur für erschreckend kurze Zeit offen sind, weit verbreitet geblieben.

Richter lassen sich nicht leicht entmutigen: Sie haben ähnliche Regeln für die Fristen von Angeboten in den Jahren 1983, 1986, 1989, 1990, 1993 und 2002 vorgeschlagen und erprobt, wobei der jüngste Versuch erst 2013 formell aufgegeben wurde. Nach jedem Versuch wurden immer mehr Stellen immer früher vergeben, und bevor er offiziell aufgegeben wurde, ignorierten mehr und mehr Richter die Regeln. Doch das Zitat über »explodierende« – extrem kurz befristete – Angebote am Anfang dieses Abschnitts stammt von 2005, einem Jahr, in dem der Markt *noch nicht* wieder von der Tendenz, Bewerber immer früher einzustellen, erfasst war: Alle Angebote ergingen ungefähr zur gleichen Zeit. Und das bringt uns direkt zu dem Problem der »Verstopfung«, das immer dann auftritt, wenn nicht genügend Zeit vorhanden ist, um so viele Gelegenheiten zu schaffen und zu prüfen, wie notwendig sind, um eine gute Entscheidung zu treffen. Marktverstopfung ist eine Motivation für die kontinuierliche Vorverlegung von Transaktionen.

»MARKTVERSTOPFUNG« ÄHNELT in gewisser Weise dem Stoßverkehr in einer großen Stadt. Wenn jeder zur gleichen Zeit zur Arbeit fährt, kommt es zu einem langen Stau, und jeder kommt verspätet zur Arbeit. Man kann dem hohen Verkehrsaufkommen unter anderem dadurch entgehen, dass man früher zur Arbeit fährt. Aber wenn das viele Menschen tun, beginnt die Stoßzeit immer früher und dauert länger. Jeder verbringt also noch immer zu viel Zeit mit dem Pendeln zum Arbeitsplatz, und einige Personen werden vielleicht dazu verleitet, noch früher zu pendeln. Es gibt verschiedene Möglichkeiten, um Verkehrsstaus insgesamt entgegenzuwirken, etwa bessere Straßen und Brücken, die den Verkehr beschleunigen, oder leistungsfähige Massenverkehrsmittel, die einen Teil des Verkehrs von der Straße holen.

In virtuellen Staus wie denjenigen, die dauernd dem Markt für Jura-Referendare zu schaffen machen, beschleunigen »explodierende« Angebote den »Angebotsverkehr« ein wenig. Aber es gibt auch weniger respektable Gründe für frühe, kurzbefristete Angebote als das Bestreben, einen stetigen Angebotsfluss zu erreichen. Wenn ein Richter glaubt, dass die Person, die er einstellen will, attraktivere Angebote erhält, wenn man ihr mehr Zeit lässt, kann er versuchen, diese Person zu »fangen«, indem er auf einer unverzüglichen Antwort besteht.

Im Jahr 2005 sollte sich die Einstellung von Jura-Referendaren auf Studenten im dritten Jahr konzentrieren – das heißt auf diejenigen, die ihr Studium am Ende des Jahres abschließen würden. Und die Einstellung sollte erst nach dem Labor-Day-Feiertag beginnen.

Nach vielen Jahren, in denen Jura-Studenten bereits vor ihrem zweiten Studienjahr einen Referendariatsplatz erhielten, trat die Labor-Day-Regel im Jahr 2003 in Kraft. Daher hatten die Richter im Jahr 2005 bereits gewisse Erfahrungen mit diesem System. Und was sie gelernt hatten, war, dass ihre Richterkollegen – oder zumindest einige von ihnen – nach Labor Day Referendare *zügig* einstellen würden.

Der Richter, der in dem Zitat weiter oben die Anrufe tätigte, wusste, dass, falls er sein Angebot sehr lange offen hielte und schließlich eine Absage bekam, der nächste Student, dem er eine Stelle als Referendar anbieten würde, sehr wahrscheinlich schon vergeben wäre. Es war für ihn nicht *sicher,* zu warten. Daher machte er seine Angebote zügig und wollte nicht einmal 35 Minuten auf eine Antwort warten. (Er gelangte vielleicht auch zu dem Schluss, dass ein Student, der nicht sofort ans Telefon ging, vielleicht gerade schon ein anderes Bewerbungsgespräch führte und daher wahrscheinlich bereits vergeben war.)

In einem 1991 erschienenen Artikel mit dem Titel »Bekenntnisse eines schwarzen Schafs« verteidigte Richter Alex Kozinski vom Neunten Bundesberufungsgericht das, was ihm einige andere Richter als schlechtes Benehmen bei der Einstellung von Referendaren ankreideten, indem er sagte: »Dies ist der Markt, der über die Laufbahnen einiger der klügsten und vielversprechendsten jungen Juristen dieses Landes entscheidet; es wäre verwunderlich, wenn es auf ihm so vornehm zuginge wie bei einem Menuett. Schließlich bilden wir Gladiatoren für den Gerichtssaal und keine Tänzer für den Ballsaal aus.«[16]

Ballsaal-Tänzer treffen Gerichtssaal-Gladiatoren

ABER SELBST RICHTER KOZINSKI, der stolz auf seine verfrühte Rekrutierung war, räumte bereitwillig ein, dass es für alle Beteiligten – ihn selbst eingeschlossen – Vorteile hätte, wenn die Einstellung später erfolgen könnte. Und obwohl seit 1983 sechs Versuche unternommen wurden, die Regeln zu korrigieren, kam es nach jedem Versuch erneut zu Tricksereien und anschließend zu Regelverstößen auf breiter Front. Nach einer Regeländerung mögen Richter zunächst nur ein bisschen tricksen. Aber ein bisschen Schummelei genügt schon, um die Schleusentore zu öffnen. Woher wissen wir das? Die Schummler sagten es uns selbst, als wir sie in vertraulichen Interviews und Erhebungen fragten.

2004, ein Jahr nachdem ein neues, strenges Regelwerk umgesetzt wurde, sagten volle 46 Prozent der von uns befragten Richter aus, sie wüssten von einer beträchtlichen Anzahl von Richtern, die sich über die Regeln hinweggesetzt hätten. Im Jahr 2005 war diese Zahl auf 58 Prozent gestiegen. Studenten, die wir nach ihren eigenen Erfahrungen befragten, berichteten im Jahr 2004, sie hätten vor dem erlaubten Datum Vorstellungsgespräche geplant und geführt. Obschon im Jahr 2004 nur 12 Prozent angaben, vor diesem Datum ein ausdrückliches Angebot erhalten zu haben, hatte sich dieser Prozentsatz bis 2006 mehr als verdoppelt.

Als die Regeln immer stärker unter Druck gerieten, haben viele der führenden juristischen Fakultäten des Landes versucht einzugreifen, indem sie ihre Professoren aufforderten, vor dem vereinbarten Datum Referendarsanwärtern keine Empfehlungsschreiben auszustellen. Aber Professoren konnten diese Regel kaum befolgen, weil ihren Studenten Nachteilen erwachsen würden, wenn sie sich weigerten, gegenüber einem Richter eine Empfehlung auszu-

sprechen, wenn dieser anrief. Ein Professor, der sagte: »Tut mir leid,
Herr Richter, ich habe eine Studentin, die bestimmt die beste Refe-
rendarin sein würde, die Sie je hatten, aber bis Labor Day darf ich
Ihnen nichts über sie sagten«, würde dem Richter schlichtweg empfehlen, die Studenten eines kooperativeren Professors einzustellen,
vielleicht von einer konkurrierenden Universität. (Bedenken Sie,
dass nicht nur die Referendare selbst, sondern auch ihre Professoren und juristischen Fakultäten von einem Referendariat bei einem
angesehenen Richter profitieren, da dieses das Renommee der
Fakultät aufpoliert und es leichter macht, in Zukunft Topstudenten
anzulocken.)

Dieses Rekrutierungsritual und sein Verhältnis zu den schrift-
lichen Regeln war für viele Jura-Studenten ihr erster näherer Kontakt mit aktiven Richtern, und für einige von ihnen war dies sowohl
ein Schock als auch eine Enttäuschung (vielleicht die Art von
Schock, die »Ballsaaltänzer« fühlen, wenn sie mit »Gerichtssaal-
gladiatoren« tanzen). Ihre idealistischen Vorstellungen von der In-
tegrität von Richtern zerplatzten. In einigen der Kommentare, die
wir von Studenten hörten, schlug sich dies nieder:

Es ist traurig (jämmerlich?), dass Richter ihren eigenen Regeln
nicht gehorchen. [Es] steht im Widerspruch zu der ganzen Idee
von »Recht und Ordnung«.

Einer der Referendare [von Richter Z] tadelte mich sogar für
»die allzu strenge Einhaltung des geltenden Zeitplans« und wies
darauf hin, dass andere Studenten meiner Universität bereit
seien, früher als geplant Vorstellungsgespräche zu führen. Es
war für mich ein echter Konflikt. Ich hatte das Gefühl, entweder
schummeln zu müssen oder (möglicherweise) kein Referendariat zu bekommen.

Es ist sehr enttäuschend, zu sehen, dass so viele Bundesrichter –
die vorgeblichen Musterbeispiele von Regeltreue und Fairplay –
ihre eigenen Regeln brechen … Ich hätte Besseres erwartet.

Man beachte, dass Richter, die sich über die Regeln hinwegsetzten, nur *ein bisschen* zu früh rekrutierten. »Ein wenig« zu schummeln war tatsächlich die attraktivste Option, da es bedeutete, dass ein Richter vor seinen Konkurrenten seine Angebote machen und seine Referendare einstellen konnte, ohne dabei jedoch auf wichtige Informationen über Bewerber zu verzichten, ohne die er auskommen müsste, wenn er deutlich früher mit der Stellenbesetzung beginnen würde.

Es ist auch auffällig, dass die eifrigsten Schummler nicht die renommiertesten Richter an den prestigeträchtigsten Berufungsgerichten waren, wie etwa dem Bundesberufungsgericht von Washington, D.C. Aber es waren auch nicht diejenigen, die in der Hackordnung sehr weit unten standen. Vielmehr waren diejenigen, die ihre Einstellungstermine als Erste vorverlegten und von Jahr zu Jahr ein kleines bisschen früher anberaumten, in der Regel Toprichter an den etwas weniger renommierten Gerichten, wie etwa die kalifornischen Richter am Neunten Bundesberufungsgericht, zu denen Richter Kozinski gehörte.

Es ist nicht schwer zu verstehen, warum das so ist, da die Richter an der Spitze der Hackordnung diejenigen sind, die immer am meisten profitieren, wenn die Referendariate erst dann vergeben werden, wenn alle Informationen über die Studienleistungen der Bewerber verfügbar sind. Dies hängt damit zusammen, dass, wenn alle Richter warten, die besten Richter die besten Bewerber einstellen können – warum also sollten sie mogeln?

Ein nicht besonders angesehener Richter, am anderen Ende der Skala, hätte nichts von frühen Angeboten, weil die Topbewerber ihm einen Korb geben würden, wenn die Zusage an ihn bedeutete, dass sie sich um die Chance auf ein besseres Angebot bringen würden. Selbst wenn diese Richter also versuchen würden, früher als alle anderen zu rekrutieren, hätten sie vermutlich nicht viel Erfolg.

Aber die *Fast*-Toprichter hatten ganz andere Wahlmöglichkeiten. Wenn sie warteten, um mit den Toprichtern zu konkurrieren, nachdem sämtliche Informationen über die Studenten vorlagen,

würden sie nicht die Herausgeber der besten juristischen Fachzeitschriften (der Universitäten) und andere preisgekrönte Studenten
bekommen. Obgleich die Fast-Toprichter weiterhin davon ausgehen konnten, sehr gute Referendare zu bekommen, würden ihre
Chancen, Referendare anzuwerben, die anschließend vielleicht von
einem der neun Richter am Obersten Bundesgericht eingestellt
würden, deutlich sinken.

Ein Student am Beginn seines dritten Studienjahres muss schon
sehr selbstbewusst (oder töricht) sein, um einen Traumjob auszu-
schlagen, nur weil es nicht der allertollste Job im ganzen Land ist.
Wenn ein unerschrockener Fast-Toprichter einen Topstudenten zu
Beginn des dritten Studienjahres einstellt, rekrutiert er mit einer
gewissen Wahrscheinlichkeit jemanden, der sich vielleicht später
als einer der großen Gewinner erweist – der vielleicht sogar dafür
sorgt, dass das »Fast« von dem Ruf des Richters verschwindet.

Und so waren es die Fast-Toprichter, die die Tendenz zu immer
früheren Anstellungen in Gang setzten. Und wenn es ihnen gelang,
allzu viele der Topstudenten für ein Referendariat anzuwerben,
mussten die Toprichter ihrerseits in Notwehr vorzeitig einstellen.

Und so kam es Jahr für Jahr zu mehr Schummelei, bis einige
der juristischen Fakultäten stillschweigend aufhörten, ihre Professoren zu ermahnen, frühes Ersuchen um Auskunft zu Bewerbern für ein Referendariat abzulehnen. Die Universität Stanford,
deren juristische Fakultät hohes Ansehen genießt, schrieb zwar
spät – im Juni 2012 –, aber dafür sehr öffentlichkeitswirksam an die
Judicial Conference der Vereinigten Staaten, um dieser mitzuteilen,
dass sie in Anbetracht des verbreiteten Verstoßes gegen die Regeln
fortan Empfehlungsschreiben verschicken werde, wann immer
diese erbeten würden.

Das Schreiben der Universität Stanford verdeutlichte, welche
Ausmaße die Schummelei mittlerweile angenommen hatte. Dort
stand: »Eine zunehmende Zahl von Richtern – die gesamte Richterschaft bei einigen Gerichten, einige oder viele der Richter in
den meisten anderen – hat begonnen, Referendare lange vor dem
planmäßig festgesetzten Datum einzustellen.«[17]

Das offizielle Ende der Einstellungsregeln – »des Plans«, wie sie insgesamt genannt wurden – kam im Januar 2014, als das renommierteste Berufungsgericht, das von Washington, D.C., entschied, der Plan sei Geschichte. In der öffentlichen Bekanntmachung hieß es unter anderem:

> Obgleich es die Richter dieses Bundesgerichts durchweg vorziehen würden, Referendare weiterhin gemäß dem Federal Law Clerk Hiring Plan (Bundesprogramm für die Einstellung von Rechtsreferendaren) einzustellen, hat sich gezeigt, dass dieses Programm nicht länger funktioniert … Wir sind bereit, gemeinsam mit den Richtern der anderen Gerichtsbezirke ein geeignetes Nachfolgeprogramm für den gegenwärtigen Plan zu entwickeln. In der Zwischenzeit jedoch werden die Richter dieses Gerichtsbezirks Rechtsreferendare zu der Zeit einstellen, die jedem einzelnen Richter als zweckmäßig erscheint. Wir haben vereinbart, dass keiner von uns »explodierende« Angebote machen wird, das heißt Angebote, die verfallen, wenn sie nicht unverzüglich angenommen werden.[18]

Diese wenigen Sätze sagen eine Menge über Prestige und seine Grenzen aus. Der Gerichtsbezirk Washington, D.C., der renommierteste landesweit, hatte am meisten zu gewinnen, wenn er Studenten so spät wie möglich einstellte. Er war der letzte, der die Regeln, die eine spätere Einstellung fördern sollten, aufgab, und er wollte diese Regeln in der Zukunft unbedingt wieder in Kraft setzen – nicht nur aus Gründen der Fairness, sondern auch, weil er am meisten von einem geordneten Markt profitierte. Obgleich sich der Gerichtsbezirk D.C. für einen edlen Zweck zu opfern schien, indem er sich bereit erklärte, keine »explodierenden« Angebote zu machen, müssen Richter des renommiertesten Gerichtsbezirks gar keine »explodierenden« Angebote machen. Anders als ihre Kollegen an anderen Gerichten können sie davon ausgehen, dass nur wenige Studenten ihre Angebote ablehnen werden. Aber auch wenn sie die begehrtesten Positionen anzubieten hatten, bewahrte sie dies nicht davor, früher einstellen zu müssen, als es ihnen lieb war, sobald alle anderen damit begannen.

Und so begannen Richter des Gerichtsbezirks D.C. umgehend damit, Referendare für das Jahr 2014 bereits vor dem Labor Day einzustellen. Judge Janice Rogers Brown zum Beispiel soll, wie weithin gemeldet wurde, bereits in der ersten Augustwoche 2013 einem Referendar namens Shon Hopwood eine Zusage gegeben haben. Hopwood hat eine ungewöhnliche persönliche Geschichte: Bevor er mit dem Jura-Studium begann, hat er eine langjährige Haftstrafe verbüßt.[19] Aber seine frühzeitige Einstellung wurde mehr und mehr die Regel. Referendare, die erst im Jahr 2015 arbeiten würden, wurden bereits im Februar 2014 eingestellt, anderthalb Jahre zuvor.

Ich sage voraus, dass die »Verfrühung« auf dem Markt für Rechtsreferendare anhalten wird und dass in den kommenden Jahren Richter des Gerichtsbezirks D.C. und andere abermals lange vor der Mitte des zweiten Studienjahres Referendare einstellen werden – und Jura-Studenten werden mit Angeboten konfrontiert sein, die sie unverzüglich annehmen müssen.

DIE GESCHICHTE DIESES MARKTES zeigt exemplarisch, wie geringfügige Designänderungen fehlschlagen können, wenn sie sich nur gegen die *Symptome* des Marktversagens und nicht gegen die *Ursachen* richten.[20] In diesem Fall bestand die Änderung aus einer Reihe von Regeln, die besagten, Richter sollten mit ihren Angeboten warten – auch wenn der Markt dafür sorgte, dass dies für sie nicht ohne Risiko war.

Explosionen in Zeitlupe

WIE WIR GESEHEN HABEN, gehen Richter mit »explodierenden« Angeboten genauso geschickt um wie mit ihren Hämmern. »Explodierende« Angebote gibt es auf vielen Märkten, aber manchmal nehmen sie Formen an, die sie nur schwer als solche erkennen lassen. Auf einem japanischen Markt fanden diese Explosionen über einen Zeitraum von Monaten statt. Was ein »explodierendes« Angebot auszeichnet, ist nicht die Tatsache, dass es nach kurzer Zeit erlischt, sondern dass es den Empfänger zwingt, zu reagieren, bevor er andere Angebote erhält. Um der Tendenz zur verfrühten Einstellung japanischer Universitätsabsolventen entgegenzuwirken, wurden bereits 1953 Bemühungen unternommen, einen Zeitpunkt festzulegen, vor dem Studenten keine Stellenangebote gemacht werden sollten. In jenem Jahr verständigten sich Universitäten, Wirtschaftsverbände und Ministerien darauf, dass Hochschulen erst am 1. Oktober beginnen sollten, Studenten im letzten Studienjahr Unternehmen zu empfehlen. (In Japan beginnt das Studienjahr im April und endet im März, sodass dies die zweite Hälfte ihres Abschlussjahres bedeutete.)

Wie in so vielen Fällen funktionierte die Vorgabe von Fristen nicht, aber diejenigen, die ein Interesse am wohlgeordneten Funktionieren des Marktes hatten, versuchten es weiter. Die 1970er-Jahre waren gekennzeichnet durch eine Reihe von Vereinbarungen zwischen Firmen, Hochschulverbänden und Ministerien, was die erlaubten Fristen für verschiedene Einstellungsaktivitäten anging.[21]

Diese Vereinbarungen scheiterten aus Gründen, die wir jetzt leicht erahnen können: Einige potentielle Arbeitgeber haben sie schlichtweg ignoriert oder sich raffinierte Strategien zur Umgehung der Regeln ausgedacht, etwa das Angebot früher informeller Beschäftigungsgarantien.[22] Als einige Firmen frühe Angebote machten, fühlten sich andere unter Druck gesetzt, noch frühere abzugeben.[23] In den 1980er-Jahren gab das Arbeitsministerium bekannt, dass es die geltende Vereinbarung nicht länger überwachen werde, da es keine wirksamen Mittel habe, um diese durchzusetzen. (Erinnern wir uns daran, wie die NCAA den Versuch aufgab, den zeitlichen Horizont von Absprachen für Football-Bowls zu regeln, den wir in Kapitel 4 diskutierten.) Aber ungeachtet all dieser Regelverstöße fanden es japanische Unternehmen trotzdem peinlich, vor dem festgelegten Datum *offizielle* Stellenangebote zu machen.

Stattdessen unterbreiteten sie »›explodierende‹ Angebote in Zeitlupe«, indem sie die Studenten, denen sie frühe informelle

Angebote machten, praktisch kidnappten. So setzten sie zum Beispiel an den Tagen, an denen Prüfungen für die Aufnahme in den Staatsdienst abgehalten wurden, Pflichtveranstaltungen an. Wenn ein Student nicht zu der Veranstaltung der Firma kam, erhielt er nicht das versprochene Angebot, wenn schließlich der Tag der offiziellen Angebote kam. Folglich konnte ein Student, der ein frühes Angebot annehmen wollte, nicht die Prüfung ablegen, die ihm ein Stellenangebot zum Beispiel vom Finanzministerium einbringen würde. Der Student erhielt im Grunde ein extrem kurz befristetes Angebot, das er ablehnen müsste, wenn er andere Optionen in Erwägung ziehen wollte.

Eine Erhebung von 1984 zeigte, dass 88,4 Prozent der japanischen Großunternehmen der Auffassung waren, die geltende Vereinbarung über die Einstellung von Hochschulabsolventen solle weiterhin in Kraft bleiben, obgleich 87,7 Prozent zugaben, dass sie sich nicht daran hielten.

Auf dem japanischen Markt für Hochschulabsolventen war es, wie auf den amerikanischen Märkten für frischgebackene Juristen, die Anstellungen in Kanzleien oder als Referendare suchten, schwer, einen dichten Markt zu erzeugen, in dem viele Menschen vielfältige Chancen zur Auswahl hatten. Es genügte nicht, Regeln einzuführen, die verhinderten, dass vorzeitig Angebote gemacht wurden. Selbst wenn alle Angebote ungefähr zur gleichen Zeit gemacht wurden, wurden sie zu »explodierenden« Angeboten, die denjenigen, die sie erhielten, noch immer nicht erlaubten, mehrere Offerten in Erwägung zu ziehen. Ehe Teilnehmer die Vorzüge eines dichten Marktes genießen können, muss ein Marktplatz die Verstopfung, die dichte Märkte mit sich bringen, beheben – das heißt das Problem lösen, wie in der verfügbaren Zeit mehrere Angebote gemacht und geprüft werden können. Als Nächstes wenden wir uns nun diesem Problem der »Verstopfung« zu.

6. »Marktverstopfung«:
Dichte Märkte auf Trab bringen

WAS GESCHWINDIGKEIT ANGEHT, so tendieren Märkte dazu, einer Art »Goldlöckchen-Prinzip« zu folgen: Sie dürfen nicht zu heiß, aber auch nicht zu kalt sein.

Wir haben gerade gesehen, wie allzu schnelle Transaktionen einem Markt schaden können. Aber auch übermäßig langsame Transaktionen können Märkten schaden. Erstaunlicherweise können sogar Märkte im Internet zu langsam bzw. *verstopft* sein. Obgleich das Netz mit der Geschwindigkeit von Computern arbeitet, benötigen diejenigen, die es nutzen, trotzdem Zeit, um Angebote zu prüfen und sich zu entscheiden. Wenn man daher wirklich mit digitaler Geschwindigkeit operieren will, muss man Menschen aus dem Prozess herausnehmen. Dies lässt sich unter anderem dadurch erreichen, dass man ihre Überlegungen auf einen früheren Zeitpunkt verschiebt. (Daher das aufkommende Internet der Dinge, in dem Geräte unsere Präferenzen lernen, miteinander kommunizieren und Entscheidungen für uns treffen.)

Märkte, die sich durch Angebote und Antworten auf diese auszeichnen, erfordern eine einfache Kommunikation in beide Richtungen. Aus diesem Grund ist der Aufstieg der mobilen Kommunikation für die Entwicklung vieler Internetmärkte so wichtig: Smartphones verkürzen Reaktionszeiten.

Nehmen wir Airbnb, das einen Markt schafft, auf dem Reisende, die nach einer ansprechenden, günstigen Unterkunft suchen, und Gastgeber, die ihre unausgelasteten Gästezimmer und Wohnungen vermieten wollen, interagieren.

Als Airbnb 2008 in San Francisco an den Start ging, kommunizierten die meisten Menschen über Computer mit dem Internet. Wenn man daher sein Gästezimmer in der folgenden Woche untervermieten wollte, benutzte man wahrscheinlich seinen Laptop, um es morgens auf Airbnb anzubieten, bevor man zur Arbeit ging. Wenn man abends nach Hause kam, schaute man nach, ob jemand sein Interesse bekundet hatte – und wenn ja, würde man die Buchung bestätigen. Schnell erledigt.

Betrachten wir jetzt die andere Seite dieser Transaktion. Als potentieller Gast mussten Sie vielleicht einen ganzen Tag warten, ehe Sie wussten, ob das von Ihnen gewünschte Zimmer noch verfügbar war, und wenn Sie am Abend erfuhren, dass es bereits vergeben war, mussten Sie wieder von vorn anfangen.

Sie erkennen das Problem. Das Geschäftsmodell von Airbnb funktionierte zu Beginn, als der Markt klein und die Reisenden furchtlose junge Leute mit knappem Budget waren, die sich die Zeit nahmen, um einen guten Deal zu machen. Die Wettbewerber von Airbnb waren damals ähnliche Web-Dienste wie die in London ansässige Firma Crashpadder (2012 von Airbnb übernommen) und das in Toronto ansässige Unternehmen iStopOver (aufgekauft von dem Berliner Unternehmen 9Flats, ebenfalls 2012). Der Wettbewerb basierte damals weitgehend darauf, immer mehr Gastgeber und Reisende anzulocken, um so den Markt dichter zu machen. Deshalb übernahmen die großen die kleineren Fische.

Doch als Airbnb immer größer wurde, mit vielen Gastgebern und Reisenden, wurde es mehr und mehr zur Regel, dass man mehrere Anläufe unternehmen musste, ehe eine Buchung bestätigt wurde. Unterdessen waren die Hauptkonkurrenten von Airbnb nicht mehr andere kleine Internetfirmen, sondern riesige Hotelketten wie Hilton, Marriott und Best Western. Und ein Riesenvorteil, den diese Hotelketten Reisenden bieten, ist die prompte Bestätigung. Ihre Transaktionen gehen schnell über die Bühne: Telefonisch oder im Internet kann man schnell herausfinden, ob noch Zimmer verfügbar sind, und eines für die gewünschte Nacht buchen. Alle Zimmer in einem Hilton-Hotel werden zum Beispiel von einem zentralen Computersystem verwaltet, sodass bei einem Anruf die Verfügbarkeit sämtlicher Zimmer gleichzeitig überprüft werden kann.

Stellen Sie sich vor, wie es wäre, wenn Sie stattdessen Hilton anrufen müssten, um jedes Zimmer einzeln abzufragen. Bei jedem Anruf könnte Ihnen der Mitarbeiter der Buchungsabteilung lediglich sagen, ob beispielsweise Zimmer 1223 im San Francisco Hilton für die von Ihnen gewünschte Nacht frei ist. Wenn nicht, müssten Sie nochmal anrufen, um sich über Zimmer 1227 zu informieren, und dann nochmal für Zimmer 1228. Die Zimmerbuchung bei einem Airbnb-Gastgeber verlief ganz ähnlich.

Also musste Airbnb herausfinden, wie ein Markt mit vielen Gastgebern, die jeweils ein Zimmer anboten, effektiver mit Hotels konkurrieren konnte. Der Preis war offenbar wichtig. Aber es war die Verbreitung von Smartphones, die Airbnb half, die Tempolücke zu schließen, und dies war vielleicht noch wichtiger als der Preis. Heute verwalten Gastgeber ihre Reservierungen auf ihren Smartphones, sie müssen nicht warten, bis sie nach Hause kommen, um eine Buchung zu bestätigen – sie sehen es einfach auf ihren Handys. Sobald das Zimmer gebucht ist, können sie auch sofort ihren Airbnb-Eintrag aktualisieren, um seine Verfügbarkeit zu entfernen. Dies wiederum macht es für einen Reisenden, der ein Zimmer sucht, leichter, ein verfügbares zu finden, auch wenn er oder sie nach wie vor jeweils ein Zimmer nach dem anderen abfragen muss.

Smartphones sorgen also dafür, dass der Markt für private Unterkünfte besser funktioniert, weil Gastgeber schneller reagieren können, aber auch weil sie ihre Buchungen aktualisieren können. Auch dies verringert die »Marktverstopfung« (weniger Zimmer werden als verfügbar ausgewiesen, und ein Zimmer, das verfügbar zu sein scheint, ist dies auch mit höherer Wahrscheinlichkeit) und hilft also Reisenden, effizienter zu suchen, mit weniger zeitvergeudenden falschen Hinweisen.[24]

So wie Airbnb mit Hotels konkurriert, indem es einen Markt für Schlafzimmer schafft, so konkurriert der Fahrdienstleister Uber mit Taxis, indem er einen Markt für Limousinen und Privatautos kreiert. In den meisten Städten dürfen nur Taxis Fahrgäste von der Straße aufnehmen, während Limousinen-Services Kunden nur dann befördern dürfen, wenn diese im Voraus gebucht haben. Früher dauerte es eine Weile, um diese Buchungen zu arrangieren. Obwohl Limousinen also für eine geplante Fahrt zum Flughafen oder für eine Flotte schwarzer Autos für eine Konferenz gut funktionierten, war es viel einfacher, ein Taxi zu rufen, wenn man vor die Tür trat und es regnete oder wenn man nach einem entspannten Frühstück aus einem Hotel ausscheckte.

Smartphones haben auch dies alles geändert. Jetzt kann man eine Limousine fast so leicht bestellen wie ein Taxi. Viele Limousinen, die sonst nur herumstanden, sind jetzt schnell verfügbar. Und das ist erst der Anfang. UberX und Unternehmen wie Lyft ähneln sogar noch mehr Airbnb: Sie sind gerade dabei, einen Markt für freie Sitzplätze in Privatautos zu schaffen. Tempo ist entscheidend, damit diese Märkte anders funktionieren als der »Einen Tag im Voraus«-Markt, den es für Limos schon gibt. In mancher Hinsicht sind diese Dienste sogar schneller als Taxis: Der Bezahlvorgang entfällt, wenn man am Ziel ankommt, da dieselbe App, mit der man den Wagen ruft, die Rechnung automatisch über die Kreditkarte bezahlt. Dies funktioniert, weil der ursprüngliche Anruf über eine zentrale Clearingstelle abgewickelt wird, die die Kreditkartendaten speichert.

Sie können hier ein Muster erkennen und Marktplätze antizipieren (bzw. sogar selbst aufbauen), die noch nicht existieren. Limos gibt es schon lange, und es hat immer schon Gästezimmer gegeben, die man über Freunde mieten konnte. Aber Computer und Smartphones haben Uber und Airbnb geholfen, milliardenschwere Geschäfte aufzubauen, indem sie dafür sorgten, dass diese Märkte dichter und schneller, größer und weniger verstopft sind.

Gelegenheiten klopfen an

DIE CHANCE, durch Aufbau eines guten Marktplatzes gutes Geld zu verdienen, bietet sich immer dann, wenn es begehrte, aber unzureichend genutzte Ressourcen gibt, deren Aufspürung und Übertragung zu lange dauert.

Wie steht es mit den Tickets, die Sie für eine Sportveranstaltung oder ein Konzert gekauft haben, zu dem sie nicht mehr hingehen können – oder Tickets, die Sie gern hätten, die aber ausverkauft sind? StubHub baut gerade einen Markt für diese Tickets auf. Im Jahr 2007 wurde StubHub von eBay übernommen, vielleicht das erste webbasierte Unternehmen, das einen Markt für Dinge schuf, die ungenutzt in der Garage oder auf dem Dachboden herumstehen. (Übrigens wird Tempo auch für eBay wichtig. Während anfangs die meisten Artikel versteigert wurden, werden heute die meisten zu einem festen Preis verkauft. Auf diese Weise lassen sich die Geschäftsabläufe beschleunigen, weil man kaufen kann, was man will, sobald man es will, ohne auf das Ende einer Auktion warten zu müssen – und Gefahr zu laufen, nicht den Zuschlag zu erhalten und es bei einer anderen Auktion neu versuchen zu müssen.)

Reservierungen in angesagten Restaurants, die oftmals lange im Voraus ausgebucht sind, sind so ähnlich wie ungewollte Eintrittskarten. Kein Unternehmen hat bislang einen großen Markt für Restaurantreservierungen geschaffen – man ist weiterhin vor allem auf Schwarzmarkthändler und Hotelportiers angewiesen –, einige Startups versuchen es aber immerhin, gemeinsam mit den Restaurants, deren Reservierungen sie anbieten werden. Bleiben Sie dran.

Und so wie Ihr Gästezimmer vielleicht ungenutzt blieb, bevor Airbnb einen Markt dafür schuf, liegt vielleicht auch Ihr privates WLAN brach, wenn Sie tagsüber bei der Arbeit sind. Wenn ich Ihr Gast bin, kann ich Sie nach Ihrem Passwort fragen. Aber wenn ich an Ihrem Haus vorbeifahre, mag mein Handy zwar ihr geschütztes WLAN erkennen, ich kann aber nicht darauf zugreifen, geschweige denn Sie dafür bezahlen, dass ich es nutze. Doch gegenwärtig bemüht sich ein Startup namens BandwidthX (ich gehöre dem Beirat an) darum, herauszufinden, wie Mobilfunkanbieter automatisch auf dieses »Schwarze WLAN« zugreifen könnten. So könnten Reisende bessere Verbindungen bekommen, wenn sie ein schwaches Signal haben oder das System überlastet ist, und es könnte die WLAN-Rechnungen von Hausbesitzern schmälern, wenn sie den Zugriff darauf verkaufen könnten.

Auf all diesen neuen Märkten mussten die Unternehmer, die sie aufbauten, herausfinden,

1. wie sie durch Anlocken von Käufern und Verkäufern für eine hinreichende Marktdichte sorgen könnten;
2. wie sie die sich möglicherweise daraus ergebende »Marktverstopfung« beseitigen könnten – das heißt ungeachtet einer Fülle von Angeboten schnelle Transaktionen gewährleisten – und
3. wie sie den Markt sicher und vertrauenswürdig machen könnten (darauf werden wir später zurückkommen).

Für Uber und Airbnb war die Lösung des Problems der Marktverstopfung überlebenswichtig.

Wenn die Zuordnung von Autos und Fahrgästen allzu unbequem würde, würden viele Fahrgäste wieder auf Taxis umsteigen. Wenn es zu schwierig würde, ein Zimmer bei einer Privatperson zu buchen, würden Reisende wieder Hotelzimmer buchen. Die Marktverstopfung würde ebenjene Marktdichte gefährden, die beide so enorm lukrativ macht.

Man kann zuweilen schwer erkennen, wie gefährlich »Verstopfung« für einen Markt ist, weil die meisten erfolgreichen Märkte einen Weg gefunden haben, dies zu regeln, und die meisten Märkte, die nicht damit klarkommen, werden nicht so groß und dicht, dass sie uns überhaupt auffallen. Aber die Verstopfung beeinträchtigt die Funktionstüchtigkeit von Märkten selbst dann, wenn sie ihre Dichte aufrechterhalten können, also auf beiden Seiten – Angebot und Nachfrage – eine Vielzahl von Teilnehmern existiert.

Betrachten wir den Matching-Markt für die Einschulung von Kindern in öffentlichen Schulen. New York City hat viele Schulen und eine Menge Schüler, und die Schulbehörde von New York City braucht sich keine allzu großen Gedanken über einen merklichen Schwund des einen oder anderen zu machen. Aber die Schulbehörde musste eine Lösung finden, um die Marktverstopfung zu beheben, ehe sie eine effiziente Verteilung der Schüler auf die Schulen durchführen konnte. Am Beispiel New York können wir klar und deutlich die Probleme erkennen, die eine Marktverstopfung mit sich bringen kann, und wie diese dafür sorgt, dass Schüler einen Sommer lang auf ihre Zuteilung warten müssen.

If you can make it there …

WENN SCHON MÄRKTE, die Internet und Smartphones erfordern, zu langsam sein können, wie »verstopft« können sie dann erst sein, wenn die Transaktionen per Post geschehen? Im Vergleich zu neueren Formen der Kommunikation hat der Brief etwas entspannt Gemächliches an sich. Selbst wenn Menschen ungeduldig auf einen wichtigen Brief warten, haben sie vielleicht selbst das Gefühl, sich mit der Antwort etwas Zeit lassen zu können.

Ich hörte von einem solchen Problem, als eines Tages im Jahr 2003 mein Telefon läutete. Am Apparat war Jeremy Lack, der Leiter der Abteilung strategische Planung der Schulbehörde von New York City. Jeremys Chef, der Schuldezernent Joel Klein, war von Bürgermeister Michael Bloomberg damit beauftragt worden, dafür zu sorgen, dass das größte städtische Schulsystem im Land wieder der Kontrolle und Aufsicht durch den Bürgermeister unterliegt.

Die öffentlichen Schulen New Yorks wurden seit Jahren dezentral geführt; die einzelnen Schulleiter und Schulausschüsse konnten dabei weitgehend eigenverantwortlich agieren. Bürgermeister Bloomberg und Dezernent Klein wollten den fast 90 000 neuen Neuntklässlern pro Jahr die Möglichkeit geben, aus den Hunderten von Highschools der Stadt diejenigen auszuwählen, die ihnen am meisten zusagten.

Bald darauf kam Parag Pathak, ein sehr vielversprechender Doktorand, der mein Seminar über Marktdesign in Harvard besucht hatte, auf der Suche nach einem wissenschaftlichen Projekt in mein Büro. Er sagte mir, er wolle Wirtschaftstheorie mit »etwas Realem« verbinden. Ich schlug ihm vor, gemeinsam mit mir die New Yorker Schulen zu erforschen. Heute ist Pathak Professor für Wirtschaftswissenschaften am MIT und ein Fachmann auf dem Gebiet der »Schulwahl«. Außerdem konnten wir Atila Abdulkadiroğlu als Mitarbeiter gewinnen; er ist heute Professor an der Duke University, war jedoch damals praktischerweise an der Columbia University in New York tätig.

Angesichts so vieler Schüler und Hunderter von Schulen besaß der Markt für Schulplätze in New York eine sehr große Dichte. Aber er war auch unglaublich verstopft.

Damals gab es in New York ein kompliziertes papierbasiertes Highschool-Zulassungssystem. Kinder, die sich auf den Übergang in die Highschool vorbereiteten, füllten mit Hilfe ihrer Eltern Formulare aus, auf denen sie bis zu fünf Highschools, in der Rangfolge ihrer Präferenz, auflisten konnten. Die Schulbehörde sammelte diese Formulare ein und schickte Kopien davon an jede der aufgeführten Schulen. Das waren die Zulassungsbewerbungen der Schüler für diese Schulen.

Einige Schulen wurden dazu verpflichtet, Schüler nach einem Losverfahren zuzulassen, während andere frei entscheiden konnten, wen sie zuließen oder auf eine Warteliste setzten. Nachdem die Schulen entschieden hatten, verschickte die Schulbehörde Briefe, in denen sie die Schüler darüber in Kenntnis setzte, wo sie zugelassen worden waren. Jeder Brief forderte den Bewerber auf, eine Schule (wenn er von mehr als einer zugelassen worden war) und eine Warteliste auszuwählen (wenn der Schüler auf einer solchen Liste für eine Schule bleiben wollte, welche er derjenigen vorzog, die ihn zugelassen hatte).

Die Regeln besagten auch, dass Schüler nicht mehr als *ein* Angebot und *eine* Warteliste annehmen durften. Schulen, deren Angebote teilweise in der ersten Runde abgelehnt wurden, konnten dann neue Angebote machen, und die Schulbehörde verschickte dann eine zweite Runde von Briefen. Nachdem die Schüler geantwortet hatten, gab es eine dritte und letzte Runde von Briefen und Antworten. Schüler, die nach der dritten Runde noch immer keine Plätze hatten, wurden von der Schulbehörde zugewiesen, in der Regel der Schule mit freien Plätzen, die der elterlichen Wohnung am nächsten war.

Dieses komplizierte System führte zu Chaos. Viele bekamen keinen Platz in einer der Schulen, für die sie sich beworben hatten – und wenn sie zugeteilt wurden, dann üblicherweise im August, unmittelbar vor Schulbeginn. Viele Schüler nahmen gar nicht erst an dem Verfahren teil, sondern verschafften sich inmitten des Chaos und der »Marktverstopfung« über inoffizielle Kanäle Zugang zu ihrer gewünschten Schule.

Tatsache war, dass selbst durch die Bearbeitung der Bewerbungen von 90 000 Schülern in drei Runden schlichtweg nicht jedem ein Platz zugeteilt werden konnte.

Gleichzeitig war das System auch verstopft: Für mehr als drei Runden fehlte die Zeit. Nur etwa 50 000 Schüler erhielten in der ersten Runde Angebote, und von ihnen erhielten etwa 17 000 mehrere Angebote, die angenommen oder abgelehnt werden mussten, bevor die nächste Runde beginnen konnte.

Man kann leicht ersehen, wie dies das gesamte Procedere verlangsamte. Selbst wenn man von seiner Schule erster Wahl angenommen wurde, hatte man es vielleicht nicht besonders eilig, sein Annahmeschreiben zurückzuschicken. Stattdessen feierte man vielleicht einen Tag (oder drei Tage) lang, ehe man die Antwort an die Schulbehörde verschickte. Und wenn man nicht von seiner ersten Wahl angenommen wurde, mochte es empfehlenswert sein, Nachbarn, Freunde, Lehrer und andere zu Rate zu ziehen, bevor man entschied, auf welcher Warteliste man bleiben sollte – und auch dies konnte dauern. Das Problem war also nicht bloß, dass die »Schneckenpost« langsam sein kann, sondern auch, dass Entscheidungen Zeit brauchen. Und im Lauf des Verfahrens mussten viele Leute viele Entscheidungen treffen.

Als die dritte Runde endete, waren rund 30 000 Schüler noch immer nicht von einer Schule auf ihrer Liste angenommen worden. Also mussten sie von der Zentralstelle irgendeiner Schule zugeteilt werden. Man mache sich einmal klar, was dies bedeutet: 30 000 Schüler und ihre Eltern, die eines der bis dahin wichtigsten Ereignisse in ihrem Leben den gesamten Sommer hindurch voller Bangen entgegenfiebern, ehe sie schließlich von einer Highschool aufgenommen werden.

Dies war schon frustrierend genug, aber die Marktverstopfung war nicht das einzige Problem. Vielen Eltern erschien das gesamte System riskant, unsicher und nicht vertrauenswürdig. Es gab ein amtliches Widerspruchsverfahren und ein »außerplanmäßiges« Verfahren zur Zuteilung von Schülern, die umgezogen oder denen aus anderen Gründen vor Schulbeginn noch kein Platz zugeteilt worden war. Aber ausgebuffte Eltern wussten, dass sie sich auch direkt an Schulleiter wenden konnten, da Schulen nicht all ihre verfügbaren Plätze in das zentrale Vergabeverfahren einstellen mussten. Das Ergebnis war ein robuster »grauer Markt« motivierter Eltern, die ein System umgingen, das ihnen bestenfalls als undurchsichtig und schlimmstenfalls als korrupt erschien.

»Joel spürte, dass Kinder nicht nach der Qualität ihrer Bewerbungen in Schulen aufgenommen wurden«, sagt Tony Shorris, stellvertretender Dezernent für den Schulbetrieb. »Schüler mit guten Beziehungen hatten einen Vorteil.« Ein weiterer Aspekt des alten Systems, der die Auswahl von Schulen zu einem heiklen Unterfangen machte, war die Tatsache, dass die Rektoren die Präferenzlisten der Schüler einsehen konnten, sodass sie wussten, wie die Schüler ihre Schulen eingestuft hatten. Entsprechend ließen viele Schulen keinen Schüler zu, der sie nicht an erster Stelle genannt hat.

Einige Highschools von New York City sind fachlich spezialisiert, also mag dies vernünftig erscheinen. Angenommen, Sie wären der Rektor der Aviation High School, die zwischen den New Yorker Flughäfen LaGuardia und Kennedy liegt. Ihre Aufgabe wäre es, Schüler auf einen Beruf in der Luftfahrt vorzubereiten. Vielleicht möchten Sie nur jene Schüler zulassen, die eine Art Berufung für diese Branche empfinden, und vielleicht vermuten Sie, dass sie dieses Interesse dadurch zum Ausdruck bringen würden, dass sie die Aviation an erster Stelle nennen. Aber wenn Sie nur solche Schüler zulassen würden, würde niemand, der die Aviation High School an zweiter Stelle nennt, zugelassen, und einige Schüler, für die die Aviation tatsächlich nur die zweite oder eine noch niedrigere Wahl wäre, würden vor der strategischen Entscheidung stehen, die Schule trotzdem als erste Präferenz anzugeben.

Ein Schüler, der nur geringe Aussichten hatte, von seiner eigentlichen ersten Wahl angenommen zu werden, würde jede Chance verlieren, einen positiven Bescheid von der Aviation High School zu erhalten, wenn er seine wahren Präferenzen offenlegte. Die Schulbehörde räumte dies in ihrem Verzeichnis der Highschools von 2002/3 stillschweigend ein, denn dort wurde den Schülern geraten, sie sollten bei der Festlegung ihrer Präferenzen »berücksichtigen, wie viele andere Schüler sich gleichzeitig um einen Platz in diesem Programm bewerben«. Anders gesagt, das Schulsystem forderte Schüler und ihre Eltern auf, kalkulierte, strategische Entscheidungen zu treffen und nicht nur darüber nachzudenken, welche Schulen ihre Favoriten waren. Dies bedeutete, dass der Rektor von Aviation, selbst dann, wenn er nur Schüler aufnahm, die seine Schule an erste Stelle setzten, keine Garantie dafür hatte, dass es tatsächlich ihre erste Wahl war. In Wahrheit *war es nur die Schule, bei der sie ihrer Einschätzung nach die besten Zulassungschancen hatten, wenn sie sie an erste Stelle setzten.*

Familien waren nicht die Einzigen, die sich strategisch verhielten. Auch für Schulleiter war das System nicht ohne Risiko; sie fühlten sich oft gedrängt, das System auszutricksen, indem sie die tatsächliche Anzahl freier Plätze verschleierten und einen Teil davon so lange zurückhielten, bis die Schüler zugewiesen worden waren. Dann versuchten sie diese Plätze mit Schülern zu füllen, die mit den ihnen zugewiesenen Schulen unzufrieden waren. Die *New York Times* zitierte später den stellvertretenden Schuldezernenten mit den Worten: »Bevor man vielleicht in die Lage kam, dass eine Schule 100 neue Kinder für die 9. Klasse aufnahm, meldeten sie offiziell vielleicht nur 40 Plätze und vergaben die übrigen 60 Plätze außerhalb des regulären Verfahrens.«[25]

Aber das dringlichste Problem, das der eigentliche Anlass für den Anruf war, in dem ich um Hilfe gebeten wurde, war die enorm große Anzahl von 30 000 Schülern, die von *keiner* Schule zugelassen wurden, die sie ausgesucht hatten, und die stattdessen in letzter Minute auf administrativem Wege zugeteilt werden mussten. Und das war ebenfalls ein Problem der Marktverstopfung, da es nicht ausreichend Zeit gab, um genügend Zulassungsangebote zu machen, genügend Anträge anzunehmen und abzulehnen, jeden Schüler zu erreichen, der einen Platz benötigte, während man weiterhin den Familien erlaubte, Einfluss auf das Schicksal ihrer Kinder zu nehmen.

Verstopfungen beseitigen

DICHTE MÄRKTE MÜSSEN schnell arbeiten, aber es ist schwer, schnell zu sein – ganz gleich, wie schnell die Technologie ist –, wenn Menschen auf andere Menschen warten müssen, um Entscheidungen zu treffen und dementsprechend zu handeln. Zu Beginn des Highschool-Auswahlverfahrens in New York City konnten Schulen Angebote machen, ohne auf jemanden zu warten. Aber sobald sie einige Angebote machten, mussten sie auf Antworten warten, bevor sie neue Angebote machen konnten, und dies führte dazu, dass der Markt »verstopft« und zu langsam war, um jedem Schüler rechtzeitig einen Platz zu vermitteln.

Betrachten wir, wie dies im Immobilienmarkt funktioniert. Wenn man ein Haus *verkauft*, wird der geforderte Preis allen angeboten. Und wenn man ein Haus *kauft*, kann man jedes Haus auf dem Markt in Erwägung ziehen.

Aber angenommen, man beschließt, ein Angebot für ein bestimmtes Haus abzugeben. Ein typisches Angebot ist mit einer »Anzahlung« verbunden und besteht aus einem unterzeichneten Angebot (abgesichert mit einem hinterlegten Geldbetrag), das

Haus zu einem festgesetzten Preis zu kaufen. Um dem Verkäufer Zeit zu geben, das Angebot zu prüfen, ist es in der Regel auch mit einer bestimmten Frist verbunden, zum Beispiel 24 Stunden – etwas länger auf einem langsamen Markt und kürzer auf einem heißen Markt wie demjenigen, in dem ich mich jetzt im Silicon Valley wiederfinde.

Solange das Angebot offen ist, können es sich die meisten Käufer nicht leisten, ein Angebot für ein anderes Haus abzugeben, und so müssen sie auf eine Antwort warten. Aber in einem heißen Markt kann in der Zeit, in der Sie warten, ein anderes Haus, für das Sie vielleicht ein Angebot abgeben wollen, verkauft werden. Wenn der Verkäufer ein förmliches, unterzeichnetes Gegenangebot macht, muss er in ähnlicher Weise auf Ihre Entscheidung warten, und er will dieses nicht länger als nötig offen lassen. Obgleich der Markt also damit beginnt, dass jeder mit allen anderen spricht, geht er unvermittelt in eine Reihe von Privatgesprächen zwischen einem Käufer und einem Verkäufer über.

Wir haben gesehen, dass Arbeitsmärkte genauso beschaffen sein können. Ein Unternehmen, das eine wichtige Position besetzen will, kann sich einen Überblick über den Markt verschaffen, viele Bewerber zu einem Vorstellungsgespräch einladen und anschließend überlegen, wem es ein Angebot machen will. Aber sobald das Unternehmen das Angebot gemacht hat, muss es dem Bewerber etwas Zeit geben, dieses zu prüfen, und in dieser Zeit nehmen die übrigen Bewerber vielleicht anderweitige Stellenangebote an und stehen nicht mehr zur Verfügung. Wie wir in Kapitel 5 sahen, gilt dies vor allem für einen Markt, in dem Angebote sehr kurz befristet sind und alles schneller geschieht, sodass sich Unternehmen vielleicht gezwungen sehen, selbst »explodierende« Angebote zu machen.

Matching-Märkte sind oftmals mit dem Problem der Verstopfung konfrontiert, da jedes Angebot nicht nur aus einer Reihe von Konditionen besteht, sondern ein Vorschlag für eine Transaktion mit einem ganz bestimmten Partner ist. (Auf dem Häusermarkt interessiert sich ein Käufer vielleicht nicht besonders dafür, von wem er kauft,

aber er interessiert sich zweifellos dafür, welches Haus er kauft, sodass auch Märkte für Häuser Zuordnungen vornehmen müssen.)
Warenmärkte haben für gewöhnlich weniger Probleme mit Verstopfung, da das Angebot zum Kauf oder Verkauf von Aktien oder
Scheffel Weizen an den gesamten Markt ergehen kann, und der
Käufer oder Verkäufer kann jederzeit ein Kauf- oder Verkaufsangebot ändern, ohne auf jemand anders warten zu müssen. Auf Matching-Märkten dagegen müssen einige Angebote auf die Entscheidungen anderer warten.

Der Schlüssel zur Beschleunigung des New Yorker Schulwahlsystems war nicht bloß die Konzipierung eines computergestütz-
ten Verfahrens, auch wenn dies mit dazugehörte: Computer sind
schnell. Menschen dagegen sind langsam, und sowohl die Entscheidungen, die Menschen treffen, als auch die Informationen,
die sie darüber haben, welche Schulen für ihre Kinder am besten
wären, sind von größter Bedeutung für das Funktionieren des
Marktes.

Es stellte sich heraus, dass die Lösung der Verstopfungspro-
bleme an New Yorker Schulen darin bestand, Teilnehmern zu erlauben, ihre vollständigen Schulpräferenzen auf einmal anzugeben
und diese Präferenzen dann für schnelle Entscheidungen zu nutzen. Wenn Präferenzen im Vorhinein mitgeteilt werden, weiß eine
computergestützte Clearingstelle bereits, welche Schule ein Schüler
vorziehen würde, wenn ihm zwei zur Auswahl stünden.

Das gleiche System kann auf anderen Matching-Märkten funktionieren, etwa Stellenmärkten, auf denen ein Bewerber seine Präferenzen unter sämtlichen Stellen angeben kann, für die er sich
gleichzeitig beworben hat.

Mit verschiedenen Kollegen habe ich mitgeholfen, computerbasierte Clearingstellen zu konzipieren, mit deren Hilfe heute Präferenzen für Schulen, Stellen und Arbeitskräfte verarbeitet werden,
die Menschen festlegen, *bevor* der Computer eingeschaltet wird.
Der Computer kann dann Angebot-Ablehnung-Angebot-Ketten so
schnell durchspielen, dass genug Zeit bleibt, um jedes Angebot, das
jemand machen will, auch tatsächlich zu machen.

Der Schlüssel für den Erfolg einer solchen Clearingstelle liegt darin, dafür zu sorgen, dass es für Teilnehmer *sicher* ist, ihre Präferenzen ehrlich anzugeben. Bevor ich also die Clearingstellen beschreibe, die wir aufgebaut haben, möchte ich näher auf das Thema Sicherheit eingehen.

7. Zu riskant:
Vertrauen, Sicherheit und Einfachheit

MÄRKTE SICHER ZU MACHEN ist eines der ältesten Probleme des Marktdesigns, das weit vor die Erfindung der Landwirtschaft zurückreicht, als Jäger Axtköpfe und Pfeilspitzen tauschten. Archäologen finden sie heute an Stellen, die Tausende von Kilometern von dem Ort ihrer Herstellung entfernt liegen.

In jüngerer Vergangenheit waren Könige im mittelalterlichen Europa unter anderem dafür verantwortlich, Händlern eine sichere Passage auf den Wegen von und zu Märkten und Messen zu gewährleisten. Damit der Handel florierte, mussten Käufer und Verkäufer in der Lage sein, sicher – das heißt, ohne dass ihnen Wegelagerer auflauerten und sie ausraubten (oder noch Schlimmeres antaten) – an diesen Märkten teilzunehmen. Tatsächlich geht aus dem Wort *Wegelagerer* unmittelbar hervor, dass es sich um Personen handelte, die Reisende, die Geld oder andere Wertsachen bei sich führten, auf ihrem Weg von oder zu einem Markt ausraubten. Ohne das Versprechen einer sicheren Passage hätten diese Märkte nicht funktioniert; sie wären so riskant gewesen, dass sie nicht viele Teilnehmer angelockt hätten. Und wenn die Märkte versagt hätten, hätten die Königreiche niemals den Wohlstand erlangt, den Märkte direkt und über die Steuern, die auf sie erhoben werden, erzeugen.

Im Chaos des Oklahoma Land Rush, der in Kapitel 4 beschrieben wurde, fanden selbst jene »Sooners«, denen es gelang, begehrte Grundstücke abzustecken, den Ritt nach Enid gefährlich, wo sie ihre Ansprüche beim dortigen Grundbuchamt eintragen lassen mussten. Viele Anspruchsteller beschlossen, gemeinsam in großen Gruppen aufzubrechen, um so besser vor Überfällen aus dem Hinterhalt geschützt zu sein.

Dieses Risiko von Raubüberfällen und körperlichen Angriffen existiert auf einigen – insbesondere verbotenen – Märkten noch heute, etwa solchen für illegale Drogen und Sex, wo sich Käufer und Verkäufer oftmals heimlich an abgeschiedenen, polizeilich kaum kontrollierten Orten treffen. Dieses Risiko geht nicht nur von Dritten aus, die vielleicht Märkte ausplündern und Geld oder Güter stehlen; es geht auch von Verkäufern und Käufern aus, die sich manchmal gegenseitig ausnehmen. Tatsächlich wird die Forderung nach Legalisierung von Drogen und Prostitution schon seit langem unter anderem damit begründet, dass ein gesetzliches Verbot dieser Märkte diese lediglich in die unregulierte und unsichere Welt des Verbrechens verlagere. (In Kapitel 11 werde ich ausführlicher darauf eingehen.)

Natürlich können nicht nur illegale Märkte gefährlich sein. Taxifahrer in großen Städten zum Beispiel sind auch einem gewissen Risiko ausgesetzt, dass Fahrgäste sie in unsichere Viertel locken, um sie dort auszurauben. Und wenn man die Nachrichten sieht, dann weiß man, dass die Arbeit im Einzelhandel – in Juweliergeschäften, Banken, Tankstellen und Kiosken – Menschen der Gefahr aussetzt, Opfer eines Raubüberfalls zu werden. Wie die mittelalterlichen Europäer erwarten auch die Bürger von heute vom Staat, dass er ihnen jene grundlegende Sicherheit bietet, ohne die Märkte nicht florieren können.

Aber es gibt noch andere, eher prosaische Risiken, die mit Märkten einhergehen. Vielleicht bekommen Sie nicht die Waren, die Sie bezahlt haben, oder die Artikel haben nicht die Qualität, die Sie erwartet haben. Oder Ihre Kreditkartendaten wurden gestohlen und zum Kauf von Produkten genutzt, die Ihnen in Rechnung gestellt werden. (Gerade um den Gebrauch einer Kreditkarte sicher zu machen, entschädigt Sie die ausgebende Bank bei solchen finanziellen Verlusten – wenngleich sie Ihnen nicht die Unannehmlichkeit erspart, sich mit illegalen Kartenabhebungen herumzuschlagen.) Deshalb ist der Kauf auf einem legalen Marktplatz von einem leicht identifizierbaren Händler fast immer sicherer als eine illegale Transaktion. Ein legaler Markt gibt einem das sichere Gefühl, dass man fair behandelt wird, denn andernfalls kann man den Rechtsweg beschreiten.

Vor Jahren, als meine Frau und ich in dem Zweitausend-Einwohner-Dorf Farmer City, Illinois, lebten, leisteten wir in einem Geschäft, das sich in einem Einkaufszentrum einer größeren Stadt befand, eine Anzahlung für einen Esszimmertisch. Monate später, nach vielen vergeblichen Bemühungen, entweder den Tisch geliefert zu bekommen oder unsere Anzahlung zurückzuerhalten, ging ich zum zuständigen Amtsgericht in der Kreishauptstadt. Der Mitarbeiter reichte mir ein Formular, das ich ausfüllen sollte, und erklärte hilfsbereit, ich könne die Adresse des Ladens von einer der vielen anderen Klageschriften, die gegen ihn eingereicht wurden, abschreiben. Nach mehreren Terminen bei Gericht erging schließlich trotz der Verzögerungstaktiken des Möbelgeschäfts ein Urteil zu meinen Gunsten. Wir erhielten sogar unsere Anzahlung zurück – unmittelbar bevor der Laden dichtmachte. Meine Begegnung mit diesem unehrlichen oder chaotischen Verkäufer war also bloß ärgerlich, und ich hatte vielleicht sogar einen kleinen Anteil daran, den örtlichen Marktplatz zu verbessern, indem ich dazu beitrug, dass er sein Geschäft aufgeben musste. (Natürlich konnte er auch einfach in eine andere Stadt gezogen sein und kassierte Anzahlungen, bis er auch dort in Verruf kam und erneut umzog.)

Der Ruf ist wichtig. Wenn ich heute in diese Ecke von Illinois zurückkehren würde, würde ich vermutlich feststellen, dass einige der dortigen Möbelhäuser schon, bevor ich dort vor dreißig Jahren wegzog, im Geschäft waren und mittlerweile ihre zweite oder dritte Generation von Kunden haben. Ihr langes Bestehen würde jedenfalls bis zu einem gewissen Grad ihre Redlichkeit und Zuverlässigkeit bezeugen. Jedes Geschäft, das sich für lange Zeit an einem Ort hält, hat wahrscheinlich einen einigermaßen guten Ruf, und wenn Sie Zweifel haben, können Sie sich leicht umhören, um zufriedene oder unzufriedene Kunden zu finden.

Wenn sich jeder am selben Ort aufhält, können sich ehrliche Geschäftsleute auf natürliche Weise einen guten Ruf erwerben. Aber im Internet weiß niemand, dass Sie ein achtbarer Geschäftsmann sind. Als Kunde ist es sehr viel schwieriger, den Ruf einer Person zu beurteilen, von der Sie nur den Benutzernamen kennen und deren andere Kunden Sie wahrscheinlich nie kennengelernt haben. Und wenn Sie ein Geschäft online eröffnen, müssen Sie einen Weg finden, um potentielle Kunden davon zu überzeugen, dass Sie vertrauenswürdig und kein Bauernfänger sind, der aus einem Internetcafé auf der anderen Seite der Welt operiert.

Das ist der Grund dafür, weshalb, bis vor wenigen Jahren, eines der größten Probleme neuer Internet-Marktplätze darin bestand, Transaktionen mit Fremden sicher zu machen – und Kunden von dieser Sicherheit zu überzeugen.

So bestand zum Beispiel die Herausforderung für eBay – insbesondere nach einigen Betrugsfällen, die hohe Wellen schlugen – darin, Millionen von Kunden jeden Tag das sichere Gefühl zu vermitteln, dass sie das, was sie bestellt hatten, auch bekommen würden. In ganz ähnlicher Weise hätten Sie gern gewisse Sicherheiten bezüglich des Käufers, wenn Sie ein Gastgeber wären, der auf Airbnb ein Zimmer an einen Fremden vermietet, oder ein Fahrer, der die Bestellung eines Autos auf Uber entgegennimmt, oder jemand, der auf Craigslist irgendeinen Artikel an einen Fremden verkauft. Und wenn Sie der Käufer wären, hätten Sie vielleicht gern gewisse Sicherheiten bezüglich des Gastgebers, Fahrers oder Privatverkäufers.

Bislang habe ich vor allem über Marktsicherheit gesprochen. Aber ich möchte auch die Bedeutung von *Verlässlichkeit* betonen. Sicherheit und Verlässlichkeit tragen gemeinsam dazu bei, einen Markt *vertrauenswürdig* zu machen. Wenn man ein Auto auf Uber bestellt, will man nicht nur wissen, dass man einen sicheren Fahrer bekommt und dass das Auto keine Schrottkiste ist, sondern auch, dass der Wagen umgehend eintrifft. Und was genauso wichtig ist: Bevor Sie die Uber-App auf Ihr Smartphone herunterladen, wollen Sie sicher sein, dass das System nicht fehlerhaft, langsam oder ungenau ist (das heißt, dass das Auto Sie also tatsächlich ausfindig machen kann). Und Sie möchten Ihre persönlichen Daten einschließlich Ihrer Kreditkartennummer übermitteln können, ohne sich Sorgen über Identitätsdiebstahl machen zu müssen. Wenn die Uber-App in einem dieser Bereiche versagt hätte, hätten Kunden sie schnell wieder von ihrem Smartphones gelöscht, und das Unternehmen hätte nicht überlebt.

In ganz ähnlicher Weise will der Uber-Fahrer wissen, dass *Sie* zuverlässig sind – dass Sie kein Taxi rufen werden, ohne die Bestellung bei ihm abzusagen, damit er nicht weiter nach Ihnen sucht, und dass seine Auslagen ordnungsgemäß bezahlt werden, wenn Sie den Wagen verlassen.

Ein Marktplatz ist also nur dann wirklich vertrauenswürdig, wenn er sicher ist; Teilnehmer auf beiden Seiten einer Transaktion müssen sich aufeinander und auf die Technologie verlassen können.

Ein guter Name

VERFAHREN, DIE INTERNETMÄRKTE vertrauenswürdig und sicher machen sollen, entwickeln sich ständig weiter (auch weil die Gauner selbst gerissen und anpassungsfähig sind). Bisher haben sich Marktdesigns, die auf eine Stärkung der Vertrauenswürdigkeit abzielen, darauf konzentriert, sichere Zahlungsmethoden anzubieten, Versicherungsschutz für Transaktionen, die schieflaufen, und Feedbacksysteme, die zuverlässigen Verkäufern und manchmal auch Käufern erlauben, sich einen guten Ruf zu erwerben und diesen zur Schau zu stellen.

eBay war einer der ersten Internetmärkte, die diese Probleme angepackt haben. In der Anfangszeit hatten viele Verkäufer keine alteingesessene, physische Firma, die ihnen vielleicht eine Reputation verliehen hätte, die sie ins Internet hätten übertragen können. Fast jeder musste sich von Grund auf einen guten Ruf erarbeiten.

Das Problem der Vertrauenswürdigkeit betraf nicht nur Verkäufer (deren gelieferte Artikel vielleicht nicht der Beschreibung entsprachen), sondern auch Käufer (die vielleicht nicht sofort oder auch gar nicht bezahlten). Es bedurfte nur weniger ungedeckter Schecks, damit Verkäufer Barzahlung oder Geldanweisung verlangten oder auch mit dem Versand warteten, bis die Bank einen Scheck eingelöst hatte.

Diese Bedenken standen hinter dem ursprünglichen Feedbacksystem von eBay, das vor der Einführung bequemer Online-Bezahlsysteme wie PayPal benutzt wurde.[26] Dieses System sollte beiden Seiten einer Transaktion, dem Käufer und dem Verkäufer, erlauben, sich wechselseitig Rückmeldungen zu geben, die auch zukünftigen potentiellen Transakteuren zur Verfügung stehen würden. Die anfänglichen Feedbackregeln, die eine positive, neutrale oder negative Bewertung sowie einen Textkommentar zuließen, wurden schon bald auf der Grundlage gesammelter Erfahrungen modifiziert. Fortan sollten Nutzer davon abgehalten werden, ihr positives Feedback künstlich aufzublähen. Schließlich kam ein System heraus, in dem ein Feedback mit dem Benutzernamen der Person versehen wurde, die es hinterließ, und nur der Bieter, der den Zuschlag erhielt, und der Verkäufer durften Rückmeldungen übereinander abgeben. Auf diese Weise konnten die Bewertungen nicht so leicht durch »Feedback-Schönung« einer Person verzerrt werden. Trotzdem wurden die Bewertungen im Lauf der Zeit ganz überwiegend positiv, was sie weniger nützlich machte. Warum dies geschah, zeigt uns ein weiteres Mal, dass eine sorgfältige Beachtung der Subtilitäten der Märkte Aspekte menschlichen Verhaltens beleuchten kann, die andernfalls womöglich verborgen blieben. In diesem Fall war der größte Teil der Rückmeldungen *reziprok* geworden; die Beurteilungen der Käufer durch die Verkäufer waren ein getreues Spiegelbild der Bewertungen der Verkäufer durch die Käufer. Käufer und Verkäufer befolgten eine ungeschriebene Regel der eBay-Kultur: Eine Hand wäscht die andere. Dies führte dazu, dass die allermeisten Rückmeldungen nach einer Transaktion wechselseitig positiv und nur ein paar vereinzelte wechselseitig negativ waren.

Mit der Hilfe dreier Ökonomen – Gary Bolton, Ben Greiner und Axel Ockenfels (alles ehemalige Studenten oder Postdoktoran-

den von mir) – konzipierte eBay ein neues Feedback-System, bei
dem Käufer Verkäufern anonym ausführlicher Rückmeldung darüber geben konnten, wie zutreffend ein Artikel beschrieben worden war und wie schnell er versandt wurde.[27] Dieses System verbes-
serte die Aussagekraft der Bewertungen. Plötzlich zeigte sich – was
für eine Überraschung! –, dass nicht jeder von jeder Transaktion
hellauf begeistert war.

Hier verriet die Erfahrung von eBay einen weiteren Grundsatz
von gutem Marktdesign. Märkte sind auf verlässliche Informationen angewiesen. Was den Ruf anlangt, so wünschen sich Käufer
verlässliche Informationen über einen Verkäufer, in Form von Informationen über Erfahrungen anderer Käufer. Aber wenn es für
Käufer kostspielig oder riskant ist, diese Information zu liefern, tun
sie es nicht, und der gesamte Markt gerät dadurch in Mitleiden-
schaft. Solange auf eBay Bewertungen nicht anonym abgegeben
werden konnten, lief ein unzufriedener Käufer, der anderen Käufern einen Gefallen erwies, indem er seine Unzufriedenheit kund-
tat, Gefahr, dass der Verkäufer sich rächte. Bestimmte Käufer und
Verkäufer mögen sich dadurch wechselseitig begünstigt (beziehungsweise, in manchen Fällen, bestraft) haben, dass sie reziproke
Bewertungen abgaben, aber sie schadeten dem Markt insgesamt,
indem sie das Angebot an wahrheitsgetreuen Informationen ein-
schränkten. Als eBay es für Käufer weniger riskant machte, ihre
Unzufriedenheit zu äußern, wurden die Informationen über Verkäufer detaillierter und nützlicher.[28]

Als ich eBay 2014 besuchte, erfuhr ich, dass das Unternehmen
über weitere Veränderungen nachdachte, die der Weiterentwicklung des Marktes Rechnung tragen sollten. Immer mehr Verkäufe
gehen heute auf das Konto professioneller Händler, die neue Artikel
verkaufen, und nicht mehr von Privatpersonen, die gebrauchte
Dinge anbieten, die sie in ihren Kellern oder auf ihren Dachböden
aufgestöbert haben. Wenn sich der Markt in dieser Weise verändert, mag die Versicherung, die eBay für einzelne Transaktionen
anbietet, Käufer vor vielen der Risiken schützen, die sie ansonsten
tragen müssten. Unterdessen mag eBays Fähigkeit, die Leistung

seiner zunehmend professionellen Verkäufer zu überwachen, dem Unternehmen erlauben, die leistungsstärksten Verkäufer deutlich sichtbarer zu präsentieren und gleichzeitig unredliche oder inkompetente zu entfernen. Das heißt, in dem Maße, wie professionelle Verkäufer eine größere Rolle im Markt zu spielen beginnen und mehr wie herkömmliche Geschäfte auftreten, mag eBay in der Lage sein, Käufer effektiver vor unredlichen Verkäufern zu schützen, und zwar in der gleichen Weise, wie dies Einkaufszentren tun – indem man diejenigen rausschmeißt, die den Marktplatz in Verruf bringen.

Zu viel Information

ZWAR BENÖTIGEN MÄRKTE eine Menge Informationen, um gut zu funktionieren, aber manchmal werden auch zu viele Informationen ausgetauscht, da Marktteilnehmer die Achtung ihrer Privatsphäre und damit den Schutz ihrer persönlichen Daten wünschen. Wird ihre Privatsphäre nicht ausreichend geschützt, kann dies den Markt unsicher machen, mit der Folge, dass er versagt.

Das einfache Beispiel ist der Schutz der Vertraulichkeit von Bankkonten und Kreditkartennummern. Die Internet-Kommunikation war früher sogar noch weniger geschützt als heute, aber selbst heute muss man mit einigen seiner persönlichen Informationen sehr vorsichtig umgehen. PayPal hat das Problem der Vertraulichkeit von Zahlungsdaten für eBay und andere Internetmärkte gelöst, indem es einen Zahlungsmechanismus bietet, bei dem man nicht für jede Transaktion seine Kreditkartendaten eingeben muss. Aber vielleicht wollen Sie auch andere Arten von Informationen nur ungern preisgeben, und das kann die Funktionstüchtigkeit des Marktes beeinträchtigen.

So werden Sie bei einer eBay-Auktion zum Beispiel aufgefordert, ein Höchstgebot über den maximalen Betrag, den Sie zu zahlen bereit sind, abzugeben. eBay verspricht, diesen Betrag zu verwenden, um in Ihrem Namen zu bieten, dabei aber nur so hoch zu bieten, wie es nötig ist, dass Sie den Zuschlag erhalten. Natürlich

müssen Sie eBay vertrauen, dass es die Informationen wie versprochen verwendet (und Ihnen nicht einfach den höchsten Preis, den
Sie zu zahlen bereit sind, in Rechnung stellt, unabhängig davon, wie
die Auktion verlief). Da diese Art von Vertrauen von zentraler Bedeutung für das Geschäftsmodell von eBay ist, überrascht es mich
nicht, dass ich noch nie von einer Beschwerde gehört habe, eBay
hätte dieses missbraucht.

Aber es gibt andere gute Gründe, seine Zahlungsbereitschaft
nur sehr zurückhaltend offenzulegen. Andere Bieter (oder skrupel-
lose Verkäufer, die sich als Käufer ausgeben) testen vielleicht Ihr
Gebot, indem sie ihres erhöhen, um zu sehen, wie Sie (automatisch) reagieren – entweder um Ihre Preisobergrenze herauszufinden oder auch einfach nur, um den Preis hochzutreiben. Vielleicht
wollen Sie auch den Spieß umdrehen, indem Sie warten; Sie lassen
einen anderen Bietenden das Erstgebot abgeben – und dadurch
zum Meistbietenden werden – und greifen dann im letzten Moment mit einem überraschenden höheren Gebot ein, das zu dicht
am planmäßigen Ende der Auktion ist, um einen Bieterkrieg auszulösen (wie es ein frühes Gebot vielleicht getan hätte).

Tatsächlich werden viele eBay-Auktionen durch ein sozusagen
„aus dem Hinterhalt geschossenes" Gebot, das in den allerletzten
Sekunden der Auktion abgegeben wird, »gesnipt«. Es gibt sogar
Sniping-Software, die einem helfen kann, den Prozess zu automa-
tisieren.

Man kann sich das Sniping als das Gegenteil von verfrühten
Transaktionen vorstellen, da es zu einem sehr späten Zeitpunkt und
nicht etwa vorzeitig geschieht. Aber beide Phänomene deuten darauf hin, dass der Hauptmarkt in einer Weise riskant geworden ist,
dass es sich lohnt, eine andere Art von Risiko einzugehen. Bei
eBay-Auktionen haben viele Bieter das Gefühl, es sei zu riskant,
frühzeitig offenzulegen, wie viel sie zu zahlen bereit sind. Man
kann dies vermeiden, indem man ein anderes Risiko eingeht – indem man sich vornimmt, in der letzten Sekunde zu bieten. Dabei
besteht das Risiko, dass man manchmal vergisst zu bieten oder dass
das Gebot zu spät eingeht und nicht registriert wird.

Axel Ockenfels und ich haben eBay-Sniper befragt, als eBay erst kurz am Markt war.[29] Wir stellten fest, dass fast alle von ihnen schon beide Arten von Versagen erlebt hatten, wenn sie sich vornahmen, in den letzten Momenten einer Auktion zu bieten. Dennoch hatten sie das Gefühl, dass das Bieten in der letzten Sekunde sicherer war als das Risiko, allzu früh offenzulegen, wie viel sie zu zahlen bereit waren (daher der Markt für Sniping-Software).

Wenn Teilnehmer an einem Markt wesentliche Informationen nur widerwillig preisgeben, kann dies dazu führen, dass der Markt nicht effizient funktioniert. Auf eBay macht die Verheimlichung von Bietinformationen vor anderen Bietern durch Sniping die Preise unvorhersagbar, und wenn viele Bieter snipen, wird nicht jede Auktion von demjenigen gewonnen, der bereit ist, am meisten zu zahlen.[30]

Sniping erlaubt es Leuten, auf eBay zu bieten und gleichzeitig ihre Informationen zu schützen, ohne dem Marktplatz eBay den Garaus zu machen. Aber andere Märkte sind gescheitert, weil sie versuchten, Teilnehmer dazu zu zwingen, Informationen offenzulegen, deren Bekanntgabe nach Einschätzung dieser Teilnehmer nicht risikofrei war.

So hat etwa ein Konsortium großer Autobauer im Jahr 2000 Covisint gegründet. Es sollte ein transparenter Online-Marktplatz für Autohersteller und ihre Zulieferer sein. Aber es zeigte sich, dass Kfz-Zulieferer ihre Preise gegenüber Autoherstellern und Konkurrenten nicht offenlegen wollten. 2004 gaben die Autobauer auf und verkauften Covisint für einen Bruchteil der Summe, die sie ursprünglich investiert hatten.

Etwas Ähnliches widerfuhr dem in Pittsburgh ansässigen Auktionsunternehmen FreeMarkets, das sich 1995 vornahm, die Beschaffungspraxis von Unternehmen zu revolutionieren. Es bot an, Beschaffungsauktionen durchzuführen, bei denen potentielle Zulieferer bieten sollten, indem sie die Preise angeben, die sie für bestimmte Aufträge berechnen würden, wobei der niedrigste Bieter den Zuschlag erhalten sollte. FreeMarkets bot noch einen zusätzlichen Service an, nämlich neue, qualifizierte Bieter für die Bedürfnisse seiner Kunden zu finden. Dem lag die Idee zugrunde, dass ein Unternehmen, wenn es alle Bedarfsgüter, die es kaufen musste, sehr präzise – als Waren – definierte, diese bei einer Auktion von einer größeren Gruppe potentieller Zulieferer kaufen und so seine Beschaffungskosten deutlich senken könnte.

Aber es kam anders, als FreeMarkets sich erhofft hatte, vor allem weil viele Unternehmen nicht bloß Waren einkaufen, also der Preis die einzige wichtige Dimension ist. Vielmehr sind sie oft auf Matching-Märkten, nicht auf Warenmärkten, aktiv, weil sie langfristige Beziehungen zu ihren Lieferanten pflegen. Diese Lieferanten hielten es für riskant, ihre üblichen Rabatte und Geschäftspraktiken gegenüber Wettbewerbern offenzulegen, und so konnten sich Auktionsmärkte für das Beschaffungsmanagement nicht durchsetzen.

Auf dem Höhepunkt des Internetbooms hatte FreeMarkets kurzzeitig eine höhere Börsenkapitalisierung als der ebenfalls in Pittsburgh ansässige Stahlkonzern U.S. Steel. Aber damit war es bald vorbei, und FreeMarkets wurde 2004 verkauft. So unterschiedliche Marktplätze wie eBay, FreeMarkets und das öffentliche Schulsystem von New York City zeigen eine Herausforderung, mit der praktisch alle Märkte konfrontiert sind: Wie lässt sich der Informationsfluss effizient gestalten? Ganz gleich, wie gut ein Markt sonstwie konzipiert ist, es wird ihm schwerfallen, die Bedürfnisse von Menschen zu befriedigen, wenn deren *Bemühungen*, sich das zu beschaffen, was sie wollen, nicht ohne Risiko bleiben.

Die öffentlichen Schulen in Boston

IN BOSTON HAT DAS SYSTEM für die Zuteilung von Schulplätzen diesen Grundsatz in großem Stil missachtet. Aber das größte Problem des Systems bestand darin, dass es nicht einmal gemerkt hat, dass es ein Problem gibt.

Dagegen glich die Neugestaltung des New Yorker Schulwahlsystems in mancher Hinsicht der Behandlung eines Herzinfarkts: Der

Patient sah ein, dass etwas getan werden musste, und zwar schnell. Hinauszögern war keine Option – man konnte die 30 000 noch nicht verteilten Schüler nicht einfach ignorieren. Das große Problem für New Yorker Schulen war die »Verstopfung«. Die Tatsache, dass es für Familien nicht sicher war, ihre Präferenzen offenzulegen, schien dagegen zweitrangig zu sein.

Verglichen damit ähnelte die Lösung des Marktdesignproblems in Boston mehr der Behandlung eines Patienten mit hohem Blutdruck. Auch das ist eine gefährliche Erkrankung, aber ihre Symptome sind subtiler.

Anders als New York hatte Boston bereits ein reibungslos funktionierendes computergestütztes Wahlsystem, in dem Familien Listen von Schulen nach ihren Präferenzen einstuften und Kinder die Zulassung zu einer Schule erhielten. »Verstopfung« war daher kein Problem; jeder wurde schnell zugeteilt, auch wenn Wartelisten für bevorzugte Schulen nur langsam abgearbeitet wurden, nachdem das Hauptzuteilungsverfahren beendet war.

Die Vereinigung öffentlicher Schulen in Boston, die Boston Public Schools (BPS), benutzte ihren Zuteilungsalgorithmus nicht nur für Highschools, sondern auch für Vorschulen und Mittelschulen. Und er schien viele Kinder jener Schule zuzuweisen, die ihre Eltern als ihre erste Wahl angegeben hatten. So weit, so gut.

Aber diese positiven Ergebnisse verschleierten ein anderes Problem: *Benutzer vertrauten dem System nicht.* BPS bemühte sich intensiv darum, die Wünsche der Familien zu erfüllen, aber die Art, wie es dies tat, machte es für diese Familien zu riskant, ihre eigentlichen Präferenzen offenzulegen.

Dem Bostoner System lagen Regeln zugrunde, die die Priorität festlegten, mit der jedes Kind bei jeder Schule zugelassen würde. Für die Hälfte der freien Plätze in einer typischen Schule erhielten zunächst jene Kinder Vorrang, die ältere Geschwister hatten, die diese Schule besuchten. Die zweithöchste Priorität erhielten die Kinder, die fußläufig zur Schule wohnten. Jedem Kind wurde nach dem Zufallsprinzip eine Losnummer zugeteilt, die dazu diente, im Zweifel den Gewinner zu ermitteln – wenn es zum Beispiel nicht genügend Plätze für alle in Gehweite wohnenden Kinder gab, konnten nur einige zugelassen werden.

Für die andere Hälfte der Plätze in einer Schule wurde die Priorität ausschließlich durch das Los bestimmt.

Die Aufteilung der Bostoner Schulen in zwei Hälften erkannte stillschweigend eine politische Realität an. Die Schulwahl teilt Eltern in zwei »Parteien« ein. Diejenigen, die in der Nähe guter Schulen leben, werden zur »Zu-Fuß-zur-Schule-Partei«, während diejenigen, die weiter weg wohnen, der »Schulwahl-Partei« zugeteilt werden. Die Prioritätspolitik in Boston (wo sich die Menschen noch an die »Busbeförderungskriege« erinnern, die hier eine Generation zuvor, während der Auflösung der Rassentrennung, ausgetragen wurden) stellte einen Kompromiss zwischen den beiden dar, und die Details dieses Kompromisses wurden von Jahr zu Jahr im Sinne der Gruppen korrigiert, die den größten Einfluss ausübten.

Nachdem die Prioritäten und damit zusammenhängende Fragen korrigiert worden waren, funktionierte das alte Bostoner System, das nach wie vor in vielen anderen Städten zum Einsatz kommt, folgendermaßen: Die Zentralstelle forderte die Familien auf, wenigstens drei Schulen in der Reihenfolge ihrer Präferenz aufzulisten. Anschließend platzierte der Algorithmus so viele Kinder wie möglich in ihrer Schule erster Wahl. Wenn eine Schule die erste Wahl von mehr Schülern war, als sie freie Plätze hatte, wurden die Schüler nach Priorität zugelassen, bis alle Plätze vergeben waren. Das heißt, die Schule ließ sofort die Schüler höchster Priorität zu, die sie an erster Stelle gelistet hatten, bis ihre Kapazität erschöpft war, und lehnte den Rest ab. Dieser Algorithmus »sofortiger Annahme« wies dann so viele verbliebene Schüler wie möglich ihrer zweiten Wahl zu. Dann ging er zur dritten Wahl der Schüler über und so weiter. Die Zentralstelle wies Schülern, die von keiner der von ihnen ausgewählten Schulen zugelassen wurden, die nächstgelegene Schule mit freien Plätzen zu.

An dieser Stelle fragen Sie vielleicht: Was soll an einem System verkehrt sein, das versucht, so vielen Schülern wie möglich ihre erste Wahl zuzuweisen?

Das alles hört sich sympathisch, vernünftig und einfach an. Aber leicht zu beschreiben bedeutet nicht, leicht zu bewältigen. Wie das alte New Yorker System verlangte auch das Bostoner System Familien schwierige strategische Entscheidungen ab und machte es für sie oft riskant, die Schulen in der Reihenfolge ihrer wahren Präferenzen aufzulisten.

Wieso? Betrachten wir ein Kind, das fußläufig zu einer Schule mit einem sehr beliebten Halbtags-Kindergarten wohnt. Diese Schule ist die zweite Wahl seiner Eltern. Ihre erste Wahl ist ein weiter entfernter Ganztags-Kindergarten, der fast genauso beliebt ist.

Weil die Eltern wissen, dass sie aufgrund der Fußläufigkeit Priorität für den Halbtags-Kindergarten haben, glauben sie, dass sie dort einen Platz bekommen können, wenn sie diesen als ihre erste Wahl anführen. Aber wenn sie ihre wahren Präferenzen auflisten, mit dem Ganztagsprogramm an erster Stelle und dem Halbtagsprogramm an zweiter, bekommen sie vielleicht keine von beiden. Sie werden wahrscheinlich auch keinen Platz in dem Ganztagsprogramm bekommen, weil ihr Kind dort keine Geschwister- oder Fußläufigkeits-Priorität hat. Und in diesem Fall würde ihr Kind auch keinen Platz bei ihrer zweiten Wahl bekommen, die, weil sie so populär ist, all ihre Plätze an Kinder vergeben haben wird, deren Eltern sie an erster Stelle aufführten. Das heißt, da eine so beliebte Schule mehr Bewerbungen erster Wahl als Plätze haben wird, wird sie sofort all ihre Plätze vergeben, wenn der Zuteilungsalgorithmus so viele Schüler wie möglich an ihre Schule erster Wahl verteilt.

Und es kommt noch schlimmer. Diese Eltern werden vermutlich auch nicht ihre *dritte* Wahl bekommen, da ihr Kind dort nur zugelassen wird, wenn die Plätze nicht zuvor an Schüler vergeben worden sind, die die Schule als ihre erste oder zweite Wahl auflisteten. Dies gilt umso mehr für an vierter, fünfter oder noch weiter unten gelistete Wahlen. Tatsächlich haben sich im Rahmen des alten Bostoner Systems nur wenige Menschen auch nur die Zeit genommen, mehr als drei Schulen aufzulisten, da die Wahrscheinlichkeit, in eine niedriger als an dritter Stelle eingestufte Schule zugelassen zu werden, äußerst gering war.

Kehren wir zurück zu unserem Beispiel. Wenn die Eltern des Kindergartenkinds den Ganztagskindergarten an erster Stelle auf-listen, sind die wahrscheinlichen Ergebnisse entweder:

1. Sie bekommen dort einen Platz (wenn sie Glück haben), oder:
2. Sie erhalten *keine* ihrer Präferenzen und werden einer Vor-schule zugewiesen, die so unbeliebt ist, dass sie noch freie Plätze hat, nachdem die Schulpräferenzen von allen erfüllt wur-den.

Dies ist ein russisches Ausbildungs-Roulette. Entweder man landet einen Volltreffer, oder man geht leer aus. Unbeliebte (Vor-)Schulen sind aus einem bestimmten Grund unbeliebt; wenn ein unbeliebter Kindergarten daher der einzige ist, den diese Eltern bekommen können, beschließen sie vielleicht, ihr Kind auf eine Privatschule zu schicken (wenn sie es sich leisten können) oder sogar an den Stadt-rand umzuziehen. Man beachte, dass das BPS als eine Abteilung der Bostoner Stadtverwaltung ein großes Interesse daran hat, un-zufriedene Eltern davon abzuhalten, aus dem System auszusteigen. Eine solche Unzufriedenheit verursacht bestenfalls Spannungen, die dem gegenwärtigen Stadtrat bei den nächsten Wahlen schaden können. Schlimmstenfalls ziehen unzufriedene Eltern ganz aus Boston weg, womit die Stadt Steuereinnahmen verliert. Aus diesen Gründen ist der effektive Zugang zu guten öffentlichen Schulen nach Ansicht der meisten Ökonomen und Stadtplaner ein Schlüs-sel, um langfristig den Wohlstand von Städten zu sichern.

Angesichts solch komplizierter Entscheidungen gingen viele Eltern verständlicherweise auf Nummer sicher. Etwa 80 Prozent der Kinder wurden der Schule zugewiesen, die ihre Eltern an erster Stelle *gelistet* hatten. Auf dem Papier sah das System extrem erfolg-reich aus, da die meisten Teilnehmer offenbar ihre erste Wahl be-kommen hatten. Aber die Wirklichkeit war eine ganz andere: Viele dieser Eltern erhielten strategisch gewählte sichere Alternativen.

Es mag den Anschein haben, als wäre es ganz natürlich, in die-ser Weise strategisch zu handeln. Ich erwähnte dies bereits zuvor, als wir über das Phänomen der verfrühten Transaktionen sprachen, also über die Notwendigkeit, Entscheidungen frühzeitig zu treffen. Wenn Sie eine stark befahrene Straße entlangfahren und nach einem Parkplatz Ausschau halten, sind Sie mit einer solchen Entscheidung konfrontiert. Aber stellen Sie sich jetzt vor, Sie müssten sagen, welcher Parkplatz Ihre erste Wahl ist – das heißt, Sie müssten sich in der gleichen Weise um Parkplätze bewerben, wie sich Bostoner um Schulplätze bewerben, und die Stadt würde möglichst vielen Menschen ihre erste Wahl erfüllen. Sie sehen einen freien Platz. Sollten Sie ihn jetzt nehmen (wie Sie es tun würden, wenn es Ihr Parkplatz erster Wahl *wäre*)? Oder sollten Sie riskieren, zu versuchen, Ihre *tatsächliche* erste Wahl zu finden, einen Platz direkt vor dem Gebäude, das ihr Ziel ist – auch wenn die Chancen schlecht stehen, einen solchen begehrten Platz zu finden?

Wenn Sie sich Ihre Parkplätze über eine Clearingstelle beschaffen müssten, die sich bemüht, möglichst vielen Menschen ihre erste Wahl zu erfüllen, würden Sie als Ihre erste Präferenz einen Platz angeben, von dem Sie wüssten, dass Sie ihn bekommen könnten, wenn Sie *sagten*, dass er Ihre erste Wahl sei, damit Sie zum Schluss nicht mit einer viel schlechteren Option vorliebnehmen müssen.

Auch diese einfache Wahl ist eine *strategische*, da Sie die wahrscheinlichen Entscheidungen anderer Menschen berücksichtigen müssen, die bestimmen, welche Plätze beliebt und wahrscheinlich besetzt sein werden.

Im Jahr 2003 schrieb der Reporter Gareth Cook im *Boston Globe* über einen wirtschaftswissenschaftlichen Aufsatz von Atila Abdulkadiroğlu und Tayfun Sönmez, in dem sie das Bostoner Schulwahlsystem analysierten. Cook fiel es nicht schwer, Eltern zu finden, die ihren Frust darüber ausdrückten, dass sie das System austricksen mussten.[31] So sagte ein Elternteil: »Die Unzufriedenheit mit dem gegenwärtigen Wahlsystem hat bei einigen Eltern vor allem damit zu tun, dass man seine eigentliche erste Wahl nicht als seine erste Wahl angeben kann.«

Später in diesem Jahr luden der Dezernent der Boston Public Schools und seine Mitarbeiter Atila, Tayfun, Parag Pathak und mich zu einem Meinungsaustausch ein, bei dem wir unsere Sicht der Probleme des Schulwahlsystems und Lösungsvorschläge darlegen sollten. Selbst die Einladung zu einem solchen Treffen war mit einem gewissen Matchmaking verbunden, so ähnlich wie das Arrangieren eines Blind Date. Caroline Hoxby, eine renommierte Bildungsökonomin, hatte den Dekan der erziehungswissenschaftlichen Fakultät der Universität Harvard gebeten, den BPS-Dezernenten, Tom Payzant, zu kontaktieren, um ihn wissen zu lassen, dass es sich lohnen würde, mit uns zu sprechen.

Am Morgen des 9. Oktober fuhren wir vier mit der U-Bahn zur Court Street 26, der Hauptverwaltung der Boston Public Schools. Wir hatten bereits Material an die BPS geschickt, in dem wir beschrieben, wie das Schulwahlsystem umstrukturiert werden könnte, damit Familien ihre wahren Präferenzen ohne Risiko offenlegen können. Aber die Mitarbeiter des Dezernenten waren skeptisch: »Vielleicht tricksen Wirtschaftsprofessoren das System aus, aber normale Familien sind nicht so ausgebufft.« In diesem Moment dachte ich, dass unser erstes Treffen wohl auch unser letztes sein würde.

Aber die Stimmung schlug um, als Tayfun von einem Laborexperiment erzählte, das er und ein Kollege, Yan Chen, durchgeführt hatten.[32] Wirtschaftswissenschaftler greifen zunehmend auf Experimente zurück, wenn sie zeigen wollen, wie ökonomische Umgebungen das Verhalten beeinflussen. Wir erschaffen im Labor künstliche Wirtschaftssysteme und bezahlen die Teilnehmer nach den Ergebnissen, die sie erzielen. Experimente sind kein Ersatz für Feldbeobachtungen; sie ergänzen diese. Der Vorteil ist, dass man im Labor viele Aspekte der Umgebung, über die man bei Feldstudien nur Mutmaßungen anstellen kann, kontrollieren und messen kann. Während man also im Labor nicht das gesamte Spektrum der komplexen Faktoren, die den Prozess der tatsächlichen Schulwahl realer Eltern beeinflussen, erforschen kann, kann man sehr genau untersuchen, ob das verwendete Verfahren – in diesem Fall der Algorithmus sofortiger Annahme – knappe Ressourcen effizient zuteilt.

Wenn Eltern im wirklichen Leben beim BPS Schul-Präferenz-
listen einreichten, kannte niemand ihre *wahren* Präferenzen, sondern nur ihre *angegebenen* Präferenzen. Aber in einem Experiment,
in dem fiktive Schulen zugeteilt wurden, konnte ein Versuchsleiter
Teilnehmern sagen, wie viel Geld sie verdienen würden, wenn sie
schließlich einer bestimmten fiktiven Schule zugewiesen würden.
Dies ermöglicht dem Experimentator, die Präferenzen, die Teilnehmer angaben, als sie um eine Rangordnung ihrer Wünsche gebeten
wurden, mit den Zahlungen zu vergleichen, die Teilnehmer in Ab-
hängigkeit davon, welcher Schule sie zugewiesen würden, tatsächlich erhielten.

Die Teilnehmer des Experiments wussten nicht, dass es um
Bostoner Schulen ging; sie wollten lediglich im Labor ein bisschen
Geld verdienen, indem sie versuchten, eine möglichst gute Zuweisung zu bekommen. Und der Experimentator konnte ihnen sagen,
welche Zuweisungen gut für sie waren, indem er ihnen mitteilte,
wie viel sie je nach Zuweisung verdienen würden. Dies bedeutete,
dass der Experimentator im Labor ihre wahren Präferenzen herausfinden konnte; diese lassen sich in dem sehr viel komplexeren
Umfeld der Bostoner Schulen weitaus schwerer ermitteln.

In einem Teil von Tayfuns und Yans Experiment versuchten
Teilnehmer, die Bostoner Familien spielten, mit Hilfe des vorhan-
denen BSP-Mechanismus bestimmten Schulen zugeteilt zu werden.
Die Forscher zahlten ihren Probanden 16 Dollar, wenn sie ihrer
höchstzahlenden Schule zugeteilt wurden, 13 Dollar für die zweit-
höchstzahlende, 11 Dollar für die dritthöchstzahlende und so weiter
bis hin zu 2 Dollar für die am wenigsten profitable Paarung. Da
Tayfun und Yan in dem Experiment die Präferenzen der Teilnehmer für jede Schule bestimmten, konnten sie feststellen, wenn
jemand eine Rangordnungsliste vorlegte, die von seinen wahren
Präferenzen abwich.

Die Ergebnisse verblüfften die Verantwortlichen des BPS. Tayfun und Yan beobachteten, dass einige Teilnehmer ihrer *angegebenen* ersten Wahl zugewiesen wurden, auch wenn es nicht diejenige
war, die ihnen am meisten Geld einbrachte. Das bedeutet, dass die

Teilnehmer intuitiv verstanden, dass sie bessere Paarungen bekommen und mehr Geld für ihre Teilnahme erhalten konnten, wenn sie als erste Wahl die beste Alternative, die sie bekommen konnten, angaben – statt zu versuchen, die vollen 16 Dollar zu ergattern, und dabei das Risiko des Scheiterns einzugehen und viel weniger Geld zu verdienen.

Fortan waren die BPS-Mitarbeiter aufgeschlossener für unsere Botschaft.

Ich fragte: »Was ist der beste Kindergarten in Boston?« Sie sagten, die Lyndon School im Viertel West Roxbury. Dann fragte ich: »Führt jeder Lyndon als seine erste Wahl an?« Nein, sagten sie, das wäre dumm – man würde seine erste Wahl vergeuden, da man nur dann, wenn man eine hohe Priorität hatte, einen Platz im Lyndon erhielte. Der Kindergarten war einfach zu beliebt.

»Genau«, antworteten wir.

Das Problem erkennen

DAS ERGEBNIS dieser ersten Unterredung war, dass die Verantwortlichen der Boston Public Schools erkannten, dass ihr gegenwärtiges System *möglicherweise* Mängel hatte. Sie baten uns, zu beweisen, dass es tatsächlich ein gravierendes Problem gab.

Jahre später, Schuldezernent Tom Payzant war schon im Ruhestand, fragte ich ihn, was er von dieser Entscheidung gehalten habe. Seit 1995, als er diese Stelle angetreten habe, so seine Antwort, habe ihn die Sorge umgetrieben, dass seine Amtszeit von dem Gezerre um die Frage der Schulzuteilung überschattet werden könnte – wie in den 1970er- und 1980er-Jahren, als Bostoner Schulen mit der gerichtlich angeordneten Busbeförderung von Schulkindern in andere Bezirke zur Förderung der Rassenintegration zu kämpfen hatten. Als er hörte, erfahrene externe Experten könnten BPS helfen, die Probleme auf eine technische, nicht-politische Weise anzugehen, wie es New York getan hatte, wollte er es unbedingt versuchen.

Im Lauf des nächsten Jahres haben wir die Daten über die Schulwahl in Boston eingehend analysiert. Dabei fanden wir heraus, dass Familien starke Anreize hatten, ihre wahren Präferenzen nur mit Bedacht zu enthüllen, und außerdem, dass diese Entscheidung für verschiedene Arten von Familien unterschiedliche Folgen hatte. Eine Mutter, die das alte System durchschaute, aber ihr Kind in einer begehrten Schule unterbringen wollte, führte diese an erster Stelle an, aber ging dann auf Nummer sicher, indem sie als zweite Wahl eine Schule anführte, die wahrscheinlich nicht all ihre Plätze mit den Erstwünschen anderer Eltern füllen würde.

Eltern, die nicht so taktisch vorgingen, entweder weil sie nicht wussten, welche Schulen beliebt waren, oder weil sie das System nicht durchschauten, hatten oft das Nachsehen. Etwa 20 Prozent der Eltern gaben als *zweite* Wahl eine beliebte Schule an, in der man nur dann einen Platz bekam, wenn man sie als erste Wahl angab. Ihre Kinder wurden zu guter Letzt oftmals von keiner der Schulen auf ihrer Liste angenommen. In vielen Fällen wären diese Kinder zugelassen worden, wenn ihre Eltern nicht diesen Fehler gemacht hätten – wenn sie, zum Beispiel, ihre dritte Wahl als ihre zweite gelistet hätten.

Wenigstens eine Gruppe von Eltern in der vergleichsweise wohlhabenden West Zone des Schulsystems sammelte Informationen (zum Beispiel dadurch, dass sie sich auf örtlichen Spielplätzen mit anderen Eltern unterhielten) darüber, wie viele Kinder sich bei den begehrtesten Kindergärten bewerben würden und wie viele dieser Kinder ältere Geschwister hatten, die bereits dieselben Vorschulen besuchten. Diese jüngeren Geschwister hätten die höchste Priorität gehabt; wenn Eltern deren Zahl kannten, könnten sie abschätzen, wie viele freie Plätze für andere Kinder verfügbar wären – und wie hoch daher die Zulassungschancen ihrer Kinder waren. Aber das Sammeln dieser Informationen war ein erschöpfender und fehleranfälliger Prozess, der Eltern verständlicherweise missfiel.

Unsere Befunde überzeugten die BPS schließlich, dass das Wahlsystem geändert werden musste. »Es ist Aufgabe eines öffent-

lichen Schulsystems, gleiche Chancen für alle Schüler zu gewährleisten«, sagt Valerie Edwards, die BPS-Verantwortliche, die entscheidenden Anteil daran hatte, ihre Kollegen davon zu überzeugen,
dass es sich lohnen würde, uns zuzuhören. »Die Tatsache, dass unser
Verfahren der Schülerzuteilung Eltern dazu zwang, das System auszutricksen, hieß, dass das System gescheitert war. Es bedeutete, dass
das öffentliche Schulsystem seiner Aufgabe nicht gerecht wurde.«

Es zeigte sich, dass Boston für seine öffentlichen Schulen
schließlich einen ganz ähnlichen Lösungsansatz wählte wie jenen,
den New York mit unserer Hilfe für seine Highschools konzipierte – und dass sich beide auf eine Clearingstelle stützen, ähnlich
derjenigen, über welche die meisten amerikanischen Ärzte ihre
erste Anstellung erhalten.

Jetzt wollen wir uns diese Lösungen einmal genauer anschauen.

TEIL III

Innovative Designs, um Märkte intelligenter, dichter und schneller zu machen

8. »The Match«:
Starke Medizin für frischgebackene Ärzte

LÖSUNGEN FÜR MARKTDESIGN-PROBLEME werden manchmal erfunden, manchmal entdeckt und oft von beidem etwas. Die Designs vieler Märkte haben sich über die lange Zeitspanne der Menschheitsgeschichte in der Regel durch »Trial and Error« weiterentwickelt. Und so können wir manchmal eine Lösung für ein neues Marktversagen in einem Design finden, das bereits in einem anderen Markt eingeführt wurde.

Auch eine solche Lösung erfordert in der Regel Modifizierungen des Designs, um dieses an die besonderen Umstände des jeweiligen Marktes anzupassen.

Hier ist vielleicht eine Analogie aus der Medizin hilfreich. Menschen sind das Ergebnis einer Evolution, die sich über einen noch weit längeren Zeitraum erstreckte als die Evolution von Märkten. Unser Immunsystem ist entstanden, um Krankheitserreger abzuwehren. Aber manchmal versagt unser Immunsystem, und die krankheitserregenden Keime gewinnen die Oberhand. Was können wir tun?

Nun, heutzutage können wir unsere natürliche Abwehr durch Antibiotika stärken. Das erste bedeutende Antibiotikum war Penicillin. Penicillin wurde nicht erfunden, sondern entdeckt, und zwar von dem schottischen Immunologen Alexander Fleming im Jahr 1928. Fleming fiel auf, dass der Schimmelpilz *Penicillium*, der unter anderem auf Brot wächst, eine Substanz absonderte, die Bakterien abtötet. Penicillin war also ein natürlicher Mechanismus, den der Schimmelpilz entwickelt hatte, um Bakterien zu bekämpfen. Aber

Penicillin wurde als praktisch anwendbares Arzneimittel erst dann allgemein verfügbar, als man viel mehr über seine pharmakologischen Eigenschaften wusste; ergiebigere Stämme von *Penicillium*-Schimmelpilzen wurden gezüchtet, und Verfahren der industriellen Produktion wurden erfunden, wobei Howard Florey und Ernst Chain wesentliche Beiträge dazu leisteten (sie wurden gemeinsam mit Fleming 1945 mit dem Nobelpreis ausgezeichnet).

So wie der Schimmelpilz *Penicillium* eine Methode zur Abwehr von Bakterien entwickelt hatte, die so abgewandelt werden konnte, dass sie ein Versagen des menschlichen Immunsystems wettmachte, so können Ideen für die Korrektur von Marktversagen dadurch entstehen, dass man »in freier Wildbahn« die Organisationsformen anderer Märkte beobachtet.

Fangen wir mit dem Markt für frischgebackene Ärzte an, den ich in Kapitel 4 schilderte. Dieser Markt ist besonders aufschlussreich, weil er zu verschiedenen Zeitpunkten seiner Geschichte viele der Unzulänglichkeiten aufwies, die auf Matching-Märkten weit verbreitet sind. Gehen wir also zurück zum Anfang, um die Krankheit zu verstehen, die den Markt für frischgebackene Ärzte befallen hatte, und die Therapie, die Ärzte dafür fanden. Diese Lösung erwies sich als das *Penicillin* für viele Matching-Märkte.

Ein Heilmittel für das Leiden von Ärzten

SEIT ETWA 1900 wird die erste Anstellung amerikanischer Ärzte nach Abschluss ihres Medizinstudiums *Internship* (Assistenzzeit) oder *Residency* (Facharztweiterbildung) genannt, in der sie von erfahreneren (Ober-)Ärzten angeleitet werden. Im Lauf des 20. Jahrhunderts ist dies in den USA zu einer Voraussetzung für die Erteilung der Approbation geworden. (Vor 1900 durften Ärzte nach Abschluss ihres Medizinstudiums sofort, ohne weitere Beaufsichtigung, Medizin »praktizieren«.)

Stellen für die Facharztweiterbildung wurden schon bald zu einem wichtigen Faktor zur Deckung des Personalbedarfs von

Krankenhäusern und zu einer entscheidenden Etappe in der Weiterbildung von Ärzten, die einen erheblichen Einfluss auf ihre zukünftige Karriere hatte. Natürlich gibt es viel Druck auf beiden
Seiten, gute »Paarungen« hinzubekommen: auf Medizinstudenten,
gute erste Jobs zu kriegen, und auf Facharztprogramme von Kliniken, qualifizierte junge Ärzte einzustellen.

Aber fast von Anfang an funktionierte der Markt für Assistenzärzte nicht richtig. Ein frühes Symptom war die Tatsache, dass Kliniken in ihrem Konkurrenzkampf um knappe Medizin-Absolventen
versuchten, Assistenzärzte etwas früher einzustellen als konkurrierende Kliniken. Infolgedessen mussten sich Medizinstudenten zu
einem immer früheren Zeitpunkt ihres Studiums entscheiden, an
welcher Klinik sie ihre Assistenzarztzeit absolvieren wollten. Außerdem waren Studenten oftmals gezwungen, Angebote von einer
bestimmten Klinik zu prüfen, ohne jemals zu erfahren, welche Aussichten sie bei anderen Kliniken hätten. Dieses Problem verschärfte
sich nach und nach, und Sie werden darin unschwer das Phänomen
der »Marktverfrühung« erkennen.

Diese Tendenz zur Vorzeitigkeit sorgte dafür, dass Assistenzarztstellen immer früher vergeben wurden, bis es im Jahr 1940 so
weit war, dass Assistenzärzte manchmal schon fast zwei Jahre vor
ihrem Studienabschluss eingestellt wurden. So riskant, wie es war,
Notre Dame für ein Bowl-Game auszuwählen, bevor die Mannschaft ihre reguläre Saison beendet hatte (vgl. Kapitel 4), so riskant
war es, einen Medizinstudenten zwei Jahre vor seinem Abschluss
einzustellen. Es ließ sich nicht zuverlässig vorhersagen, welche sich
als kompetent erweisen würden, insbesondere da die Studenten die
ersten beiden Studienjahre vor allem im Hörsaal und nicht am
Krankenbett verbringen.

Wie Sie sich vorstellen können, war es für Medizinstudenten
ihrerseits schwer, sich zwei Jahre im Voraus auf ein bestimmtes
Fachgebiet festzulegen. Nach einer Eins in Anatomie will ein Student vielleicht Chirurg werden, nur um in seinem dritten Jahr,
wenn er schließlich bei Operationen dabei ist, festzustellen, dass er
beim Anblick von Blut ohnmächtig wird. Aber damals, im Jahr

1940, wäre dies zu spät gewesen; er wäre, seinem ursprünglichen Wunsch gemäß, längst als Assistenzarzt für Chirurgie eingestellt worden. Sowohl für den Studenten – als auch für die Chirurgen, die ihn einstellten – wäre es eine schlechte »Paarung« gewesen.

Obgleich die frühe Rekrutierung sowohl für Studenten als auch für das Facharztweiterbildungsprogramm Nachteile brachte, haben wir bereits gesehen, dass Selbstkontrolle das Problem der verfrühten Transaktionen nicht löst. Erst als sich 1945 ein Dritter – die medizinischen Fakultäten – bereit erklärte, vor einem bestimmten Datum keine Informationen über Studenten herauszugeben, wurde der Zeitplan für die Abgabe von Angeboten eingehalten. Die medizinischen Fakultäten verboten die Ausstellung von Formularen mit erbrachten Leistungsnachweisen, Empfehlungsschreiben und sogar Immatrikulationsbescheinigungen. Dies trug zweifellos dazu bei, dass das Einstellungsdatum respektiert wurde: Es ist ziemlich riskant, einen Studenten nach seinem zweiten Studienjahr einzustellen, aber es ist absurd, jemanden einzustellen, wenn nicht einmal gesichert ist, dass diese Person tatsächlich Medizin studiert.

Kaum wurde das Einstellungsdatum respektiert – sodass alle Krankenhäuser zur gleichen Zeit begannen, Angebote zu machen –, tauchte ein neues Problem auf. Die Krankenhäuser mussten feststellen, dass, wenn einige ihrer ersten Angebote nach einer Bedenkfrist abgelehnt wurden, jene Kandidaten, denen sie als Nächstes Angebote machen wollten, bereits andere Stellen angenommen hatten. Mit anderen Worten, das »falsche« erste Angebot warf sie aus dem Rennen, vor allem wenn es nicht unverzüglich abgelehnt wurde.

Dies veranlasste Krankenhäuser verständlicherweise dazu, ihre Angebote mit einer sehr kurzen Annahmefrist zu verbinden. Jetzt mussten Bewerber unverzüglich antworten, noch bevor sie in Erfahrung bringen konnten, welche anderen Angebote möglicherweise für sie verfügbar waren. Dies wiederum schuf einen chaotischen Markt, der von Jahr zu Jahr immer kürzer währte und der dazu führte, dass es entweder gar nicht erst zu Vereinbarungen kam oder diese sogar gebrochen wurden. Anders ausgedrückt, der

Markt litt an »Verstopfung«: Sobald Krankenhäuser erfuhren, dass andere Kliniken zügig Assistenzarztstellen vergaben, konnten sie mit ihren eigenen Angeboten nicht herumtrödeln. Denn wenn sie dies taten, würden andere ihnen ihre Lieblingskandidaten vor der Nase wegschnappen.

Nachdem sie fünf Jahre lang mit dieser Art von Marktstauung zu kämpfen hatten, taten die Ärzte etwas Bemerkenswertes: Sie reorganisierten den Markt im großen Stil. Statt eines vollkommen dezentralen Marktes wie bisher wollten sie die letzte Marktphase über einen zentralen Marktplatz organisieren, eine Art *Clearingstelle*. Dies erwies sich als eine geradezu historische Entscheidung.

Nach dem neuen Plan sollten sich Medizinstudenten im dritten Jahr, wie bislang, auf eigene Faust für Facharztweiterbildungsprogramme bewerben, und die entsprechenden Kliniken würden sie zu Vorstellungsgesprächen einladen, ebenfalls wie gehabt. Aber dann kam die Neuerung: Nach den Vorstellungsgesprächen sollte die neue zentrale Clearingstelle die Angebote machen. Dies bedeutete, dass Studenten bei der Clearingstelle eine Rangliste der Kliniken mit Facharztprogrammen einreichen würden, bei denen sie Vorstellungsgespräche geführt hatten; dort gaben sie ihre erste Wahl, ihre zweite Wahl und so weiter an. Gleichzeitig reichten die Träger dieser Facharztprogramme eine Rangliste von Studenten ein.

Bevor die Clearingstelle ihre Arbeit aufnahm, tauschten sowohl Bewerber als auch Arbeitgeber Informationen über Stellenbeschreibungen (einschließlich Gehalt und sonstige Merkmale) und über die Qualifikationen der Bewerber aus, sodass jede Seite wohlüberlegte Präferenzen bezüglich der anderen Seite formulieren konnte. Man beachte, dass sie dies *im Vorhinein* tun würden, sodass die Clearingstelle diese Informationen nutzen könnte, um passende Zuordnungen zwischen Bewerbern und Stellen vorzuschlagen.

Im Rahmen dieses Plans, wie er den Beteiligten vorgeschlagen wurde, erfuhren diese auch, wie die Ranglisten verarbeitet würden, um einen »Zuordnungsvorschlag« zu erstellen. Es lohnt sich, hier in die Einzelheiten zu gehen – sowohl was den ursprünglichen (gescheiterten) Plan angeht als auch die späteren, erfolgreichen –, weil diese Details den Kernbereich des Marktdesigns betreffen. In diesem Fall warf der erste Entwurf kritische Fragen darüber auf, ob es für Teilnehmer *sicher* wäre (wie wir gesehen haben, ein entscheidender Faktor), ihre wahren Präferenzen anzugeben, wenn sie ihre Ranglisten einreichten.

Laut dem ursprünglichen Plan wurden Studenten gebeten, einzelne Facharztprogramme nach ihrer Präferenz einzustufen, während die Verantwortlichen für die Facharztweiterbildung Studenten in Gruppen einstuften: »1« war den am höchsten eingestuften Studenten entsprechend der Zahl der verfügbaren Plätze vorbehalten, »2« der Gruppe mit der zweithöchsten Präferenz und so weiter. Der vorgeschlagene Algorithmus ordnete zunächst sämtliche Facharztweiterbildungsprogramme und Studenten zu, die füreinander jeweils die erste Wahl waren (1-1-Rankings). Anschließend wurden Weiterbildungsprogramme mit Studenten ihrer zweiten Wahl »gepaart«, wenn diese Studenten das Weiterbildungsprogramm als erste Präferenz genannt hatten (2-1-Rankings), gefolgt von »Paarungen« der ersten Präferenzen von Kliniken mit den zweiten Präferenzen von Studenten (1-2-Rankings) und so weiter (2-2, 3-1, 3-2, 1-3, 2-3 …). Die Absicht scheint es gewesen zu sein, den Studenten einen Vorteil zu verschaffen, denn wenn die Präferenzen einander widersprachen, wurden die ersten Präferenzen der Studenten gegenüber den ersten Präferenzen der Kliniken vorrangig berücksichtigt.

Aber nach einem Probelauf erkannten die Studenten, dass es für sie nicht sicher war, der Clearingstelle ihre wahren Präferenzen anzuvertrauen. Ganz ähnlich wie bei den Schulwahlsystemen Jahrzehnte später in New York und Boston lief ein Student, der ein Facharztprogramm, das ihn nicht als erste Wahl listete, als seine erste Wahl angab, Gefahr, die Chance zu verpassen, wenigstens seine zweite Wahl zu bekommen (selbst wenn er die erste Wahl dieses Programms war).[1]

Der Student, dem diese Schwachstelle in dem ursprünglichen Design auffiel, war Hardy Hendren. Als er sich 1952 auf seinen Abschluss an der Harvard Medical School vorbereitete, begann die Clearingstelle gerade mit ihrer Arbeit. Jahre später erzählte er mir

diese Geschichte beim Mittagessen in Cambridge, Massachusetts –
da war er, nachdem er bis 1998 Chefarzt der Chirurgie am Boston
Children's Hospital gewesen war, bereits im Ruhestand. (Unter Kollegen hatte er den Spitznamen »Hardly Human« [Kaum noch
Mensch], weil er besonders lange und komplizierte Operationen
beherrschte.) Hardy trat während des Zweiten Weltkriegs, 1943, mit
siebzehn Jahren in die Navy ein und absolvierte eine Ausbildung
zum Piloten, bevor er ans College zurückkehrte und Medizin stu-
dierte. Wie Sie sich bei einem solchen Werdegang vorstellen können, machte er, als er seine erste Stelle als Arzt suchte, keinen Hehl
aus seinen Bedenken, die Clearingstelle könnte für Studenten nicht
risikolos sein.

Hardy war auch niemand, der auf Bürokraten wartete. So gründete er mit einer Gruppe von Mitstudenten das National Student
Internship Matching Committee, das den Widerstand gegen den
vorgeschlagenen Algorithmus organisierte. Der Ausschuss emp-
fahl, diesen durch eine andere Methode der Verarbeitung der Präferenzlisten zu ersetzen; diese wurde Boston Pool Plan genannt.
Tatsächlich wandte die Clearingstelle schließlich diesen Algorithmus an, als sie 1952 Studenten und Stellen einander zuteilte. Er
sollte sich als ein Vorbild – gleichsam ein Stamm des *Penicillium*-
Schimmelpilzes – für einige spätere Marktdesigns erweisen, darunter auch die Neugestaltung des Zuordnungsverfahrens für Ärzte
selbst, mit dem ich 1995 beauftragt wurde.

Im Jahr 1952 wurde diese alternative Clearingstelle erfolgreich
mit Hilfe von Kartensortiermaschinen betrieben (damals gab es
erst wenige Computer). Was meine ich mit »erfolgreich«? Nun,
viele Studenten und Facharztweiterbildungsprogramme reichten
1952 Ranglisten ein, und nachher unterzeichneten sie einfach die
von der Clearingstelle empfohlenen Verträge. Ich sage »empfoh-
len«, weil dies damals auf streng freiwilliger Basis erfolgte. Niemand wurde gezwungen, eine Rangliste einzureichen, und niemand, der dies tat, musste die von der Clearingstelle vorgeschlagene
Zuordnung akzeptieren. Aber schnell wurde der »Match« zu einer
festen Institution auf dem Ärzte-Jobmarkt. Er hatte über Jahre hohe

Teilnahmequoten und funktionierte problemlos, wenn man bedenkt, wie sehr der Markt versagt hatte, bevor diese Clearingstelle ihre Arbeit aufnahm.

Als ich mich mit diesen und anderen erfolgreichen Clearingstellen für Arbeitsmärkte befasste, stieß ich bald auf eines ihrer Erfolgsgeheimnisse. Es bestand darin, dass sie Ergebnisse produzierten, die *stabil* waren, in dem Sinne, dass kein Bewerber und keine Klinik, die einander *nicht* zugeordnet waren, sich gegenseitig den ihnen jeweils zugewiesenen Partnern vorzogen.

Wenn eine vorgeschlagene Zuordnung nicht stabil ist – das heißt, wenn es mindestens einen Bewerber und einen Arbeitgeber gibt, die einander nicht zugeordnet sind, es aber gern wären –, dann wird dieses unzufriedene Paar *blockierendes Paar* genannt. Eine Zuordnung wird *instabil* genannt, wenn es mindestens ein blockierendes Paar gibt, da die Mitglieder eines blockierenden Paars die vorgeschlagene instabile Zuordnung blockieren können, indem sie stattdessen eine eigene Paarung miteinander eingehen. Ein stabiles Ergebnis wie das des »Match« von 1952 hatte keine blockierenden Paare.

Es lässt sich leicht ersehen, weshalb eine Clearingstelle, die keine stabilen Zuordnungen produziert, Probleme hat, dass ihre Vorschläge umstandslos akzeptiert werden. Angenommen, ein Bewerber und ein Arbeitgeber, die einander nicht zugeordnet wurden, ziehen sich gegenseitig ihren zugewiesenen Partnern vor. Sie sind also ein blockierendes Paar. Nehmen wir also zum Beispiel an, die Clearingstelle hat eine Paarung zwischen dem Bewerber und seinem Arbeitgeber dritter Wahl vorgeschlagen und einer seiner zwei bevorzugten Arbeitgeber ziehe ihn ebenfalls einem der Bewerber vor, die ihm die Clearingstelle vorgeschlagen hat. Dieser Bewerber muss lediglich zwei Anrufe tätigen – an die beiden Arbeitgeber, denen er lieber zugeteilt würde –, um festzustellen, dass er Teil eines blockierenden Paars ist. Der Arbeitgeber, der ihn vorzieht, hat dann einen Grund, sich wenigstens teilweise über die von der Clearingstelle vorgeschlagene Zuordnung hinwegzusetzen und stattdessen diesem Bewerber eines seiner Angebote zu unterbreiten.

Wenn dies oft genug geschieht, wird der Arbeitgeber in den folgenden Jahren einige oder all seine Positionen der Clearingstelle vorenthalten, da er weiß, dass er außerhalb des Systems bessere Bewerber finden kann. (Erinnern wir uns daran, wie dies in New York geschah, als Highschool-Rektoren dem alten Schulzuordnungsverfahren freie Plätze vorenthielten.)

Wenn ein Algorithmus instabile Ergebnisse produziert, dann wird es langfristig sowohl Bewerber als auch Facharztweiterbildungsprogramme geben, die lieber einander zugeteilt werden wollen, als sich mit den Ergebnissen des »Match« abzufinden. Dies schafft Anreize für diese unzufriedenen blockierenden Paare, das Verfahren zu umgehen.

Es wird klar, dass ein stabiles Ergebnis nur von einem sehr wettbewerbsintensiven Markt zu erwarten ist, in dem jeder seine Ziele sehr hartnäckig verfolgen kann. Wenn es ein blockierendes Paar gibt – also eine Firma und einen Arbeitnehmer, die einander zugeordnet werden wollen –, was hält sie dann auf? Wenn sie nichts daran hindert, sollten wir erwarten, dass der Markt kein instabiles Ergebnis hervorbringt, da das blockierende Paar nicht damit einverstanden sein wird. Aber aus früheren Kapiteln wissen wir auch, dass viele Umstände ein solches Paar davon abhalten können, zusammenzukommen: Der Markt kann so »dünn«, so verstopft oder so unsicher sein, dass sie nicht damit klarkommen.

Natürlich ist das bislang bloße Theorie. Aber die Theorie, dass stabile Clearingstellen besser funktionieren als instabile, ist empirisch gut belegt.

So fand ich zum Beispiel Folgendes heraus: Als es auf dem britischen Markt für Assistenzärzte in den 1960er-Jahren zu immer früheren Einstellungen kam, richtete jeder Bezirk des britischen Nationalen Gesundheitsdienstes seine eigene zentrale Clearingstelle ein. Einige nutzten dazu Algorithmen, ganz ähnlich demjenigen, der ursprünglich für amerikanische Ärzte vorgeschlagen – und als unsicher für Studenten abgelehnt – worden war. Diese instabilen britischen Clearingstellen waren ein Reinfall und wurden aufgegeben, nachdem aneinander interessierte Bewerber und Kliniken –

blockierende Paare – wussten, wie man sie umgehen konnte. Dagegen hatten jene britischen Clearingstellen, die stabile Ergebnisse produzierten, Erfolg und blieben im Einsatz.[2]

Damals, im Jahr 1952, durchschauten Ökonomen all diese Zusammenhänge noch nicht, was die Einsicht von Hardy Hendren und die wegweisenden Aktivitäten seines Ausschusses umso eindrucksvoller macht. Erst zehn Jahre später haben David Gale und Lloyd Shapley in einem Artikel mit dem bemerkenswerten Titel »College-Zulassung und die Stabilität von Ehen« (1962) den Begriff der Stabilität exakt definiert.[3] Die beiden Autoren wussten nichts von dem »Match«, aber sie formulierten einen Algorithmus, der stabile Zuordnungen finden sollte. Später fand ich heraus, dass dieser äquivalent war zu jenem, den Mediziner der Clearingstelle 1952 verwendeten. Gale und Shapley nannten ihre Version *Deferred-Acceptance-Algorithmus* (Algorithmus aufgeschobener Annahme), und er wurde schließlich, im übertragenen Sinne, zum wichtigsten Stamm des Schimmelpilzes *Penicillium*, um defekte Matching-Märkte zu reparieren – nicht zuletzt, weil sie erkannten, dass er immer eine stabile Zuordnung erzeugt, zumindest auf Märkten ohne allzu viele Komplikationen, wie etwa Paare, die zwei Jobs in derselben Stadt benötigen. (Aber hier greife ich mir selbst vor.)

Lloyd Shapley war einer der Begründer der Spieltheorie. Er schrieb viele Aufsätze, die völlig neue Forschungsgebiete eröffneten, aber es war dieser spezielle Aufsatz, für den er 2012 mit dem Nobelpreis für Wirtschaftswissenschaften ausgezeichnet wurde. David Gale wäre zweifellos gemeinsam mit Lloyd und mir ausgezeichnet worden, wenn er noch gelebt hätte. Gale und Shapley waren nicht die Ersten, die den Deferred-Acceptance-Algorithmus entdeckten, aber sie waren die Letzten: Sie haben dafür gesorgt, dass er nicht mehr in Vergessenheit geriet.

Ich erkläre nachfolgend, wie er funktioniert. Dabei beschreibe ich den Algorithmus so, als ginge die Initiative von Bewerbern und Arbeitgebern aus. Man bedenke dabei allerdings, dass im Grunde ihre einzige Handlung das Einreichen ihrer Präferenzen

ist (Schritt 0) – worauf alles Weitere (ab Schritt 1) im Computer
geschieht, wobei Entscheidungen unverzüglich getroffen und mitgeteilt werden.

- Schritt 0: Bewerber und Arbeitgeber reichen ihre Präferenzen
  in Form einer Rangliste vertraulich bei einer Clearingstelle ein.
- Schritt 1: Jeder Arbeitgeber bietet seinen Bewerbern erster
  Wahl Stellen an, bis die Zahl freier Stellen ausgeschöpft ist. Jeder Bewerber prüft sämtliche Angebote, die er erhalten hat,
  nimmt *vorläufig* das Beste an (dasjenige, das auf seiner Präferenzliste am weitesten oben steht) und lehnt alle anderen ab
  (einschließlich sämtlicher Stellenangebote, die als unannehm-
  bar beurteilt und nicht in die Rangliste des Bewerbers aufgenommen wurden).

…

- Schritt n: Jeder Arbeitgeber, der ein Stellenangebot unterbreitete, das im vorhergehenden Schritt abgelehnt wurde, bietet
  diese Stelle dem Kandidaten seiner nächsten Wahl an, wenn ein
  solcher übrig bleibt. Jeder Bewerber prüft das Angebot, das er
  oder sie bereits hat, zusammen mit seinem(n) oder ihrem(n)
  neuen Angebot(en) und nimmt *vorläufig* das meistpräferierte
  (also am höchsten eingestufte) unter diesen an. Alle übrigen
  Angebote lehnt der Bewerber ab – möglicherweise einschließlich des einen, das er zunächst vorläufig angenommen hatte,
  das nun aber nicht mehr das beste Angebot ist. (Man beachte,
  dass Bewerber den Schritt des Algorithmus, in dem sie ein Angebot erhielten, außer Betracht lassen; sie prüfen nur, ob sie es
  ihren übrigen Angeboten vorziehen.)
- Der Algorithmus endet, wenn kein Angebot abgelehnt wird,
  sodass keine Firma irgendwelche weiteren Angebote machen
  will. An diesem Punkt wird jeder Bewerber – final – einem
  Arbeitgeber zugeordnet, indem er jetzt endgültig jenes Angebot annimmt, das er zuletzt vorläufig angenommen hatte. Das
  heißt, alle Annahmen werden bis zum Schluss aufgeschoben,
  wenn keine weiteren Angebote mehr erfolgen.

Gale und Shapley bewiesen etwas Erstaunliches: Die endgültige Zuordnung ist bezüglich der von den Arbeitgebern und Bewerbern eingereichten Präferenzen immer stabil, *wie auch immer diese Präferenzen aussehen mögen*. Das heißt, wenn der Algorithmus endet und jeder Bewerber das Angebot annimmt, das er oder sie nicht ablehnte (und jeder Bewerber ohne Angebot sowie sämtliche Angebote ohne Zusagen »unzugeordnet« bleiben), ist die resultierende Zuordnung stabil. Es gibt keine blockierenden Paare, das heißt keine Bewerber und Arbeitgeber, die einander nicht zugeordnet sind, aber es beide gern wären.

Woher wissen wir das?

(Bereiten Sie sich auf eine mathematische Beweisführung vor, die so einfach ist, dass sie ohne Gleichungen auskommt. Sie verlangt lediglich logisches Denken, und sie hat mit dazu beigetragen, einen Nobelpreis zu gewinnen.)

Angenommen, ein Bewerber, nennen wir ihn Dr. Arrowsmith (A), und ein Arbeitgeber, zum Beispiel das Pädiatrie-Facharztprogramm am Massachusetts General Hospital (P), sind einander nicht zugeordnet. Woher wissen wir, dass sie es nicht beide gern wären?

Der Schlüssel ist hier das Wort »beide«. Es mag sein, dass A, der einem Facharztprogramm an der Rouncefield Clinic (R) zugeordnet ist, lieber von P beschäftigt werden würde (er hat auf seiner Präferenzliste P vor R eingestuft). Aber in diesem Fall muss es so sein, dass ihm P während der Laufzeit des Algorithmus zu keinem Zeitpunkt eine Stelle anbot, denn wenn P das getan hätte, hätte A das Angebot von R abgelehnt, was er nicht tat, denn er wurde schließlich R zugeteilt. Weshalb hat P nun A keine Stelle angeboten? Weil P all seine Stellen an Bewerber vergab, denen P Angebote machte, bevor es A eine Stelle anbieten wollte. Das heißt, P vergab all seine Stellen an Bewerber, die es A vorzog. Wenn es A also lieber wäre, P zugeordnet zu werden, muss es so sein, dass P diese Vorliebe nicht erwidert. (Diese Beweisführung ist nicht schwer zu verstehen, aber dies ist echte Mathematik, die uns etwas begreifen lässt, das nicht selbstverständlich ist.)[4]

Damit haben wir die Beweisführung, die der erstaunlichen Beobachtung von Gale und Shapley zugrunde liegt, nachvollzogen. Wir haben gezeigt, dass bei jedem Arzt, der ein anderes Programm vorzieht als jenes, dem er zugeteilt wurde, das Programm seine Präferenzen nicht teilt. (Das ist äquivalent mit dem Beweis, dass für jedes Programm, das einen Arzt einem der Ärzte vorzieht, die ihm zugeteilt wurden, der betreffende Arzt diese Präferenz nicht erwidert.) Diese beiden Tatsachen beweisen, dass die Zuordnung stabil ist; sie hat keine blockierenden Paare.

Dieses bedeutende Bündel einfacher Ideen – ein Modell stabiler Zuordnung, der Deferred-Acceptance-Algorithmus und der Beweis, dass er für alle Präferenzen eine stabile Zuordnung produziert – wurde 2012 in Stockholm mit lauter Fanfare – buchstäblich Fanfaren aus echten Trompeten – ausgezeichnet.[5]

DER »MATCH« WAR als Marktplatz erfolgreich, weil er die Probleme löste, an denen frühere Methoden der Marktorganisation gescheitert waren. Er war für Studenten und Krankenhäuser so attraktiv, dass er für eine hinreichende Marktdichte sorgte, und er verhinderte die Tendenz zu verfrühten Transaktionen, da es sich lohnte, abzuwarten. Er war auch nicht »verstopft«, da er Entscheidungen im Voraus verlangte und ein Verfahren in Gang setzte, das dafür sorgte, dass das Ergebnis all dieser Entscheidungen schnell gefunden wurde.[6] Und er machte es für Ärzte sicher, ihre wahren Präferenzen offenzulegen (diesen Punkt werde ich im nächsten Kapitel ausführlich erläutern).

Paare

DER »MATCH« FÜR ÄRZTE funktionierte jahrzehntelang reibungslos. Aber es traten Probleme auf, als Frauen in größerer Zahl Medizin zu studieren begannen.

Medizinstudenten haben ziemlich viel zu tun, trotzdem gibt es eine Sache, die sie neben ihrem Studium noch recht gut unterbringen: ihre Mitstudenten zu umschwärmen. Beginnend in den 1970er-Jahren tauchten verheiratete Paare im »Match« auf, und diese Paare suchten nicht nach einer Assistenzarztstelle, sondern nach zweien, die so nahe beieinander liegen sollten, dass sie weiterhin zusammenleben konnten. Dies stellte den »Match« vor ein ganz neues Problem, da diese Paare manchmal die vom »Match« vorgeschlagenen Angebote ablehnten. Schon bald wollten einige Paare überhaupt nicht mehr am »Match« teilnehmen, sondern lieber direkt mit Krankenhäusern kommunizieren, die sie vielleicht einstellen würden.

Wenn sie dies taten, fanden Paare manchmal Krankenhäuser, die lieber sie beschäftigten, als diejenigen einzustellen, die ihnen zugeordnet worden waren. Dass sich eine kleine Zahl von Paaren seine ersten Stellen außerhalb des »Match« organisierte, führte schon bald dazu, dass dieses lange Zeit erfolgreiche System auch für einzelne Studenten (die manchmal feststellen mussten, dass die Krankenhäuser, denen sie zugeordnet worden waren, sie nicht einstellten) und für Facharztprogramme (die bemerkten, dass gute Bewerber auch vor oder nach dem »Match« verfügbar waren) nicht mehr so gut funktionierte.

Die ärztlichen Administratoren, die für den »Match« zuständig waren, versuchten ihr Marktdesign so zu verändern, dass es den Bedürfnissen von Paaren besser gerecht wurde. In den 1970er-Jahren führte dies dazu, dass sich jeder Teil eines Paares zunächst vom Dekan seiner medizinischen Fakultät bescheinigen lassen musste, dass es ein »legitimes« Paar war, ehe das Paar anschließend einen von beiden als »federführend« benennen musste. Daraufhin reichten beide jeweils eine Rangliste ihrer Stellenpräferenzen ein, als wäre er oder sie Single, doch »der Federführende« durchlief das »Match«-Verfahren als Erster. Nachdem er oder sie einer Stelle zugeordnet worden war, wurde die Präferenzliste des anderen so bearbeitet, dass sie nur Stellen in derselben Stadt enthielt.

Auch wenn dieses Verfahren zwei Stellen in derselben Stadt generierte, haben Paare manchmal diese Stellen nicht angenommen. Stattdessen telefonierten sie herum, um Jobs zu finden, die ihnen mehr zusagten, oftmals mit Erfolg. Wie kommt das? Ich glaube, dies belegt nur, was ich »das eherne Gesetz der Ehe« nenne: *Du kannst nicht glücklicher sein als dein Ehepartner.*

Wie kommt das hier zum Tragen? Angenommen, ein junges Paar bekommt zwei Stellen in Boston, eine davon ist begehrt, die andere wiederum nicht. Das eherne Gesetz besagt: Es wäre besser gewesen, das Paar hätte herumtelefoniert, um zwei gute Stellen an einem anderen Ort zu finden.

Aber wenn der »Match« weiterhin stabile Zuordnungen produzieren würde, könnten Paare keine von ihnen bevorzugten Stellen bei Arbeitgebern finden, die sie ebenfalls präferierten. Doch das taten sie – und das zeigt uns, dass sich der Markt für frischgebackene Ärzte in grundlegender Weise veränderte, als nämlich Bewerberpaare begannen, nach zwei Stellen zu suchen, die nah beieinanderlagen. Die Stabilität des »Match« brachte ein Ergebnis hervor, das zwar sicherstellte, dass ein Arzt und eine Stelle, die einander nicht zugeordnet wurden, nicht beide einander vorzogen, aber er konnte kein vergleichbares Ergebnis für zwei Ärzte und zwei Stellen generieren, wenn diese beiden Ärzte ein Paar waren. Der Grund dafür war das eherne Gesetz: Paare sind nicht zu vergleichen mit zwei Arbeitssuchenden, die sich nicht kennen; jeder Teil eines Paars interessiert sich nicht nur für die Stelle, die er oder sie selbst bekommt, sondern auch für die Stelle, die die Partnerin oder der Partner bekommt.

Es zeigt sich, dass die Clearingstelle kein Ergebnis produzieren konnte, das auch im Hinblick auf Paare und Stellen stabil war, wenn sie diesen Paaren nicht erlaubte, ihre Präferenzen für *Stellenpaare* auszudrücken. Aber das ist sogar noch komplizierter, als es sich anhört. Als ich diesen Markt erstmals in den 1980er-Jahren erforschte, konnte ich unter anderem zeigen, dass selbst wenn man Paaren erlaubt, ihre Präferenzen für Stellenpaare anzugeben, für manche Präferenzen *keine stabile Paarung* existiert. Ich führte diesen Nachweis dadurch, dass ich ein *Gegenbeispiel* vorlegte, für das keine Zuordnung von Bewerbern zu Arbeitgebern stabil war.[7]

Es wurde deutlich, dass, wenn Paare im Spiel sind (anders als im simplen Markt der 1950er-Jahre oder dem einfachen Modell von Gale und Shapley aus dem Jahre 1962), die Marktgestaltung ein schwieriges Problem ist. Und es gewann in dem Maße an Bedeutung, wie der Prozentsatz der Frauen, die Medizin studierten, zunahm. (Heute sind 50 Prozent der Medizinstudenten in den USA Frauen.) Vielleicht ist das der Grund, weshalb ich mich noch so deutlich an jenen Anruf in meinem Büro 1995 erinnere, der mein Berufsleben verändern sollte. Der Anruf kam von Bob Beran, dem geschäftsführenden Direktor des National Resident Matching Program, wie der »Match« mittlerweile genannt wurde. Der »Match« steckte in der Krise, aus vielen Gründen – nicht nur wegen der Frage, wie man mit Paaren verfahren sollte –, und Beran fragte mich, ob ich bereit wäre, das Verfahren neu zu gestalten.

Als mir aufging, worum er mich da bat, war meine erste Reaktion: Warum ich? Natürlich wusste ich, warum er mich angerufen hatte: Ich hatte den »Match« und stabile Zuordnungen erforscht und nachgewiesen, dass Stabilität für den Erfolg einer Clearingstelle wichtig war. Ich hatte 1990 zusammen mit meiner Freundin Marilda Sotomayor sogar ein weithin positiv aufgenommenes Buch über Matching geschrieben.[8] Aber ich wusste auch, dass das Einzige in unserem Buch, was direkt mit der Umgestaltung des »Match« im Zusammenhang stand, die Gegenbeispiele waren – etwa jenes über Paare –, die deutlich machten, wie schwierig es war, das Zuordnungsverfahren des »Match« zu verbessern. Ich wusste auch, dass die einfachen mathematischen Schlussfolgerungen für unkomplizierte Märkte, wie sie etwa Gale und Shapley formuliert hatten, im Allgemeinen nicht zutrafen, wenn Paare im Markt waren. Ich würde Neuland betreten.

Deshalb änderte dieser Anruf mein Berufsleben. Bis zu dem Zeitpunkt, an dem ich mich einverstanden erklärte, den »Match« neu zu gestalten, war der größte Teil meiner Arbeit theoretischer Natur gewesen. Und als Theoretiker genügte es für mich, darauf hinzuweisen, dass die passgenaue Zuordnung von Paaren (zu Jobs) ein schwieriges Problem war. Jetzt war es *mein* Problem.

Es gab etwa tausend Personen, die sich in jenem Jahr als Paare beim »Match« anmeldeten (also etwa fünfhundert Paare – heute sind es fast doppelt so viele). Und ich hatte die Aufgabe, eine elegante Methode zu finden, ihnen die gewünschten Stellenpaare zu verschaffen, und darüber hinaus allen anderen Medizin-Absolventen und weiteren Bewerbern ihre bevorzugten Jobs. Ich war also nicht mehr nur ein Wissenschaftler, dessen Verantwortung sich darauf beschränkte, besser zu verstehen, warum ökonomische Prozesse funktionierten oder versagten. Jetzt musste ich auch, wieder einmal, zu einem Ingenieur, einem Marktdesigner werden, der dafür sorgte, dass die Dinge besser funktionierten.[9]

Soweit ich mich entsinne, stellte ich nur eine einzige wichtige Bedingung für die Übernahme dieses Auftrags: Ich wollte mit Elliott Peranson zusammenarbeiten, der den »Match« seit Jahren in technischen Fragen unterstützte. Er ist als außergewöhnlicher und praxiserfahrener Marktdesigner Autodidakt. Er war mehr oder minder zufällig an diesen Job gekommen, als er für eine Beratungsgesellschaft arbeitete, die den Auftrag an Land zog, am »Match« zu arbeiten. (In den Jahren nach diesem ersten Auftrag gründete Elliott seine eigene Firma, die half, viele andere Clearingstellen für Arbeitsmärkte zu organisieren.)

Im Lauf der Jahre trug Elliott dazu bei, die Regeln des »Match« zu optimieren, als neue Probleme auftraten und sich die Organisation des Medizinstudiums änderte. Ich wusste, dass er bestens darüber Bescheid wusste, was bei früheren Versuchen funktioniert hatte und was nicht. Tatsächlich war es Elliott, der geholfen hatte, das ursprüngliche Kartensortier-Verfahren des »Match« durch ein computerbasiertes Verfahren zu ersetzen.

Elliott spielte eine Rolle, die jedes Mal, wenn ich mitgeholfen habe, einen komplexen Markt erfolgreich zu gestalten, von zentraler Bedeutung war: Er war der Experte. Als ein Ökonom, der an einen neuen Markt herangeht, bin ich eine Art Generalist, vergleichbar einem erfahrenen Bergsteiger, der sich einem unbekannten Berg nähert. Selbst wenn ich den Markt aus der Ferne studiert habe, gibt es Details, die ich noch lernen muss, weil es beim Marktdesign auf Details ankommt. In Kapitel 3 habe ich bereits beschrieben, dass Frank Delmonico und Mike Rees zuerst unsere Anführer und später unsere Meister bei der Gestaltung von Nieren-Tauschbörsen waren. Aber Elliott war mein erster Partner beim Design eines Marktes.[10]

Im Lauf des folgenden Jahres tüftelten wir gemeinsam aus, wie man nicht nur einzelne Bewerber und Paare, sondern auch eine Reihe anderer »Zuordnungsvarianten« bewältigen konnte, die von dem Deferred-Acceptance-Algorithmus in seiner einfachsten Form nicht elegant verarbeitet wurden. (Einige Single-Mediziner benötigten ebenfalls zwei Stellen für die Fachgebiete, auf die sie sich spezialisieren wollten, und einige Krankenhäuser brauchten Flexibilität, um Stellen zwischen verschiedenen Facharztprogrammen verschieben zu können.)

Wir wussten, dass wir, wenn möglich, stabile Zuordnungen generieren mussten. Wir wussten auch, dass jeder akzeptable Algorithmus, der Paare optimal zuweisen könnte, nicht genauso aussehen würde wie der Deferred-Acceptance-Algorithmus; er musste auch »blockierende Paare« (bestehend aus Medizinerpaaren und Kliniken) aufspüren und »reparieren«.

Wir entwickelten schließlich einen hybriden Algorithmus, den sogenannten Roth-Peranson-Algorithmus.[11] Er findet eine vorläufige Zuordnung von Ärzten zu Facharztprogrammen, indem er mit einem Deferred-Acceptance-Algorithmus beginnt, der ein Ergebnis produziert, das einige blockierende Paare enthält. Dann versucht er diese nacheinander zu beheben.

Aus Gründen, auf die ich noch zurückkommen werde, wenn ich über Clearingstellen für die Schulwahl spreche, kehrten Elliott und ich den gerade beschriebenen Deferred-Acceptance-Algorithmus um und benutzten einen, bei dem sich die Bewerber um Stellen bewerben, beginnend mit ihrer liebsten Stelle, anstatt dass Arbeitgeber Stellen anbieten (wobei sie mit ihren am höchsten favorisierten Bewerbern beginnen).

Ungeachtet all dieser Tüftelei an Algorithmen wussten wir, dass wir kein stabiles Ergebnis finden könnten, wenn keines existierte.

Aber zu unserer freudigen Überraschung stellten wir bei der Analyse der Daten fest, dass es tatsächlich fast immer möglich war, eine stabile Zuordnung zu finden. Und dies galt, obwohl Paare im Markt waren, die jetzt Listen einreichten, auf denen Stellenpaare in der Rangfolge der Präferenz verzeichnet waren, auf die sich das Paar verständigt hatte.

Heute verwenden Dutzende von Arbeitsmarkt-Clearingstellen unseren Algorithmus, um Paaren bei der gemeinsamen Stellensuche zu helfen, und es ist praktisch nie der Fall, dass kein stabiles Ergebnis gefunden werden kann. Dies erwies sich als ein klassischer Fall, bei dem eine technische Lösung dem wissenschaftlichen Verständnis vorausging. Tatsächlich haben meine Kollegen Fuhito Kojima, Parag Pathak, Itai Ashlagi und andere erst unlängst dargelegt, warum wir erwarten können, dass in großen Märkten ohne allzu viele Paare meistens stabile Zuordnungen existieren.[12]

Die Tatsache, dass der »Match« Hunderttausenden von Ärzten, unter ihnen Zehntausenden von Paaren, helfen konnte, Stellen bei Tausenden von Facharztprogrammen zu finden, ist ein Beweis für die Flexibilität von Märkten als Instrument zur Koordinierung komplexer menschlicher Vorgehensweisen. Obwohl sich das Medizinstudium und der Arbeitsmarkt gewandelt haben und immer mehr Paare berufstätig sind, konnte das grundlegende Design des »Match« so angepasst werden, dass er ein Marktplatz geblieben ist, der viele Teilnehmer anlockt.

Aber die gleichen Dinge, die zur freiwilligen Teilnahme an Märkten verlocken, begrenzen zugleich das, was Märkte leisten können.

Zentralisierte Marktplätze im Unterschied zu zentraler Planung

ALS ICH DIE NEUGESTALTUNG des »Match« in Angriff nahm, hofften einige der Administratoren, ich könnte ihnen bei einer Art zentralen Planung helfen. Ein Problem des amerikanischen

Gesundheitswesens ist die Tatsache, dass es für ländliche Krankenhäuser von jeher schwierig gewesen ist, junge Assistenzärzte (für
die Facharztweiterbildung) anzuwerben. Diese ziehen große städtische Krankenhäuser vor, wo sie ihr Fach erlernen können, indem
sie bei der Behandlung eines großen Patientenpools mit unterschiedlichen Krankheiten helfen, wobei sie die neuesten Geräte zur
Diagnose und Behandlung einsetzen.

Eine Frage, die man mir stellte, lautete: Könnte ich irgendwie
den »Match« so optimieren, dass er mehr Assistenzärzte ländlichen
Krankenhäusern zuweist, die traditionell nicht all ihre freien Stellen
besetzen können?

Lange bevor man mit der Bitte an mich herantrat, den »Match«
neu zu gestalten, als ich nämlich ein mathematisches Ergebnis bewies, das heute als Rural Hospitals Theorem (Theorem über ländliche Krankenhäuser) bezeichnet wird, hatte ich herausgefunden,
dass die Antwort auf diese Frage *Nein* ist.[13] Es zeigt sich, dass ein
Krankenhaus, wenn es nicht all seine Stellen mit einem stabilen Ergebnis vergibt, bei jedem stabilen Ergebnis genau die gleiche Anzahl
von Ärzten bekommt. Solange der »Match« also als ein Wettbe-
werbsmarkt funktionieren musste, in dem sich Studenten und Facharztprogramme frei miteinander »paaren« konnten, wenn beide es
wollten – das heißt, solange der »Match« ein stabiles Ergebnis produzieren musste –, konnten wir nicht mehr Ärzte an ländliche Krankenhäuser schicken, als dorthin gehen wollten. Andernfalls gäbe es
einen Arzt an einem ländlichen Krankenhaus, der Teil eines blockierenden Paars mit einem anderen Krankenhaus war, das er vorzog,
und ein Markt könnte nicht dafür sorgen, ihn dort zu halten.

Assistenzärzte werden bezahlt, und die Höhe ihres Gehalts ist
ein Faktor, der die Begehrtheit von Stellen, wie sie sich in ihren
Präferenzen widerspiegelt, bestimmt. Aber Gehälter sind bei wei-
tem nicht der wichtigste Bestimmungsfaktor der Begehrtheit dieser
ersten Stellen, die ja einen großen Einfluss auf die zukünftige Karriere eines Arztes haben. Aus diesem Grund bekommen ländliche
Krankenhäuser nicht dadurch mehr Assistenzärzte, dass sie diese
besser bezahlen. Es ist für sie billiger, ältere Ärzte anzulocken, de-

ren Karriere weiter fortgeschritten ist: Auch wenn sie diese Ärzte
besser bezahlen müssen als Assistenzärzte, können diese eigenver-
antwortlicher arbeiten und brauchen keine Supervision durch er-
fahrenere Ärzte – und zudem erwarten sie keine breit angelegte
Ausbildung als Teil ihre Vergütung.

Bildung

IM NÄCHSTEN KAPITEL, das dem Bildungssystem gewidmet ist,
werden wir uns der Frage zuwenden, wie man Schulwahlsysteme
so gestalten kann, dass sie Kinder jenen öffentlichen Schulen zuweisen, die von ihren Familien für sie präferiert werden. Auch
für dieses Problem haben meine Kollegen und ich mitgeholfen,
computerbasierte Clearingstellen auf der Grundlage des Deferred-
Acceptance-Algorithmus zu entwerfen. Familien konnten dadurch
risikolos ihre wahren Präferenzen bezüglich der Schulen für ihre
Kinder offenlegen. Dies liefert dann auch eine vollständige Erklärung dafür, weshalb der »Match« für Ärzte so gut funktioniert;
er schafft nicht nur einen dichten Markt und vermeidet »Verstopfung«, sondern er macht es für Ärzte auch sicher, ihre wahren
Stellenpräferenzen offenzulegen.

Öffentliche Schulen sind ein Matching-Markt, in dem Preise
keinerlei Einfluss auf die Entscheidung haben, welche Kinder an
welchen Schulen zugelassen werden. In dieser Hinsicht unterscheiden sich öffentliche Schulen von Privatschulen: Wir lassen Eltern
nicht um freie Plätze in öffentlichen Schulen konkurrieren, indem
wir ihnen anbieten, mehr für den Platz zu bezahlen (als andere),
und öffentliche Schulen können auch nicht mit anderen öffentlichen Schulen um Kinder konkurrieren, indem sie ihnen Rabatte
anbieten (denn sie sind alle kostenlos). Aber wir können einige der
Vorteile von Märkten bei der Wahl öffentlicher Schulen nutzen,
indem wir es zulassen, dass Präferenzen von Familien eine Rolle
spielen, so wie Präferenzen von Medizinstudenten und Facharztprogrammen den Markt für neue Ärzte antreiben.

Es ist äußerst wichtig, dass dieser Prozess gut funktioniert. Eine Demokratie, die Bildung sowohl kostenlos als auch verpflichtend macht, hat eine immense gesamtgesellschaftliche Verantwortung, ihren jüngsten Bürgern eine qualitativ hochwertige Bildung anzubieten. Das lässt sich nur schwer erreichen, und der Grad des Bildungserfolgs bestimmt in hohem Maße den gesamten weiteren Lebensweg eines Menschen. Eltern ein Mitspracherecht bezüglich der Frage einzuräumen, welche Schulen ihre Kinder besuchen werden, ist Teil des Bemühens, Kinder mit unterschiedlichen Bedürfnissen verfügbaren Schulen zuzuordnen, die verschiedene Stärken haben. So wie der Matching-Markt für Ärzte in der Facharztweiterbildung eine wichtige Weichenstellung im Berufsleben eines Arztes bedeutet, so haben Märkte für Schulen einen großen Einfluss auf die Zukunft von Kindern.

9. Zurück auf die Schulbank

DER ANRUF, den ich 2003 von der Schulbehörde von New York City erhielt, entsprach in vielerlei Hinsicht dem Anruf von 1995, in dem man mich bat, den »Match« für Ärzte neu zu gestalten. Und tatsächlich war es der Erfolg der Neugestaltung des »Match«, der Jeremy Lack an mich denken ließ, als er die Mängel des Schulwahlsystems von New York City beheben sollte. Seine Intuition sollte ihn nicht trügen: Heute profitieren Schüler in New York, die die Highschool besuchen möchten, von einem Auswahlverfahren, das auf den gleichen allgemeinen Prinzipien basiert wie der »Match« der Ärzte.

Erinnern wir uns (aus Kapitel 6) an die Probleme, die New York hatte und die Parag Pathak, Atila Abdulkadiroğlu und ich uns näher ansahen. Die Stadt hatte ein völlig überlastetes Wahlsystem auf Papierbasis, in dem sämtliche Informationen per Post ausgetauscht wurden.

Schüler konnten nicht einmal risikolos ihre wahren Präferenzen offenlegen, da einige Schulen nur jene Schüler zuließen, die die Schule als ihre erste Wahl auflisteten, und Highschool-Rektoren enthielten dem System freie Plätze vor, um sie später an bevorzugte Schüler zu vergeben. Viele Schüler verschafften sich also außerhalb des offiziellen Systems Zugang zu ihren favorisierten Schulen. Die Unzulänglichkeiten des Systems hatten die Entstehung einer Art Schwarzmarkt gefördert, was ein deutliches Symptom für sein Versagen war. Aber das drängendste Problem war die riesige Gruppe von 30 000 Schülern, die keiner der von ihnen ausgewählten Schule zugewiesen werden konnten und die in letzter Minute auf administrativem Wege zugeteilt werden mussten.

Bevor wir Ökonomen einen Rat geben konnten, mussten wir zuerst einmal einiges über die verschiedenen Highschools und Schüler von New York in Erfahrung bringen. Schon bald fanden wir bestätigt, was wir bereits gehört hatten: Viele Schulen waren *überfüllt*, und dies sorgte dafür, dass die begehrtesten Plätze heiß umkämpft waren. Insgesamt gab es aber ungefähr genauso viele Schüler wie Schulplätze.

Weshalb gab es dann 30 000 Schüler, die keine Angebote erhielten? Ein Grund war, dass nicht weniger als 17 000 Schüler mehrere Angebote bekamen und Zeit brauchten, um ihre Entscheidungen zu treffen und diese dann mitzuteilen. Diese Mehrfach-Angebote verklebten und verstopften das System. Der naheliegende erste Schritt bestand also darin, dafür zu sorgen, dass jeder Schüler nur ein Angebot erhält.

Aber bevor wir dies empfahlen, wollten wir verstehen, was im Rahmen des alten Systems geschah, wenn Kinder mehrere Angebote erhielten. (Wir wurden auch von der Sorge umgetrieben, dass man uns als die Ökonomen in Erinnerung behalten würde, die die letzten Mittelschicht-Schüler aus den öffentlichen Highschools von New York verjagt hatten.) Wir fanden heraus, dass die überwiegende Mehrzahl der Schüler, die von mehr als einer Schule angenommen wurden, das Angebot jener Schule annahmen, die sie zuvor als ihre erste Wahl angegeben hatten. Daraus folgerten wir, dass diese Schüler keinen großen Nachteil erleiden würden, wenn sie lediglich das Angebot dieser Schule erhielten. Und schon diese geringfügige Änderung würde Angebote für andere Schüler verfügbar machen.

Außerdem gelangten wir zu dem Schluss, dass ein »strategiesicheres« System mit nur einem Angebot – also eines, das allen Schülern und Eltern erlaubte, risikofrei Schulen in der Reihenfolge ihrer Präferenz aufzulisten – auch für jene Schüler von Vorteil wäre, die unter dem alten System mehrere Angebote erhalten hätten. Warum? Weil es ihnen erlauben würde, ohne Risiko Schulen anzugeben, die sie nur mit geringer Wahrscheinlichkeit aufnehmen würden – ohne zugleich die Chance zu verlieren, von einer anderen Schule, die sie in Erwägung ziehen, zugelassen zu werden.

Schließlich erkannten wir, dass das neue System nur dann gut funktionieren würde, wenn es Rektoren dazu brachte, *all* ihre freien Plätze zu melden und keine zurückzuhalten. Durch das Zurückhalten von Plätzen hatten Rektoren Schüler aufnehmen können, die sie jenen vorzogen, die ihnen durch das zentralisierte Verfahren zugewiesen worden wären. Idealerweise würde ein neues System den Rektoren aber die Gewissheit geben, dass ihnen die Schüler, die ihnen durch das zentralisierte Verfahren zugewiesen werden, mindestens genauso lieb wären wie diejenigen, für die sie die Plätze ansonsten zurückgehalten hätten.

Aus diesem Grund haben wir schließlich eine computergestützte Clearingstelle auf der Basis des Deferred-Acceptance-Algorithmus vorgeschlagen – also des gleichen grundlegenden Algorithmus, mit dem der »Match« für Ärzte arbeitet.[14] Wir waren überzeugt davon, dass dieser die Probleme von New York City weitgehend bewältigen könnte, insbesondere dann, wenn er mit Schülern, die sich bei Schulen bewerben (und nicht mit Schulen, die Angebote an Schüler machen), organisiert würde.

Die Schüler reichen bei der neuen Clearingstelle eine Rangliste ihrer präferierten Schulen ein, und die Schulen stellen eine Rangliste ihrer am meisten favorisierten Schüler auf (nun allerdings ohne die Listen der Schüler zu sehen). Der erste Schritt des neuen Schulwahlalgorithmus beginnt mit Schülern, die sich an ihrer Schule erster Wahl bewerben. Schulen lehnen die Bewerber ab, die ihre Kapazität an freien Plätzen übersteigen, und sie berücksichtigen nur die Bewerbungen der von ihnen am höchsten eingestuften Schüler. Anschließend bewerben sich abgelehnte Schüler bei den Schulen ihrer zweiten Wahl und so weiter, wobei die Schulen bei jedem Schritt die Bewerbungen der am höchsten eingestuften Bewerber, für die sie freie Kapazitäten haben, in der Schwebe halten. Alle Annahmen werden so lange aufgeschoben, bis es keine Ablehnungen mehr gibt; jetzt nimmt jede Schule die Schüler an, deren Bewerbungen sie in der Schwebe gehalten hat.

Vergleichen wir nun das alte Wahlsystem mit diesem neuen. Nehmen wir zwei fiktive Brüder, Amos und Zach. Amos bewarb

sich im Jahr 2003, dem letzten Jahr des alten Systems, bei einer
Highschool, während Zach sich für das Jahr 2004 bewarb, das erste
Jahr, in dem das neue System zum Einsatz kam.

Amos' erste Wahl war Townsend Harris in Queens, eine High-
school mit strenger Auslese, die im Rahmen des alten Systems nur
Bewerber berücksichtigte, die sie als ihre erste Wahl anführten.
Amos' zweite Wahl war eine weitere selektive Schule, die in der
Nähe des Büros seiner Mutter gelegene Beacon School in Manhat-
tan, die ebenfalls nur Schüler, die sie an erster Stelle listeten, in
Betracht zog. Seine dritte Wahl war Cardozo unweit seines Elternhauses in Queens. Seine vierte Wahl war Forest Hills, ebenfalls in
Queens. Amos sah ein, dass er eine Option vergeudete, wenn er
sich sowohl bei Townsend Harris als auch bei Beacon bewarb, denn
ganz gleich, welche der beiden Schulen er nicht als erste Wahl anführte, sie würde seine Bewerbung nicht einmal in Betracht ziehen.
Also listete er Townsend Harris an erster Stelle, Cardozo an zweiter
und Forest Hills an dritter. Während Townsend Harris ihn knapp
ablehnte, wurde er von Cardozo zugelassen, seiner dritten Wahl,
die er an zweiter Stelle auflistete. Weil er gute Noten hatte, blieben
ihm die Angst und Ungewissheit erspart, bis in den Sommer hinein
auf eine Warteliste gesetzt zu werden.

Zach, der sich im nächsten Jahr bewarb, wusste, dass die Schulen nicht sahen, wie er sie eingestuft hatte, und ihn daher nicht
dafür bestrafen konnten, dass er sie nicht als erste Wahl listete. Daher führte er seine Wahlen in der wahren Rangordnung seiner Präferenzen an, die dieselben waren wie die seines Bruders: Townsend
Harris, Beacon, Cardozo und Forest Hills. (Nur um sicherzustellen,
dass er irgendwo zugelassen würde, listete er eine Menge weiterer
Schulen auf, obgleich er sich mit seinen guten Noten keine allzu
großen Sorgen machte.) Townsend Harris erhielt abermals viel
mehr Bewerbungen, als es freie Plätze hatte, und wie Amos schaffte
es auch Zach ganz knapp nicht. Beim nächsten Schritt des neuen
Algorithmus bewarb er sich also automatisch bei Beacon.

Beacon war ebenfalls eine sehr beliebte Schule, die im Rahmen
des alten Systems für ihre 150 Plätze etwa 1300 Bewerbungen erhal-

ten hatte. Auch im ersten Schritt des neuen Deferred-Acceptance-Algorithmus lehnte sie daher bis auf ihre 150 Top-Bewerber alle ab. Da die Annahme jetzt jedoch aufgeschoben wurde, nahm Beacon die Schüler, die sich in Schritt 1 bewarben, noch nicht an. Als sich Zach (in Schritt 2) bewarb, verglich sie ihn mit den 150 Schülern, die in Schritt 1 nicht abgelehnt worden waren, und allen anderen, die sich mit ihm in Schritt 2 bewarben, bewertete sie alle und lehnte alle bis auf die 150 Besten dieser neuen Gruppe ab.

Zach wurde weder im zweiten Schritt noch in einem der folgenden Schritte abgelehnt. Und als der Algorithmus zum Abschluss kam, wurde er von Beacon angenommen. Anders als sein Bruder konnte er seine wahren Präferenzen unbesorgt auflisten und dabei Beacon an zweite Stelle setzen. Das beeinträchtigte in keiner Weise seine dortigen Zulassungschancen, nachdem er von Townsend Harris abgelehnt worden war.

Wenn Schüler so viele Alternativen, wie sie wollen, anführen dürfen, erlaubt ihnen der Deferred-Acceptance-Algorithmus, risikolos Schulen gemäß ihrer wahren Präferenzordnung aufzulisten. Sie verlieren einen Platz nicht, nur weil sich jemand anders zu einem früheren Zeitpunkt des Algorithmus-Verfahrens beworben hat. Dies funktioniert, weil *ein Schüler selbst dann, wenn er von seiner Schule erster Wahl nicht angenommen wird, mit genau der gleichen Wahrscheinlichkeit von seiner Schule zweiter Wahl zugelassen wird, wie wenn er diese an erste Stelle gesetzt hätte.*

Das Gleiche gilt für sämtliche Alternativen; ein Schüler, der von keiner seiner sieben meistbevorzugten Schulen eine Zusage erhält, hat genau die gleichen Chancen, von seiner achten Wahl angenommen zu werden, wie wenn er diese Schule an die erste Stelle gesetzt hätte. Solange Schüler so viele Schulen, wie sie wollen, einstufen können, ist die einfachste Strategie zugleich ihre beste: Schulen in der Reihenfolge ihrer Vorliebe aufzulisten.

Aus diesem Grund haben Elliott Peranson und ich den »Match«-Algorithmus für Ärzte gewissermaßen auf den Kopf gestellt, sodass sich Studenten um Stellen bewerben und Facharztprogramme diese Bewerbungen entweder annehmen oder ablehnen, statt andersherum. Auf diese Weise konnten wir den Studenten zusichern, dass sie der Clearingstelle bedenkenlos ihre wahren Präferenzen mitteilen konnten. (Es zeigt sich, dass auch Facharztprogramme und Schulen ihre Präferenzen ziemlich risikolos wahrheitsgemäß offenlegen können, aber das ist eine andere Sache, die mathematisch mit der Tatsache zusammenhängt, dass die meisten Menschen in jeder stabilen Zuordnung dieselben Partner erhalten.)

Bei der Schulwahl ist die Tatsache, dass der Deferred-Acceptance-Algorithmus ein stabiles Ergebnis produziert (eines ohne blockierende Paare), auch für die Schulrektoren von Vorteil. Um zu verstehen, wieso das so ist, wollen wir uns ausmalen, was womöglich geschehen wäre, wenn Zach nach Abschluss des Algorithmus versuchte hätte, alles daran zu setzen, um doch noch von Townsend Harris aufgenommen zu werden. Hätte es etwas gebracht, wenn seine Eltern bei der Schule vorbeigeschaut und den Rektor angefleht hätten? Vermutlich nicht, denn so wie Zach eine Schule derjenigen vorzog, der er zugeordnet wurde, so zog die Schule jeden Schüler, den sie letztlich zuließ, Zach vor. Woher wissen wir das? Wenn Zach seiner Schule zweiter Wahl zugeordnet wurde, hatte er sich zuvor bereits bei seiner ersten Wahl beworben, und war abgelehnt worden, nachdem diese all ihre Plätze an Schüler, die sie präferierte, vergeben hatte. Aus diesem Grund lehnte sie seine Bewerbung ab.

Nehmen wir nun in gleicher Weise an, eine Rektorin habe am Ende des Zuteilungsverfahrens viele Schüler, die sie gerne aufgenommen hätte, nicht bekommen. Sollte sie hoffen, dass deren Eltern vorbeischauen, um zu fragen, ob sich ihre Kinder doch noch anmelden könnten? Nein. Denn wenn sich diese Schüler während des Algorithmus-Verfahrens beworben hätten, wären ihre Bewerbungen angenommen worden, weil die Schule ihnen eine hohe Präferenz gab. Die Tatsache, dass sie von anderen Schulen ausgewählt wurden, bedeutet, dass sie sich nicht beworben hatten, als der Algorithmus zum Abschluss kam. Der Grund dafür war, dass sie von Schulen angenommen worden waren, die ihnen besser gefielen und bei denen sie sich früher beworben hatten.

Wenn der Algorithmus daher zum Abschluss kommt, gibt es keinen Schüler und keine Schule, die einander nicht zugeordnet sind, es jedoch *beide* gern wären. Zum Beispiel gefiel Zach Cardozo, aber nicht so gut wie Beacon, wo er angenommen wurde – also würde er sich hinterher nicht mehr bei Cardozo bewerben, nachdem er von Beacon zugelassen worden war.

Wir haben gerade die gleiche Logik angewendet, die wir im vorherigen Kapitel dazu benutzten, die Entdeckung von Gale und Shapley zu beweisen, dass die abschließende Zuordnung, die sich aus dem Deferred-Acceptance-Algorithmus ergibt, stabil ist.

Details, Details

BEI MEINER ERKLÄRUNG, wie der Deferred-Acceptance-Algorithmus an die Besonderheiten der Schulwahl in New York angepasst wurde, habe ich einige Vereinfachungen vorgenommen, die ich erwähnen möchte, weil Details beim Marktdesign eine so wichtige Rolle spielen.[15]

So wie der »Match« für Ärzte einige besondere Merkmale hatte (etwa Paare, die nach zwei Stellen suchten), so hat auch das Schulwahlsystem in New York einige Besonderheiten. Außerdem wird die Schulwahl von zahlreichen Nebenbedingungen beeinflusst, und sämtliche Neuerungen müssen von vielen Personen abgesegnet werden. Dies führte manchmal zu unvermeidlichen Komplikationen, die nicht immer ganz so unvermeidlich hätten sein müssen, aber wie schon bei der Frage des Nierentauschs waren meine Kollegen und ich nur Berater, und nicht all unsere Empfehlungen wurden beherzigt. (Dies ist übrigens recht typisch für die Arbeit im Bereich des Marktdesigns.)

So wird zum Beispiel der Deferred-Acceptance-Algorithmus in der Praxis mehr als einmal ausgeführt. Dies ist darauf zurückzuführen, dass es mehrere fachlich spezialisierte Schulen gibt, die ihre Präferenzen streng auf der Grundlage von Prüfungsergebnissen oder Vorstellungsgesprächen festlegen. Traditionsgemäß muss

Schülern, denen ein Platz in diesen Schulen angeboten wird, auch ein Platz in einer der regulären Highschools angeboten werden. Mitglieder dieser kleinen Gruppe von Schülern erhalten also jeweils zwei Zulassungsangebote, noch bevor die Hauptrunde des Zuordnungsverfahrens läuft. Ihre Angebote werden folgendermaßen festgelegt: Zunächst lässt man den vollen Deferred-Acceptance-Algorithmus auf den eingereichten Präferenzen aller Schüler laufen, und danach, wenn die ausgewählte Gruppe von Schülern zugeordnet wurde, wird er ein weiteres Mal für alle übrigen Schüler durchgeführt.

Eine weitere Vereinfachung, die ich in meiner Beschreibung vornahm, ist die Tatsache, dass Schüler so viele Schulen auflisten können, wie sie wollen. Wir Ökonomen empfahlen, Schülern genau dies zu erlauben, aber in diesem wichtigen Detail haben wir uns nicht durchsetzen können. Folglich können Schüler in New York City heute lediglich maximal zwölf Programme von den Hunderten, die die Stadt anbietet, auflisten. Schüler, die eigentlich mehr Schulen angeben wollen, stehen vor der strategischen Wahl, welche zwölf sie auflisten sollen. Dennoch sollten sie diese zwölf in der Reihenfolge ihrer wahren Präferenzen anführen. Das ist für sie gänzlich ohne Risiko; sie können es nicht besser machen.

Ein gravierenderes Problem ist die Tatsache, dass einige Schüler zu wenige Präferenzen angeben, um zugeordnet zu werden. Jedes Jahr berichten die New Yorker Medien von Schülern, die nur Schulen angaben, die höhere Punktzahlen (also bessere Noten) verlangen, als sie vorweisen können. Diese Schüler haben am Ende der Hauptzuordnungsrunde dann gar keinen Platz. Für sie gibt es eine zusätzliche Runde, bei der sie eine neue Rangliste mit bis zu zwölf Schulen von denjenigen, die noch freie Plätze haben, einreichen. Zu diesem Zeitpunkt haben die begehrtesten Schulen alle ihre Plätze bereits vergeben.

Nachdem 2011 die Hauptzuordnungsrunde angekündigt worden war, erhielt ich eine E-Mail von »Jimmy«, der schrieb, er sei ein dreizehnjähriger Schüler aus Queens. Er bat mich um Hilfe, weil er trotz recht guter Noten von den fünf Schulen abgelehnt worden war, die er in dem Hauptverfahren aufgelistet hatte. Er sagte mir, er träume davon, in Harvard zu studieren, und er fürchte, er habe in der zusätzlichen Zuordnungsrunde nur die Auswahl aus wenig begehrten Highschools, die seine späteren Aussichten einschränken würden.

Ich konnte nicht viel tun – meine Kollegen und ich mochten den Algorithmus konzipiert haben, aber wir haben keinen Einfluss darauf, wie er jedes Jahr praktisch gehandhabt wird. Trotzdem erkundigte ich mich bei einem ehemaligen Administrator danach, was da möglicherweise schiefgelaufen war. Er verwies sogleich auf Jimmys Mathe-Note von 85 (Punkten) und sagte, keine der fünf Schulen, die Jimmy aufgelistet hatte, würde wohl einen Schüler annehmen, der nicht mindestens 90 Punkte hatte. Jimmy war nicht gut beraten worden, ehe er seine Liste zusammenstellte.

Ich riet Jimmy, umgehend mit seinem Vertrauenslehrer an der Mittelschule darüber zu sprechen, wie er diese zusätzliche Runde angehen sollte. Zum Schluss gab ich ihm noch einen kleinen Rat für seine spätere College-Bewerbung – ich wünschte, ich hätte ihm dies sagen können, bevor er seine Highschool-Liste ausfüllte: »Denk dran, dass Harvard und andere Spitzenuniversitäten eine sehr strenge Auswahl unter ihren Bewerbern treffen. Daher solltest du dich auch bei anderen Hochschulen bewerben, darunter einigen, die dich sicher zulassen werden.«

Praktisch niemand, der zwölf Schulen auflistet, bleibt in der Hauptrunde des New Yorker Zuteilungsverfahrens ohne Platz. Wenn Sie also jemanden wie Jimmy kennen, ermuntern Sie ihn, eine lange Liste von Schulen einzureichen, nur um auf Nummer sicher zu gehen.

Diese kleinen Probleme stellen die Vorteile, die das neue System den New Yorker Highschool-Schülern brachte, nicht in den Schatten. Im ersten Jahr nach seiner Einführung betrug die Zahl der Schüler, die einer Schule zugeordnet werden mussten, für die sie keine Präferenz angegeben hatten, 3000, gegenüber 30 000 im Jahr zuvor. Eine erstaunlichere (und gleichermaßen befriedigende) Entwicklung war auch, dass in jedem der drei ersten Jahren nach Einführung des neuen Systems die Anzahl der Schüler, die ihre erste Wahl erhielten, zunahm, und ebenso die Anzahl derjenigen, die ihre zweite bis fünfte Wahl bekamen.

»Bezüglich der Quote von Schülern, die ihre erste Wahl bekamen, hat es sogar besser funktioniert, als wir erwarteten«, sagt Jeremy Lack. »Es hat den Schülern wirklich etwas gebracht.«

Es überraschte uns nicht, dass das neue System sofort besser funktionierte als das alte, aber im zweiten und dritten Jahr nach seiner Einführung hatten wir keine Veränderungen an dem Algorithmus vorgenommen. Weshalb aber hat das System dann seine Leistung trotzdem verbessert?

Erinnern Sie sich an jene Plätze, die Rektoren zurückbehielten? Es hat den Anschein, als hätten Rektoren dem neuen System zunehmend vertraut und eingesehen, dass ihnen vom Algorithmus zugewiesene Schüler letztlich lieber sind als Schüler, die sie später aufnehmen könnten. Infolgedessen meldeten immer mehr von ihnen die bisher zurückbehaltenen Plätze auch für das zentrale Zuordnungsverfahren an. Da jedes Jahr eine stabile Zuordnung erreicht wurde und die Rektoren die Schüler, die ihnen durch das zentralisierte Verfahren zugeordnet wurden, gerne aufnahmen, schien es, als würde die Schulbehörde Tausende weiterer freien Plätze an begehrenswerten Schulen schaffen.

Ein Grund dafür, dass Rektoren dem System vertrauten, war, dass Mitarbeiter der Schulbehörde ihnen ausführlich erklärten, wie das neue System funktionieren würde. Eine Schlüsselperson dabei war Neil Doroson, der für den Betrieb der Highschools zuständige Direktor der Schulbehörde. Neil und seinen Kollegen bei der Dienststelle für Schulanmeldung oblag die Aufgabe, alle über den neuen Algorithmus zu informieren. Zu denjenigen, die er unterweisen musste, gehörte auch sein oberster Chef, der Schuldezernent Joel Klein.

»Eines Tages bestellte er mich zu sich«, erinnert sich Neil. »Er war verärgert, weil er einen Freund hatte, dessen Kind nicht von seiner Schule erster Wahl aufgenommen wurde. Der Freund hatte einen Cousin, dessen Kind einen Platz an der Schule bekommen hatte, obwohl sie ihre letzte Wahl war. Ich musste ihm erklären, weshalb das System so funktionieren musste« (nämlich um die Auflistung wahrer Präferenzen sicher zu machen).

Mehr als zehn Jahre später behauptet sich das Highschool-Wahlsystem von New York sehr gut. Die von uns konzipierte Clearingstelle ist lediglich ein Teil des manchmal abschreckenden Spießrutenlaufens, das Familien durchmachen müssen, wenn sie sich über Schulen informieren möchten, um zu entscheiden, wie sie diese einstufen wollen. Aber mit Ausnahme einiger der von mir erwähnten Komplikationen stellt das Schulsystem Familien, sobald sie einmal informiert worden sind, nicht länger vor komplizierte strategische Probleme. Am wichtigsten ist, dass es kein überlastetes Verfahren mehr gibt, das Zehntausende von Schülern erst in letzter Minute in Schulen unterbringt, für die sie keine Präferenz angegeben haben. (Selbst Schüler, die nicht von ihren favorisierten Schulen aufgenommen wurden, haben sich darüber informiert und haben eine Meinung dazu, von welcher der weniger präferierten Schulen sie gern aufgenommen werden würden.)

Boston

UNSERE ERFAHRUNG in New York bereitete uns gut auf Boston vor, auch wenn einige der dortigen Probleme anders gelagert waren.

Die Public Schools in Boston beschlossen ebenfalls, das alte Schulwahlsystem durch eines zu ersetzen, das auf einem Deferred-Acceptance-Algorithmus basieren sollte.[16] Erinnern wir uns aus Kapitel 7, dass Boston bereits über ein computergestütztes Wahlsystem verfügte, bei dem Eltern eine Rangordnung von Schulen einreichten, aber es war für sie nicht sicher, ihre wahren Präferenzen offenzulegen. Das alte Bostoner System wandte einen Immediate-Acceptance-Algorithmus an, bei dem Schulen die ersten Schüler, die sich bewarben, sofort annahmen, wobei sie die Priorität, die ein Kind für eine Schule hatte, nur dann als Entscheidungskriterium heranzogen, wenn sich mehr Schüler bewarben, als die Schule aufnehmen konnte.

Der neue Deferred-Acceptance-Algorithmus gab weiterhin Eltern Vorrang, die fußläufig zur Schule wohnten oder bereits ein anderes Kind auf einer bestimmten Schule hatte. Und der Algorithmus war Eltern und Administratoren vertraut, weil er fast genauso begann wie der alte: Eltern legten eine Rangliste von so vielen Schulen vor, wie sie wollten. (Anders als in New York war die Anzahl der Schulen, die Eltern rangmäßig einstufen durften, also nicht begrenzt.) Aber anstatt dass jede Schule *sofort* die Schüler höchster Priorität, die sich bei der Schule ihrer ersten Wahl bewarben, annahm, schoben die Schulen ihre Annahmen so lange auf, bis sie sehen konnten, ob sich irgendwelche Schüler höherer Priorität später bewarben. So haben die Schulen keinem Schüler die Zulassung versagt bis zu dem Zeitpunkt, an dem sie alle ihre Plätze an Schüler vergeben hatten, die höhere Prioritäten genossen. Dies beseitigte das strategische Risiko, dem die Familien zuvor durch den alten Immediate-Acceptance-Algorithmus ausgesetzt waren.

Stellen wir uns im Kontext von Boston, in dem die Schüler an den Schulen Vorrang haben, den kleinen Max vor, der nun alt genug ist, um in den Kindergarten zu gehen. Max hat hohe Priorität bei dem Halbtags-Kindergarten, der seinem Elternhaus direkt gegenüberliegt, aber seine Eltern würden einen genauso beliebten Ganztags-Kindergarten vorziehen, bei dem sie keine Priorität haben.

Wenn Max (oder genauer gesagt seine Eltern) nach dem alten System den Kindergarten in unmittelbarer Nähe als seine zweite Wahl anführte und dann nicht seiner ersten Wahl zugewiesen würde, hätte er seine Priorität zugunsten von Vorschulkindern verloren, die den Halbtags-Kindergarten als ihre erste Wahl angaben. Wenn Max dagegen heute, mit dem neuen Algorithmus, den Halbtags-Kindergarten als zweite Wahl angibt und nicht von seiner ersten Wahl zugelassen wird, wird er dennoch von dem Kindergarten auf der anderen Straßenseite angenommen werden, wenn er eine hinlänglich hohe Priorität hat.

In dem neuen System vergibt die Vorschule in der Nähe von Max' Elternhaus ihre Plätze nicht in der ersten Runde. Selbst wenn sie mehr Bewerbungen erhält, als sie freie Plätze hat, wartet sie bis zum vollständigen Abschluss des Algorithmus, ehe sie die Bewerber annimmt, die sie nicht abgelehnt hat. Dies erlaubt der Vorschule, abzuwarten und zu sehen, wer sich bewerben wird, und dann die Bewerbungen der Schüler mit der höchsten Priorität zu akzeptieren.

Max' Eltern können jetzt also ohne Risiko ihre Wahl in der tatsächlichen Reihenfolge ihrer Präferenzen auflisten. Wenn sie ihre erste Wahl nicht bekommen, vergeben sie nicht die Chance, ihre zweite Wahl zu erhalten. Und wenn sie diese nicht bekommen, haben sie noch immer die gleiche Chance, ihre dritte Wahl zu erhalten, und so weiter.

Dies ist die »Strategie-Sicherheit«, die wir auch in New York anstrebten: Familien müssen nicht länger in strategischer Weise über die Präferenzen anderer Menschen nachdenken, wozu sie früher gezwungen waren, als sie sich darüber erkundigen mussten, welche Schulen beliebt waren.

Die Schulverwaltung, Politiker und Einwohner Bostons ließen sich von dieser Strategiesicherheit überzeugen, und die Vorteile des neuen Systems zeigten sich sofort auch für Kinder, die in den Kindergarten eintraten, und für Schüler in der sechsten und neunten Klasse im September 2006. Ein Anzeichen der Verbesserung war die Tatsache, dass Familien begannen, längere Präferenzlisten einzureichen. Ein weiteres Anzeichen war, dass Kinder beliebten Schulen zugeordnet wurden, selbst wenn ihre Eltern diese Schulen nicht als ihre erste Wahl angaben.

Die Eltern sahen ein, dass sie nicht länger strategisch vorgehen mussten; vielmehr konnten sie ohne Bedenken die Schulen auflisten, die sie am meisten mochten. Jetzt konnten sie sich voll und ganz auf die Beantwortung der Frage konzentrieren, welche Schulen sie präferierten.

Das haben Marie Zemler Wu und ihr Ehemann, Sherman Wu, getan, um sich auf das Wahlverfahren vorzubereiten, das ihren Kindern im Herbst 2011 Schul- bzw. Vorschulplätze sichern sollte. Die Wus, die in Dorchester leben, wollten den richtigen Kindergarten für ihre Tochter Miryah finden. Sie begannen ihre Suche, indem sie sich mit etwa einem Dutzend Familien in ihrer Nachbarschaft trafen, um ganz informell Meinungen über Schulen in der East Zone des Bostoner Schulsystems auszutauschen. »Wir haben uns vier- bis fünfmal zusammengesetzt, um uns gegenseitig zu helfen«, erinnert sich Marie. »Wir stellten Stühle im Wohnzimmer auf, und jemand brachte eine Flasche Wein mit. Wir konnten unsere Eindrücke gegenseitig bestätigen. Jeder hatte mehr oder minder dieselben Schulen ausgewählt, aber in verschiedenen Reihenfolgen.«

Marie und Sherman wünschten sich vor allem eine Schule mit engagierten Lehrern und einer Kultur der Einbeziehung der Eltern. Der Schwerpunkt auf Fremdsprachen wäre ebenfalls ein Vorteil. Das Paar ging nicht strategisch vor; sie vertrauten darauf, dass der Algorithmus seine Arbeit erledigen würde. An erster Stelle ihrer Liste stand die Henderson-Inklusionsschule, Nummer zwei war die Hernández K-8 Immersionsschule für Spanisch, und ihre dritte Wahl war die Mather Elementary School. »Wir dachten, sofern wir nicht die beste Losnummer hätten, würden wir Mather bekommen«, sagt Marie.

Tatsächlich brachte der Algorithmus Miryah dort unter. Aus der Gruppe von zwölf Familien, die sich in Maries und Shermans Wohnzimmer zum Meinungsaustausch versammelt hatte, schickten schließlich fünf ihre Kinder auf die Mather Elementary School. Aber sie mussten diese nicht an erster Stelle nennen, um ihre Priorität für diese Schule nicht zu verlieren. »Wir sind begeistert«, sagt Marie.

Wichtig ist, im Auge zu behalten, dass sich die Schulwahl in Boston in einer wichtigen Hinsicht von der in New York unterscheidet. Die Bostoner Schulen haben, anders als die Highschool-Rektoren in New York, im Grunde keine Präferenzen für Schüler. Die Prioritäten, die jeder Schüler bei jeder Schule hat, werden von den Boston Public Schools zugewiesen. Diese Prioritäten sind Teil des Designs des Bostoner Schulwahlsystems, nicht etwas, woran sich das Design anpassen muss. Und diese Prioritäten werden in einem politischen Prozess festgelegt und immer wieder neu bestimmt, auf den unter anderem die Schulbehörde, der Stadtrat, der

Bürgermeister und Nachbarschaftsgruppen Einfluss nehmen. Tatsächlich werden die Prioritäten und die Liste von Schulen, aus der Bewohner in verschiedenen Teilen der Stadt auswählen können, regelmäßig unter dem Gesichtspunkt der Beförderungskosten und politischer Erwägungen neu definiert. Die Schulen, unter denen Eltern auswählen können, und die bestimmten Kindern an jeder Schule zugewiesenen Prioritäten haben sich geändert, seitdem wir Boston geholfen haben, sein System neu zu gestalten. Aber der zugrunde liegende Wahl-Algorithmus wird noch immer dazu verwendet, Kinder entsprechend den Ranglisten der Eltern und der Prioritäten der Stadt zuzuweisen.

Dass das Schulwahlverfahren regelmäßig leicht modifiziert wird, ist vermutlich ganz in Ordnung (und jedenfalls unvermeidlich). Schulen sind ein zentrales Anliegen der Stadtpolitik, und daher ist es ganz natürlich, dass viele bewegliche Teile neu justiert werden müssen, wenn sich die Schülerpopulation, die Nachbarschaften und die politischen Machtverhältnisse ändern. Aber auch dann bleibt für die Art von Marktdesign, die wir Ökonomen vollbringen, noch viel Gestaltungsspielraum. Wir wollten Boston und anderen Städten ein Schulwahldesign anbieten, das auch dann noch gut funktioniert, wenn sich die Prioritäten, die Beförderungsbedingungen und all die anderen politischen beweglichen Teile ändern, die zu diesem komplizierten Marktplatz gehören.

Weitersagen

AUFGRUND DER ERFAHRUNGEN, die wir in New York und Boston gemacht hatten, wandten sich andere Schulbezirke Hilfe suchend an uns. Tatsächlich ist Neil Doroson, seitdem er das gemeinnützige Institute for Innovation in Public School Choice gegründet hat, zum Vorkämpfer des Marktdesigns für die Schulwahl geworden. Mit Unterstützung von Atila, Parag und mir hat das IIPSC geholfen, Schulwahlmechanismen für Denver und New Orleans zu konzipieren, und Einfluss auf die Gestaltung des Schulwahlsystems in Washington, D.C., genommen. Zum gegenwärtigen Zeitpunkt haben wir auch in mehreren anderen Städten verschiedene Projekte am Laufen. Ökonomen in Japan und Belgien bemühen sich mittlerweile ebenfalls darum, die dortigen Schulauswahlsysteme anders zu organisieren, und in England scheint dies zu einem vorrangigen politischen Ziel der Konservativen Partei geworden zu sein.

In China werden jedes Jahr rund 10 Millionen Schüler über eine Vielzahl zentralisierter Clearingstellen – eine für jede Provinz – den verschiedenen Colleges zugeteilt. Sie alle benutzen die Präferenzen der Schüler und Punktwerte bei einer landesweiten Prüfung als Inputs, um jeden Schüler – höchstens – einem College zuzuordnen. Viele Jahre lang stellte das Design dieser Clearingstellen Schüler vor eine riskante Wahl, denn wenn sie ihre erste Wahl nicht bekamen, waren ihre Chancen sehr gering, einem ihrer anderen Favoriten zugeteilt zu werden, ein Problem, das wir schon bei den Boston Public Schools kennengelernt haben. Die gegenwärtige chinesische Regierung setzt einige Reformen um, die dieses College-Zulassungsverfahren verbessern sollen, und dazu gehört auch die Neugestaltung der Clearingstellen. In einigen Provinzen sind die neuen Clearingstellen offenbar schrittweise modifiziert worden, sodass sie jetzt irgendwo zwischen sofortiger Annahme (wie in Boston, bevor wir halfen, das dortige System zu ändern) und aufgeschobener Annahme (wie es bei der Schulwahl in Boston und New York heute der Fall ist) angesiedelt sind.[17]

Wir haben allen Grund zu der Hoffnung, dass wir in den kommenden Jahrzehnten in der Lage sein werden, noch bessere Schulwahlsysteme zu konzipieren, auch wenn sie vielleicht weiterhin auf denselben Grundprinzipien basieren werden, nämlich jenen, die es für Familien sicher und einfach machen, an dem Verfahren teilzunehmen und Präferenz-Informationen effizient zu nutzen.

Dies ist mir ein wichtiges Anliegen, weil Schulen eine entscheidende Rolle bei einigen der größten Herausforderungen spielen, vor denen unsere Demokratie steht, von der Einkommensungleichheit bis zu den sozialen Aufstiegschancen unserer Kinder und

Kindeskinder. Wir müssen Schulen besser nutzen, damit unsere Kinder die Bildung erhalten, die sie benötigen, ob an der nächstgelegenen Schule oder nicht. Die Schulwahl hilft uns, die Versprechen einzulösen, die wir unseren Kindern machen.

Davon abgesehen lösen Schulwahlsysteme selbst dann, wenn sie effizient, einfach und sicher sind, nicht die Probleme, die dadurch entstehen, dass es nicht genügend gute Schulen gibt. Sie sind bestenfalls ein Notbehelf für die hartnäckigen Probleme und können dabei helfen, bestehende Schulen effizienter zu nutzen. In einer Demokratie, in der öffentliche Bildung als ein Recht angesehen wird, ist es eine offene Wunde, dass wir noch immer keinen Weg gefunden haben, jedem Kind eine erstklassige Bildung zukommen zu lassen. Schulen in armen Vierteln sind selbst dann, wenn sie über ausreichende finanzielle Mittel verfügen, oftmals schlechte Schulen, sodass arme Kinder nicht die Bildung erhalten, die ihnen helfen würde, sich selbst aus der Armut zu befreien.

Diese Erkenntnis führte zu dem jahrzehntelangen Experiment erzwungener Busbeförderung von Schulkindern in andere Bezirke, die darauf abzielte, Schulklassen in Großstädten sozial zu homogenisieren und Bildungsgerechtigkeit für alle zu verwirklichen. Aber die gerichtlich verfügte zentrale Planung scheiterte (wie es zentrale Planung meistens tut), weil es sehr schwierig ist, Menschen dazu zu zwingen, Dinge zu tun, die sie nicht tun wollen. (Reich und Arm wollen oftmals gleichermaßen, dass ihre Kinder Schulen in der Nähe des Elternhauses besuchen.) Die aufgezwungene Busbeförderung gab vielen Eltern den Anreiz, dem öffentlichen Schulsystem den Rücken zu kehren und stattdessen Privatschulen auszuwählen, in denen ihre Kinder ihres Erachtens besser aufgehoben waren. Manchmal zogen Eltern auch ganz aus Boston weg.

Und wenn es etwas gibt, was wir über mangelhafte Märkte gelernt haben, dann, dass Menschen sich von ihnen abwenden, entweder physisch oder indem sie sich auf inoffizielle Kanäle und Schwarzmärkte verlegen. So oder so können mangelhafte Märkte nicht nur Gemeinschaften, sondern ganze Nationen schwächen. Die Berliner Mauer gemahnt uns daran.

10. Signale senden

WIE WIR IM VORIGEN KAPITEL SAHEN, lassen sich Märkte in geradezu dramatischer Weise verbessern, wenn ihr Design Menschen dazu ermuntert, wichtige Informationen mitzuteilen, die sie andernfalls vielleicht für sich behalten hätten. Aber manchmal leiden Märkte auch an einem Übermaß an Kommunikation. Es ist ein Paradoxon des Marktdesigns, dass *Kommunikation, je einfacher und billiger sie wird, manchmal auch weniger informativ wird.*

Wir sehen das umso deutlicher, je elektronischer die Kommunikation wird. E-Mails und soziale Medien sind gute Beispiele. Mit dem wachsenden Volumen an Nachrichten wird es immer schwieriger, die wichtigen Informationen vom Spam zu unterscheiden und diejenigen, die wohldurchdachte Antworten verdienen, von denjenigen, die schnell bestätigt oder ignoriert werden können. Und während sich ganze Märkte ins Internet verlagern, kann diese Überlastung mit Nachrichten Märkte »verstopfen«.

Nehmen wir College-Bewerbungen: Es ist für Schüler viel leichter geworden, als es noch vor einer Generation war, sich bei mehreren Colleges zu bewerben. Internet-Partnervermittlungen sind ein weiteres typisches Beispiel: Frauen mit attraktiven Bildern erhalten möglicherweise so viele Nachrichten, dass sie kaum noch entscheiden können, auf welche es sich zu antworten lohnt. Das Gleiche gilt für Arbeitsmärkte, auf denen die Bewerbungen vielfach so einfach geworden sind, dass man qualifizierte Kandidaten kaum von weniger qualifizierten unterscheiden kann, und auf denen es sogar noch schwieriger ist, herauszufinden, welche qualifizierten Kandidaten wirklich an der Stelle interessiert sind, bei denen es sich folglich lohnt, sich die Zeit zu nehmen, sie zu Vorstellungsgesprächen einzuladen, ihre Eignung zu beurteilen und sie gegebenenfalls zu umwerben.

Es ist wichtig, zu beachten, dass ich gerade über Signale für zwei recht unterschiedliche Arten von Informationen gesprochen habe. Erstens: Ist der Bewerber für das College, den Liebespartner, den Arbeitgeber hinreichend *qualifiziert*, sodass es sich lohnt, weitere Erkundigungen über ihn einzuholen?[18] Und zweitens: Ist der Bewerber überhaupt hinreichend an ihnen *interessiert*, sodass sich die Mühe der weiteren Schritte auszahlt? Beide Arten von Informationen sind gerade auf »verstopften« Märkten besonders wertvoll, denn hier haben die Teilnehmer nicht genug Zeit, um jede Möglichkeit gründlich zu prüfen. Signale und geeignete Mechanismen der Signalsendung können daher ein integraler Bestandteil des Designs eines Marktes sein.

College-Zulassungen

BEGINNEN WIR MIT College-Zulassungen, da die Bewerbung an einem College von jeher mit ziemlichem Kommunikationsaufwand verbunden gewesen ist – Highschool-Noten und Beurteilungen durch Lehrer sowie persönliche Informationen müssen übermittelt werden. Ein genauer Blick auf die College-Zulassungen gibt uns eine Vorstellung davon, auf welche Weise »leichtere Kommunikation« zu einer Verstopfung von Märkten führen kann und weshalb Signale des Interesses so wichtig sind.

Vor nicht allzu langer Zeit verlangte jedes College seine eigene, auf seine Bedürfnisse zugeschnittene Bewerbung. Heute akzeptieren viele amerikanische Colleges Bewerbungen über das Internet, und zwar durch eine zentrale Website namens Common Application, auf der alle Materialien online zusammengestellt und oftmals dieselben Bewerbungsschreiben zur Bewerbung bei mehreren Colleges verwendet werden können. Landesweit akzeptieren über fünfhundert Colleges Bewerbungen durch die Common App.[19]

Es ist für Schüler daher einfacher, sich bei sehr viel mehr Colleges zu bewerben als früher – und das tun sie auch. Dies wiederum erschwert es den Colleges, zu beurteilen, wie interessiert ein bestimmter Bewerber wirklich ist. Aus diesem Grund halten Colleges Ausschau nach anderen Signalen. Ein Bewerber, der einen College-Campus besucht, sollte sich unbedingt in das Gästebuch der Zulassungsstelle eintragen, denn das ist eines der Signale.

Sie fragen vielleicht: Weshalb benutzen dann so viele Colleges die Common App, statt individuelle Bewerbungen zu verlangen? Individuelle Bewerbungen würden es den Schülern schwerer machen, sich zu bewerben, und folglich wäre jede eingegangene Bewerbung ein stärkeres Signal des Interesses. Die einfache Antwort lautet, dass die absoluten Top-Colleges zwar tun können, was sie wollen, alle anderen aber der Tatsache ins Auge sehen und akzeptieren müssen, dass die Common App ein dichter Marktplatz geworden ist. Sie lockt so viele Bewerber an, dass ein College, das heute auf individuellen Bewerbungen bestünde, vielleicht gar nicht genügend Bewerber anlocken könnte, da viele Schüler die bequem zu nutzende Common App vorziehen. Deshalb bestehen Colleges oftmals auf einem zusätzlichen Aufsatz, der sich von demjenigen unterscheidet, der auch an andere Colleges geschickt werden kann. Auf diese Weise erhalten sie nicht nur eine weitere Schreibprobe, sondern sie können, was noch wichtiger ist, Bewerbungen von Schülern ausfiltern, die nicht hinreichend interessiert sind, um diesen zusätzlichen Aufsatz zu schreiben.

In Südkorea und Japan sorgen Colleges dafür, dass Schüler, die sich bei ihnen bewerben, sich nicht gleichzeitig bei zahlreichen anderen Colleges bewerben können. Die Colleges verlangen von Bewerbern, Zulassungsprüfungen abzulegen, und indem sie ihre Prüfungen am selben Tag wie konkurrierende Colleges anberaumen, verringern sie nochmals die möglichen Bewerbungen.[20] Daher sendet jeder Schüler, der die Prüfung an einem bestimmten College ablegt, ein sehr starkes Signal des Interesses.

Amerikanische Colleges tun etwas Ähnliches, wenn sie Schüler im Rahmen von »Frühzulassungsprogrammen« aufnehmen.[21]

Schüler der Highschool schreiben ihre College-Bewerbungen in der Regel im Januar ihres letzten Schuljahres. Aber viele Colleges akzeptieren auch frühe Bewerbungen im November. Eine ganze Reihe dieser Colleges bieten »bindende vorzeitige Zulassungen« an, die sie mit der zusätzlichen Bedingung verknüpfen, dass sich Schüler verpflichten müssen, den Studienplatz anzunehmen, wenn sie zugelassen werden.

Aber selbst Colleges, die dies nicht von den Schülern verlangen, lassen viele ihrer Studenten im Rahmen von »Frühentscheidungsprogrammen« zu, bei denen die Bewerber verbindlich erklären müssen, dass sie sich nur bei einem College früh bewerben. Diese Verpflichtungen werden zum Teil durch die Kooperation mit der jeweiligen Highschool durchgesetzt, die Empfehlungsschreiben und eine Zeugniskopie an jedes College schicken muss, bei dem sich ein Schüler bewirbt. Die Highschools haben ein Interesse daran, sicherzustellen, dass ihre Schüler ihre Verpflichtungen erfüllen. Schließlich werden sich in den kommenden Jahren weitere ihrer Schüler bei denselben Colleges bewerben, und sie wollen, dass die vorzeitigen Bewerbungen dieser Schüler ebenfalls als ein starkes Signal des Interesses behandelt werden.

Dieses starke Signal ist einer der Gründe dafür, dass die Colleges einen höheren Prozentsatz von Bewerbern aus dem frühen Pool als aus dem regulären Pool zulassen. Wenn ein Schüler der Highschool früh genug im Jahr gut organisiert ist, wird die vorzeitige Bewerbung an einem College – auch ohne bindende Erklärung, im Fall einer Zulassung den Studienplatz anzunehmen – seine Chance erhöhen, einen Zulassungsbescheid zu erhalten, während sie ihm nach wie vor die Chance lässt, sich während der regulären Zulassungssaison andernorts zu bewerben.

Eine Folge der Common App ist, dass Colleges mehr Bewerber zulassen müssen, um alle freien Studienplätze zu vergeben, da sich Schüler jetzt auch leicht bei einem College bewerben können, ohne den tieferen Wunsch zu haben, tatsächlich dort zu studieren. Paradoxerweise sind die Gesamtzulassungsquoten – insbesondere für Bewerbungen, die nicht vorzeitig bei einem einzelnen College erfolgen – jedoch rückläufig, und die Erfolgsaussichten jeder einzelnen Bewerbung sind gesunken, weil zwar die absolute Zahl der Annahmen steigt, gleichzeitig aber die Gesamtzahl der Bewerber noch schneller zunimmt – sodass die Quote sinkt. Dies wiederum veranlasst Studenten dazu, noch mehr Bewerbungen einzureichen, sodass die Annahmequote noch weiter sinkt, wodurch es für jeden Schüler noch wichtiger wird, mehr Bewerbungen einzureichen. Die Common App erleichtert also die Bewerbung bei mehreren Colleges, sie führt aber auch in einen Teufelskreis, denn die Bewerber müssen sich jetzt bei mehr Colleges als früher bewerben.

Selbstverständlich signalisiert eine College-Bewerbung mehr als nur das schlichte Interesse des Bewerbers an dem College. Sie übermittelt auch zahlreiche Signale, weshalb das College an dem Bewerber interessiert sein sollte.

Prüfungsergebnisse signalisieren etwas über die Eignung, ebenso die Highschool-Noten, die auch etwas über Lerngewohnheiten aussagen. Wahlfächer und Freizeitaktivitäten signalisieren Talente, Fähigkeiten und Interessen eines Bewerbers. Während Colleges diesen Signalen mehr Aufmerksamkeit schenken, damit sie ihnen beim Sichten der steigenden Zahl von Bewerbungen helfen, können die Signale selbst verschiedene Bedeutungen annehmen. Das heißt, Signale, die gezielt gesendet werden, vermitteln womöglich andere Informationen als Signale, die beiläufig gesendet werden. Zum Beispiel: Spielt der Bewerber Posaune, weil ihm Posaunenklänge besser gefallen als Harfenklänge oder weil ihm jemand sagte, dass das College nach Schülern sucht, die seiner Marschkapelle beitreten? Fühlte sich der Lacrosse-Fan wegen der Schnelligkeit und der hohen Anforderungen an die Geschicklichkeit zu diesem Sport hingezogen, oder hörte er, dass College-Trainer Einfluss auf das Zulassungsverfahren nehmen können? Es ist nicht unbedingt etwas Schlechtes, schon seine Aktivitäten auf der Highschool an den Anforderungen der Colleges auszurichten; es ist so ähnlich, wie wenn man sein College-Hauptfach danach auswählt, was auf dem Arbeitsmarkt gefragt ist. Aber es ändert die Bedeutung des Signals.

Signale bei der Jobsuche

WENN ES DARUM GEHT, sich auf eine Arbeitsstelle zu bewerben, können aus der Tatsache, dass ein Bewerber aufs College gegangen ist, und aus dem, was er dort machte, aufschlussreiche Signale über Interessen, Fähigkeiten und Talente herausgefiltert werden. Das ist ein Grund, weshalb so viele Jobs einen College-Abschluss verlangen, selbst wenn die Stelle wenig mit dem zu tun hat, was im College unterrichtet wurde. Gute Studienleistungen signalisieren nicht nur, was der Stellenbewerber möglicherweise gelernt hat, sondern auch, dass er oder sie leicht neue Dinge lernt. Das ist praktisch bei jeder anspruchsvollen Stelle eine nützliche Fähigkeit.

Für einen Arbeitgeber, der einen jungen Automechaniker einstellen will, ist ein Studium allerdings nicht das beste Signal, auch wenn Automechaniker ebenfalls hohe Lernfähigkeit besitzen müssen. Der Arbeitgeber zieht vielleicht jemanden vor, der in seiner Jugend mit Kfz-Teilen, die er sich auf einem Schrottplatz besorgt hat, alte Autos frisiert. Dies würde Interessen und Fähigkeiten signalisieren, die für einen Automechaniker nützlich sind.

Bewerber müssen ihre Qualifikationen und ihr Interesse selbst für jene Stellen signalisieren, die eine hochspezialisierte Ausbildung und lange praktische Unterweisung erfordern, auch wenn schon der Fakt, dass sie eine solche Ausbildung abgeschlossen haben, ein starkes Signal ist. Angenommen, Sie wollen Wirtschaftswissenschaftler werden und die Art von Arbeit erledigen, für die Sie die Fähigkeiten benötigen, die Sie während eines Promotionsstudiums erwarben. Sie treten in einen recht spezialisierten Arbeitsmarkt ein, einen von vielen, die es für hochqualifizierte Fachkräfte in verschiedenen Disziplinen gibt.

Als frischgebackener Doktor der Wirtschaftswissenschaften konkurrieren Sie mit etwa zweitausend anderen Ökonomen, die jedes Jahr ihr Studium an amerikanischen Hochschulen abschließen, sowie weiteren Ökonomen aus dem Ausland, die sich um Stellen an schätzungsweise fünfhundert amerikanischen Colleges und

Universitäten, etlichen ausländischen Hochschulen, bei staatlichen und internationalen Organisationen, Großbanken und, in zunehmendem Maße, Unternehmen wie Google und Amazon bewerben, deren Geschäftsmodell auch auf der Schaffung neuer Märkte basiert.

Das Herzstück dieses Marktplatzes ist eine dreitägige Veranstaltung, die von der American Economic Association (AEA) organisiert wird und bei der Berufungskommissionen wirtschaftswissenschaftlicher Fachbereiche von Universitäten und andere potentielle Arbeitgeber Vorstellungsgespräche mit Stellenbewerbern führen. Jeder frischgebackene promovierte Wirtschaftswissenschaftler verschickt eine Vielzahl von Bewerbungen – ich kenne Leute, die fast einhundert verschickt haben –, und folglich kann selbst ein Fachbereich mit nur einer offenen Stelle damit rechnen, Hunderte von Bewerbungen zu erhalten.

Dieser Trend hat sich über Jahrzehnte hinweg aufgebaut und in den letzten Jahren noch erheblich verstärkt, weil die Bewerbungen jetzt meist online eingereicht werden können. Der Markt ist verstopft. Ein Fachbereich für Wirtschaftswissenschaften, der Hunderte von Bewerbungen erhalten hat, kann unmöglich in diesen drei Tagen ein Vorstellungsgespräch mit jedem Bewerber führen.

Wenn sie nicht wüssten, wie umkämpft dieser Markt ist, würden sie möglicherweise vorschlagen, dass Berufungskommissionen nach Beurteilung der Bewerbungsunterlagen nur Vorstellungsgespräche mit etwa zwanzig Bewerbern führen sollten, die ihnen am besten gefallen. Tatsächlich funktioniert diese Strategie recht gut für Harvard und Stanford und eine Handvoll der renommierten Arbeitgeber. Bevor ich nach Harvard ging, arbeitete ich an der Universität Pittsburgh, einer hervorragenden Hochschule, die allerdings nicht zur absoluten Spitzengruppe der amerikanischen Universitäten zählt. Hier wäre die Strategie, Vorstellungsgespräche mit den zwanzig besten Bewerbern zu führen, nicht aufgegangen.

Und zwar aus folgendem Grund: Wenn die Universität Pittsburgh bei der Veranstaltung im Januar nur zwanzig Vorstellungsgespräche führen kann und die Berufungskommission nur die von ihr bevorzugten Kandidaten interviewen würde, könnte es sein, dass all diese Kandidaten letztlich bessere Angebote woanders annehmen und all die Bemühungen der Berufungskommission umsonst gewesen wären.

Also müssen die meisten wirtschaftswissenschaftlichen Fachbereiche ein Portfolio von Bewerbern für Vorstellungsgespräche zusammenstellen – und dabei nicht nur berücksichtigen, wie vielversprechend der Bewerber ihnen erscheint, sondern auch, wie wahrscheinlich es ist, dass sie diesen Bewerber tatsächlich einstellen können. Eine solche Beurteilung ist nicht leicht, und regelmäßig fallen Bewerber durch das Raster – sie erhalten keine Angebote von den Fachbereichen, die Vorstellungsgespräche mit ihnen führten, während andere Fachbereiche, die sie vielleicht eingestellt hätten, beschlossen hatten, sie nicht zum Vorstellungsgespräch einzuladen.

Um diese unbefriedigende Situation zu verbessern, entwickelte und implementierte ein Ausschuss unter meiner Leitung einen »Signalisierungsmechanismus«.[22] Im Dezember, nachdem die meisten Stellenanzeigen veröffentlicht worden sind, können sich Bewerber auf einer Website der AEA einloggen und maximal zwei Signale des Interesses an Fachbereiche schicken, bei denen sie sich bereits beworben haben. Die Fachbereiche, die diese Signale erhalten, wissen, dass Bewerber eines ihrer beiden möglichen Signale benutzten, um ihr Interesse an einem Vorstellungsgespräch für die ausgeschriebene Stelle zu bekunden. Signale wie diese wären zu der Zeit, als ich an der Universität Pittsburgh war, äußerst hilfreich gewesen. Obgleich wir wussten, dass es nicht sinnvoll war, Vorstellungsgespräche *nur* mit den Top-Bewerbern zu führen, hatten wir selbstverständlich nichts dagegen, *einige* dieser Bewerber zu interviewen, da immer die Chance bestand, dass ihre anderen Vorstellungsgespräche nicht zu einem Angebot führten. Es hätte uns sehr geholfen, zu wissen, welche Top-Bewerber ernsthaft interessiert waren und nicht bloß ihre Marktchancen testen wollten.

Liebessignale

ETWAS GANZ ÄHNLICHES geschieht bei vielen Internet-Part-
nerbörsen. Attraktive Frauen erhalten mehr Nachrichten, als sie
beantworten können. Die Männer, die feststellen, dass viele ihrer
E-Mails unbeantwortet bleiben, versenden daraufhin meist noch
mehr E-Mails. Diese werden aber immer weniger aussagekräftig,
weil die Männer die Profile der Frauen und die darin enthaltenen
Informationen zunehmend weniger gründlich ansehen und sich
daher auch weniger Gedanken darüber machen, wie die jeweilige
Frau am besten anzusprechen wäre. Die Frauen wiederum antworten nun auf immer weniger der Nachrichten, die sie erhalten,
woraufhin die Männer noch mehr und noch oberflächlichere
Nachrichten schicken.

Ökonomen nennen solche oberflächlichen Nachrichten »cheap
talk« (leeres Geschwätz). Wenn Worte nur Geschwätz sind, geben
sie kein verlässliches Signal. Eine E-Mail, deren Betreffzeile lautet
»Ich liebe dich«, bedeutet wenig, wenn sie an zu viele Empfänger
geschickt wird. Dies erklärt, warum Heiratsanträge oftmals mit teuren Diamantringen bekräftigt werden (und warum das Tragen dieser Ringe anderen potentiellen Verehrern signalisiert, dass die Trä-
gerin nicht an weiteren Anträgen interessiert ist und es sich daher
wahrscheinlich nicht lohnt, sie weiterhin zu umwerben).

Meine Kollegin Muriel Niederle, die dem Ausschuss angehörte,
der den Signalisierungsmechanismus für Ökonomen entwickelte,
wollte wissen, ob der gleiche Mechanismus einer Online-Partnervermittlung nützen könnte. Sie und unsere Kollegin Soohyung Lee
führten einen Signalisierungsmechanismus in ein Special Event
ein, das eine koreanische Online-Partnervermittlung veranstaltete.
Bei diesem Event durften Männer und Frauen über einen Zeitraum
von fünf Tagen eine Kontaktnachricht – einen »Antrag« – an bis zu
zehn potentielle Partnerinnen und Partner senden. Jeder der Teilnehmer bekam zudem zwei virtuelle »Rosen«, die sie als Signal besonderen Interesses ihren Anträgen beifügen konnten. 20 Prozent
der Teilnehmer, zufällig ausgewählt, erhielten sechs zusätzliche

Rosen, sodass diese Gruppe den Vorteil hatte, ein Signal des Interesses an mehr Personen senden zu können.

Nach der anfänglichen Kontaktphase konnten Teilnehmer entscheiden, welchen der Anträge sie annehmen würden. Männer und Frauen, die ihre Anträge wechselseitig angenommen hatten, erhielten gegenseitige Kontaktinformationen. Das Experiment erlaubte Niederle und Lee, den Effekt der Rosen auf die Akzeptanzrate von Antragstellern sowie den relativen Erfolg von Teilnehmern, die viele Rosen hatten, im Vergleich zu denjenigen, die nur wenige hatten, festzustellen.[23] Diese Website bot noch weitere Dienstleistungen an, und als Teil ihres Algorithmus für die Ermittlung von Partnervorschlägen beurteilte sie jeden Kunden nach seiner Begehrtheit als Partner, wobei sie ein Maß benutzte, das Beurteilungen körperlicher Attraktivität und Daten über die Vermögens-, Beschäftigungs- und familiären Verhältnisse sowie den Bildungsstand berücksichtigte. Die Teilnehmer erfuhren weder ihren eigenen Begehrtheitswert noch denjenigen anderer Personen. Lee und Niederle konnten den Effekt der Anträge – mit und ohne Rosen – als eine Funktion der relativen eingestuften Begehrtheit sowohl des Senders als auch des Empfängers analysieren. Sie ordneten die Teilnehmer in den oberen, mittleren oder unteren Bereich der Verteilung von Attraktivitätseinstufungen ein.

Es zeigte sich, dass Anträge mit angehängten Rosen mit 20 Prozent höherer Wahrscheinlichkeit angenommen wurden. Laut Lee und Niederle »ist dieser positive Effekt des Sendens einer Rose vergleichbar mit dem Nutzen, den es hat, in der Gruppe mittlerer Begehrtheit statt in der unteren Gruppe zu sein«. Das heißt, ein Antrag mit angehängter Rose wurde so ähnlich aufgenommen wie ein Antrag von einem begehrteren potentiellen Partner. Und der Effekt einer Rose war dann am ausgeprägtesten, wenn der Sender in einer höheren Gruppe der Begehrtheit war als der Empfänger.[24]

Schließlich schnitten die Teilnehmer, die mehr Rosen versenden durften, besser ab als jene, die ihren Anträgen insgesamt nur zwei Rosen beifügen konnten. »Blumen zu überreichen« half den Anträgen also, herauszustechen: Das Signal war effektiv.

Signale, überall Signale

AUF STELLENMÄRKTEN wie bei der Partnervermittlung kann man Interesse auf vielfältige Art und Weise signalisieren. Das Internet hat einige neue Möglichkeiten eröffnet, aber Menschen haben auch Zehntausende von Jahren damit verbracht, Mittel und Wege zu ersinnen, um leicht zu verstehende Signale des Interesses zu senden. Interessanterweise sind viele der Signale, die sich am leichtesten interpretieren lassen, zugleich diejenigen, deren Sendung, in einem gewissen Sinne, am aufwendigsten, am kostspieligsten ist.

Biologen glauben, dass die Evolution manchmal kostspielige Signale erzeugt, wie etwa den Pfauenschwanz, die auf dem Markt für Paarungspartner die Suche erleichtern. Das heißt, ein Pfauenmännchen zieht zwar keine großen direkten Vorteile aus dem Besitz eines riesigen, schweren und bunten Schwanzes, der die Aufmerksamkeit von Fressfeinden erregt und es schwerer macht, vor ihnen zu fliehen. Aber es ist ein starkes Signal seines guten gesundheitlichen Zustands, da ein nicht so gesunder Pfauhahn keinen so großen Schwanz entwickeln könnte oder schon von Füchsen gefressen worden wäre, weil er zu langsam war, um sich fliegend in Sicherheit zu bringen. Somit zeigt ein hübscher Schwanz den Pfauhennen an, dass dies ein Pfauhahn mit eindrucksvollen genetischen Ressourcen ist.[25] (Evolutionsbiologen sprechen von den »vier Grundinstinkten«, an denen die natürliche Selektion ansetzt: fressen, kämpfen, fliehen und sich vermehren. Ein großer Schwanz ist in den ersten drei Kategorien ein »Handicap«, das aber zugleich ein Signal über eine grundsätzliche Stärke aussendet und damit die Chancen in der vierten Kategorie steigert.)

»Pfauenschwänze« finden sich nicht nur in der Tierwelt. So sind etwa größere Bankniederlassungen zumeist imposante Gebäude, mit großen marmornen Lobbys, von denen aus man manchmal hinter Gittern einen massiven Tresorraum sehen kann. Aber warum das? Nun, Banken bewahren unser Geld auf, und um zu signalisieren, dass sie sichere Orte sind, wo wir sorglos unser Geld deponieren können, wollen sie, dass wir wissen, dass sie über umfangreiche Finanzmittel verfügen und nicht einfach weg- oder weiterziehen würden. Eine eindrucksvolle Lobby, das ist ihr Pfauenschwanz: Eine weniger finanzstarke Bank hätte es sich nicht leisten können, ein so teures Gebäude zu errichten, oder sie hätte ein Gebäude gebaut, das sich leichter in ein Restaurant umwandeln ließe, falls die Bank pleiteginge.

Der Wert kostspieliger Signale ist der Grund dafür, dass viele Colleges Highschool-Schülern, die die Mühe auf sich nehmen, ihren Campus zu besuchen, besondere Aufmerksamkeit schenken. Es ist »billig«, sich bei einer Vielzahl von Colleges zu bewerben, sodass eine bloße Bewerbung nicht unbedingt ein tiefes Interesse signalisiert. Ein Besuch vor Ort, der zeitaufwendig und möglicherweise teuer ist, ist ein stärkeres Signal.

Ein Signal des *Interesses* unterscheidet sich von den anderen Arten kostspieliger Signale, die Colleges wertschätzen und die nicht jeder senden kann, nämliche gute Noten und Testergebnisse. Gute Noten signalisieren gute Lernfähigkeit und Leistungsbereitschaft, hohe Intelligenz und Eignung, allesamt Merkmale, die Studenten helfen, ein Studium erfolgreich zu absolvieren. Signale wie gute Noten – oder ein Pfauenschwanz oder ein imposantes Bankgebäude – deuten nicht auf Interesse hin; sie sind Indizien der *Begehrtheit*. Das heißt, der farbenprächtige Schwanz signalisiert nicht, wie stark der Pfauhahn an einer bestimmten Pfauhenne interessiert ist; er signalisiert, wie sehr die Hennen von diesem konkreten Hahn angezogen werden sollten. Märkte funktionieren dann am besten, wenn sie erlauben, dass beide Arten von Informationen zuverlässig übermittelt werden. Wie wir gesehen haben, hilft es in einem »verstopften« Markt – also einem Markt, in dem es unmöglich ist, jede Chance zu prüfen –, *wenn man signalisieren kann, nicht nur wie begehrenswert, sondern auch, wie interessiert man ist.* Viele von uns würden vielleicht gerne einen Filmstar heiraten, aber wir konzentrieren unsere Anstrengungen doch darauf, realistischere Partner zu finden, die uns vielleicht ihrerseits gern heiraten würden. (*Wechselseitiges* Interesse ist das, was Liebespärchen von Stalkern und deren Opfern unterscheidet.)

Wenn man einen anderen Menschen zu einem persönlichen Treffen einlädt, erhält man zahlreiche Gelegenheiten, beide Arten von Signalen auszusenden. Im Vergleich dazu macht es das Arrangieren einer Verabredung im Internet – das den Markt für die Partnersuche dichter macht, indem es die Kontaktanbahnung erleichtert – zugleich schwerer, glaubwürdige Signale zu senden, um die »Verstopfung« zu umgehen.

Natürlich lassen sich einige Signale der Begehrtheit auch über das Internet übermitteln, etwa in Form von Bildern und Referenzen: wie man aussieht, wo man zur Schule ging, was für eine Arbeit man hat und welche Hobbys man pflegt – das alles sind Signale, die jemandem helfen zu entscheiden, wie stark er an Ihnen interessiert ist.

Persönlich können Sie ebenfalls kostspielige Signale Ihres Interesses senden. Blumen und andere Formen der Aufmerksamkeit, von Geburtstagsgrüßen bis zum Verschicken von Valentinskarten, signalisieren, dass Sie Ihre Aufmerksamkeit – ein wertvolles Gut an sich – der Person widmen, um die Sie werben, und so mag es sich für diese Person ihrerseits lohnen, ihre Aufmerksamkeit Ihnen zuzuwenden. Aus diesem Grund können Mechanismen, welche die Anzahl der Signale begrenzen, die wir senden können, im Internet das Gleiche erreichen. Während andere Signale »cheap talk« sein mögen, deuten diese Signale darauf hin, dass Sie immerhin so interessiert sind, dass Sie knappe Ressourcen verwenden, die Sie nicht einfach jedem senden können. Ein seltenes Signal ist also kein billiges Gerede; es ist mit Opportunitätskosten verbunden – Sie hätten dieses Signal stattdessen auch an jemand anderen senden können.

Auf Arbeitsmärkten kann ein Motivationsschreiben im Rahmen einer Stellenbewerbung ein starkes Signal des Interesses vermitteln. Es zeigt, dass der Bewerber sich die Zeit genommen hat, sich genauer über die Stelle zu informieren, für die er sich bewirbt, und auch, dass er sich die Zeit genommen hat, mit Sorgfalt einen Brief aufzusetzen, der sich gezielt auf die gewünschte Stelle bezieht. Der Versuch, ein solches Signal zu fälschen – zum Beispiel durch

Massenproduktion dessen, was als ein individuell gestalteter Brief erscheinen soll –, kann teuer sein, wenn man dabei ertappt wird.

Mein Sohn Aaron, der Professor für Informatik ist, entdeckte ein solches Signal der Nachlässigkeit, als er im Zulassungsausschuss der Carnegie Mellon University (CMU) saß. Ein Bewerber für eine Doktorandenstelle reichte ein begeistertes Motivationsschreiben ein, in dem er darlegte, weshalb er an der CMU studieren wollte; er schrieb, seines Erachtens habe die CMU den besten Fachbereich Informatik weltweit, die Dozenten der CMU seien am besten in der Lage, ihm bei der Weiterverfolgung seiner Forschungsinteressen zu helfen, und so weiter. Aber der Schlusssatz des Briefes brachte es an den Tag:

I will certainly attend CMU if adCMUted. (Das letzte Wort sollte eigentlich »admitted« (= zugelassen) heißen.)

Dieser Satz bewies, dass der Bewerber einfach das Bewerbungsschreiben, das er an das MIT (Massachusetts Institute of Technology) gerichtet hatte, genommen und mit Hilfe eines Suche-und-ersetze-Befehls »MIT« durch »CMU« ersetzt hatte … und dann hatte er sich nicht einmal mehr die Mühe gemacht, den Text erneut durchzulesen! Hätte er dies getan, wäre ihm aufgefallen, dass diese drei Buchstaben im gesamten Text ersetzt worden waren.

Auktionen als Signale

ES IST WICHTIG, ZU BEACHTEN, dass man bei den vorhergehenden Beispielen womöglich kostspielige Signale senden muss, auch wenn diese Kosten teilweise vergeudet sind. Wenn Sie zum Beispiel aufs College gehen und fleißig studieren, um zu signalisieren, dass Sie eine hohe Lernfähigkeit besitzen, und dann eine Stelle annehmen, bei der Ihnen das, was Sie auf dem College gelernt haben, nichts nützt, haben Sie hohe Kosten bezahlt, die Ihrem Arbeitgeber nicht unmittelbar helfen (auch wenn es Ihnen, abgesehen vom Senden eines Signals, große persönliche Vorteile bringen mag).

Gäbe es für Sie einen kostengünstigeren Weg, ein genauso überzeugendes Signal zu senden, hätte Ihr Arbeitgeber dieses Signal genauso gern aufgegriffen, als er die Bewerber sortierte. Aber wenn es ein billigeres, weniger zeitaufwendiges und leichter zu sendendes Signal gäbe, könnten vielleicht auch Menschen, die sich nicht so leicht neues Wissen aneignen wie Sie (und daher nicht so gern studierten wie Sie), dieses Signal senden, was wiederum zur Folge hätte, dass das Signal nicht mehr so aussagekräftig wäre.

Aus diesem Grund verlassen sich Restaurants nicht nur auf Anzeigen, um zu signalisieren, wie schmackhaft und lecker ihr Essen ist, denn jedes Speiselokal kann sein gutes Essen anpreisen. Vielmehr bieten sie manchmal ihre Speisen so günstig an, dass sich draußen lange Schlangen bilden. Warten ist für die Kunden kostspielig; sie könnten in dieser Zeit etwas anderes tun oder früher essen gehen. Die Kosten des Wartens der Kunden verwandeln sich nicht direkt in Gewinne für das Restaurant, und einigen der Wartenden wäre es vielleicht lieber, etwas mehr für ihr Essen zu bezahlen und dafür nicht warten zu müssen.

Warum also erhöht das Restaurant nicht seine Preise und beseitigt die Schlange? Das heißt, weshalb verzichtet es auf die unmittelbaren zusätzlichen Einnahmen, die höhere Preise bringen könnten? Weil diese lange Schlange ein Signal sendet, welches das Restaurant auf der gegenüberliegenden Straßenseite mit leeren Tischen nicht so leicht kopieren kann – ein Signal, das Folgendes aussendet: Eine Menge Leute glauben, dies sei ein gutes Restaurant, bei dem es sich zu warten lohne, und wenn Sie es noch nicht ausprobiert haben, sollten Sie sich vielleicht ans Ende der Schlange stellen, statt auf die andere Straßenseite zu gehen.

Das Restaurant profitiert also von dem Signalwert einer langen Schlange, nicht aber von der Zeit, die die Gäste durch das Warten vergeuden, ebenso wenig wie die Pfauhenne vom Schwanz des Pfauhahns profitiert oder der Bankkunde von dem Foyer mit hoher Decke. Aber es gibt eine alte Methode des Signalisierens, bei der die

Kosten des Signals für den Signalgeber genau gleich dem Nutzen für den Empfänger sind. Ich spreche von Auktionen, bei denen der Meistbietende nicht nur signalisiert, wie Güter verteilt werden sollten, sondern auch den Verkäufer der Güter bezahlt.

Ein Grund dafür, dass Auktionen solche altbewährten Methoden des Verkaufs von Gütern sind, ist die Tatsache, dass der Meistbietende ein kostspieliges Signal sendet, wonach er etwa einem Gemälde einen höheren Wert zuschreibt als irgendeiner der anderen Bieter, und die Kosten dieses Signals sind nicht vergeudet: Der Verkäufer und der Auktionator erhalten das Geld, das der Meistbietende ausgibt. Das Gebot, das den Zuschlag erhält, ist also nicht *bloß* ein kostspieliges Signal (obwohl es das *auch* ist); es ist auch eine effiziente, direkte Vermögensübertragung an den bisherigen Eigentümer des Gemäldes von jenem Bieter, der ihm den höchsten Wert beimisst und mit seinem Höchstgebot signalisiert, dass er derjenige sein sollte, der das Gemälde bekommt.

Eine Auktion lässt sich auf vielfältige Weise durchführen; Auktionsdesign ist eines der aktivsten Teilgebiete des Marktdesigns und eines der ältesten obendrein.[26] Güter – von Kunstwerken bis zu Rindvieh – werden oftmals in Auktionen mit »steigenden Geboten« verkauft, bei denen der Auktionator schrittweise höhere Preise ausruft, bis nur noch einer der Bieter übrig ist, und dieser Bieter bezahlt den letzten, höchsten Preis, den der Auktionator ausruft. Manchmal werden Güter auch in Auktionen mit »verdecktem Gebot« verkauft: Jeder Bieter reicht ein Gebot ein, ohne die übrigen Gebote zu hören. Die Gebote werden dann alle gleichzeitig geöffnet, und der Höchstbietende erhält den Zuschlag, wobei er manchmal seinen Gebotswert und manchmal den Wert des zweithöchsten Gebots oder knapp darüber bezahlt.

Es mag sich seltsam anhören, dass der Auktionssieger das zweithöchste Gebot bezahlt, aber man sollte sich vor Augen führen, dass bei einer Auktion mit steigenden Geboten der Bieter, der den Zuschlag bekommt, den Preis bezahlt, bei dem der Bieter mit dem zweithöchsten Gebot ausgestiegen ist. Also bekommt der Höchstbietende sowohl bei einer Auktion mit steigenden Geboten als auch bei einer verdeckten Zweitpreisauktion das Objekt zu dem Preis, der knapp über jenem Preis liegt, den der Zweithöchstbietende zu zahlen bereit war.

Bei diesen beiden Auktionsformaten ist es leicht zu entscheiden, wie viel man bieten will, wenn man weiß, wie viel einem der Gegenstand wert ist. Denn wenn man sich den Gewinn des Bieters, der den Zuschlag erhält, als den Wert, den der Gegenstand für ihn hat, minus dessen, was er dafür zahlen muss, vorstellt (und den Gewinn jedes verlierenden Bieters als null), dann ist es für Bieter gänzlich risikolos, in einer Auktion mit verdeckten Geboten den vollen wahren Wert, den das Objekt für sie hat, zu bieten beziehungsweise bei einer Auktion mit steigenden Geboten so lange mitzumachen, bis der Auktionator den vollen Betrag, den sie zu zahlen bereit sind, erreicht. Ob er gewinnt oder verliert – ein Bieter kann jedenfalls keinen höheren Gewinn erzielen, indem er einen anderen Betrag bietet.

Das ist keineswegs offensichtlich, aber wenn Sie gründlich darüber nachdenken, verstehen Sie, wieso das so ist. Betrachten wir die verdeckte Zweitpreisauktion, bei der der Höchstbietende das Objekt bekommt und den Betrag des zweithöchsten Gebots bezahlt, während die anderen Bieter nichts zahlen und nichts bekommen. Wenn ein Bieter weniger als den wahren Wert des Objekts bietet, verwandelt er manchmal ein rentables, gewinnendes Gebot in ein verlierendes, und wenn er mehr als den wahren Wert bietet, verwandelt er manchmal ein verlierendes Gebot in ein unrentables gewinnendes Gebot, bei dem er mehr zahlt, als ihm das Objekt wert war.

Betrachten wir diese Situation genauer. Nehmen wir an, Ihre wahre Wertschätzung für das Objekt, für das Sie bieten, beträgt 100 Dollar. Wenn Sie 100 Dollar bieten, ist Ihr Gebot entweder das höchste – in diesem Fall bekommen Sie den Zuschlag für das Objekt und zahlen den Betrag des zweithöchsten Gebots, zum Beispiel 90 Dollar –, oder ein anderer bietet mehr, dann zahlen Sie nichts und bekommen nichts.

Wenn Ihr Gebot das höchste ist, bekommen Sie ein Objekt, das Ihnen 100 Dollar wert ist, für nur 90 Dollar, Sie machen also einen

Gewinn von 10 Dollar. Was geschieht nun, wenn Sie 95 Dollar statt den Betrag Ihrer wahren Wertschätzung bieten? Sie zahlen auch dann 90 Dollar, da es eine Zweitpreisauktion ist, sodass Sie den gleichen Gewinn, 10 Dollar, machen. Aber angenommen, Sie bieten noch weniger, sagen wir 85 Dollar? In diesem Fall sind Sie nicht der Höchstbietende, sodass Sie keinen Gewinn machen. Wenn Ihre wahre Wertschätzung daher höher ist als die anderen Gebote, hilft es Ihnen nicht, Ihr Gebot unter diese Wertschätzung abzusenken, auch wenn Sie der Höchstbietende bleiben. Und wenn Sie Ihr Gebot so stark herabsetzen, dass Sie nicht länger der Gewinner der Auktion sind, schadet Ihnen das auch, denn Ihr Gewinn sinkt auf null.

Angenommen nun, Ihre wahre Wertschätzung, 100 Dollar, wäre niedriger als das, was ein anderer bietet. Angenommen, das höchste eingereichte Gebot belaufe sich auf 120 Dollar. Wenn Sie Ihr Gebot auf über 100, aber unter 120 Dollar erhöhen, wird Ihnen das nicht helfen, da Sie weiterhin nichts gewinnen und nichts bezahlen werden. Aber wenn Sie Ihr Gebot auf über 120 Dollar erhöhen, werden Sie die Auktion gewinnen und 120 Dollar (jetzt das zweithöchste Gebot) für etwas bezahlen, das für Sie nur einen Wert von 100 Dollar hat. Eine schlechte Entscheidung: Sie haben aus einem Gewinn von null einen Verlust von 20 Dollar gemacht.

Folglich ist es risikolos, wenn man in einer Zweitpreisauktion dieser Art den Betrag seiner wahren Wertschätzung bietet, da man sich nicht besserstellen kann, wenn man irgendetwas anderes bietet.

Auch wenn es eine Zweitpreisauktion für die Bieter sicher macht, gemäß ihrer wahren Wertschätzung zu bieten, so geht dies nicht unbedingt auf Kosten des Verkäufers, obwohl dieser nur den Betrag des zweithöchsten Gebots erhält. Dies ist darauf zurückzuführen, dass es in einer verdeckten Erstpreisauktion für Bieter *nicht* risikolos ist, den Betrag ihrer wahren Wertschätzung zu bieten; sie müssen hier weniger bieten, wenn sie einen Gewinn machen wollen, denn wenn sie bei der Auktion den Zuschlag bekommen, müssen sie den vollen Betrag ihres Gebots bezahlen. Der Verkäufer bei einer Erstpreisauktion erhält also den Betrag des höchsten Gebots, der jedoch niedriger ist als der wahre Wert des Objekts für den

Höchstbietenden. Der Verkäufer bei einer Zweitpreisauktion erhält zwar nur das zweithöchste Gebot, aber die Gebote sind höher. Das heißt, wenn sich die Auktionsregeln ändern, ändern sich auch die Gebote. Tatsächlich gibt es Gründe, die dafürsprechen, dass sich diese beiden Effekte gegenseitig ausgleichen.[27]

Die Situation ändert sich, wenn man nicht weiß, wie viel einem das Objekt wert ist. Angenommen, ein Erdölkonzern bietet für Bohrrechte an einem bestimmten Ort. Seine Geologen schätzen die Größe des unterirdischen Ölvorkommens ab, aber es ist eben nur eine Schätzung. Andere Bieter haben ihre eigenen Schätzungen, von denen einige treffender und andere ungenauer sein werden. Jedenfalls erhält der Ölkonzern vielleicht ein Signal für die angemessene Höhe seines Gebots, wenn er die Gebote der anderen Bieter hört, die eine gewisse Information über die Schätzungen der Größe des Ölvorkommens dieser anderen Unternehmen vermitteln.

Unter diesen Umständen unterscheidet sich eine Auktion mit steigenden Geboten von einer verdeckten Auktion, auch einer Zweitpreisauktion, denn wenn die Gebote verdeckt sind, verschaffen sie Bietern keinerlei Aufschlüsse über das Verhalten anderer Bieter. In einer Auktion mit steigenden Geboten dagegen weiß man, wenn man andere Bieter aussteigen sieht, dass ihre Wertschätzungen nicht so hoch sind wie die eigene. Dies sagt Ihnen vielleicht, dass Ihre eigene Schätzung unrealistisch ist: Wenn das Ölvorkommen tatsächlich so groß wäre, wie Ihre Geologen schätzen, hätten auch andere Unternehmen dies erkennen müssen.

Dagegen macht es eine verdeckte Auktion, bei der man nicht sieht, wenn die anderen Bieter aussteigen, möglicherweise riskant, überhaupt zu bieten, da ein Unternehmen mit einer unrealistisch hohen Schätzung der erschließbaren unterirdischen Ölreserven womöglich dem »Fluch des Gewinners« zum Opfer fallen würde – das heißt, die Auktion gewinnen würde, nur weil es den Wert des Versteigerungsobjekts überschätzt und zu viel bezahlt hat.

Dennoch haben Erstpreisauktionen, bei denen der gewinnende Bieter den Betrag zahlt, den er bietet, ihren eigenen Charme und treten in vielen Varianten auf. So werden zum Beispiel Schnittblumen en gros im Rahmen einer Spielart der Erstpreisauktion – einer »absteigenden« Auktion – verkauft. Der Auktionator stellt eine »Uhr« ein, die das jeweils aktuelle Gebot anzeigt; sie beginnt mit einem sehr hohen Gebot, das sehr schnell sinkt, bis ein Bieter die Uhr anhält, indem er den Preis bietet, den die Uhr gerade zeigt und der höher ist als diejenigen, die irgendeiner der anderen Bieter zu zahlen bereit war, da sie die Uhr noch nicht gestoppt haben. Da das erste Gebot die Uhr stoppt, können diese Auktionen sehr schnell über die Bühne gehen – was von Vorteil ist, denn der Faktor Zeit ist beim Kauf von Schnittblumen von entscheidender Bedeutung. Ein großer internationaler Marktplatz in den Niederlanden, direkt neben dem Amsterdamer Flughafen gelegen, von wo Blumen direkt weltweit versandt werden können, funktioniert auf diese Weise.[28] Daher wird diese absteigende Auktion auch »holländische Auktion« genannt.

Die meisten Signale, über die wir bislang gesprochen haben, sind Signale, die Menschen über sich selbst senden. Studienplatzbewerber, Stellenbewerber und potentielle Ehepartner signalisieren ihre Talente, Fähigkeiten und Interessen. All diese Signale werden sozusagen *vom Verkäufer an den Käufer* gesandt. Dazu gehören Qualitätssignale, die folgende Form haben: *Ich bin ein guter Student, ein begehrter Partner, ein Restaurant, wo Menschen bereit sind, Schlange zu stehen, um hineinzukommen.* Interessensignale werden ebenfalls vom Verkäufer an den Käufer gesandt; sie haben die Form: *Ich bin wirklich daran interessiert, für Sie zu arbeiten, Ihr College zu besuchen, mit dir eine Beziehung zu führen.*

Als der US-Kongress im Jahr 1993 beschloss, dass die US-Bundesregierung Lizenzen für die Nutzung von Funkfrequenzen an Unternehmen verkaufen und nicht mehr einfach nur an Firmen mit starken Lobbys (wie Radio- und Fernsehsender) gratis vergeben sollte, benötigte die Regierung aber Signale von den *Käufern* darüber, wie diese zunehmend knappe Ressource am besten genutzt werden sollte. In diesem Fall wusste der Verkäufer – die Regierung – weniger über den Wert dessen, was er verkaufte, als die potentiellen Käufer.

Das ist häufig der Fall. Experten können zum Beispiel den Wert eines Rembrandt-Gemäldes schätzen, aber sein wahrer Wert ist bis zum Abschluss des Bietverfahrens unbekannt. Aus diesem Grund wird einer der ältesten Zwecke von Auktionen *Preisentdeckung* genannt: Man lässt sich vom Markt sagen, welchen Preis man für das, was man verkauft, bekommen kann und an wen man es verkaufen sollte, um diesen Preis zu erhalten. Auktionen sind Matching-Märkte, die Verkäufern jene Käufer zuordnen, die dem, was verkauft wird, den höchsten Wert beimessen.

Aber Funkfrequenzen sind eine kompliziertere Angelegenheit als ein Rembrandt-Gemälde, da sie für verschiedene Zwecke in vielfältiger Weise unterteilt und kombiniert werden können. Als der Kongress anordnete, die Federal Communications Commission (FCC) – die US-Regulierungsbehörde für Telekommunikation – solle die Funkfrequenzlizenzen versteigern, verlangte er, diese Lizenzen sollten so verkauft werden, dass sie den größtmöglichen Nutzen abwerfen. Die FCC benötigte ein Auktionsformat, das so flexibel war, dass Unternehmen, die die Funkfrequenzen in unterschiedlicher Weise nutzen wollten, für ihren speziellen Nutzungszweck bieten konnten.

So wollten vielleicht einige Bieter eine Reihe von Lizenzen zusammenstellen, die es ihnen erlauben würden, ein landesweites Mobilfunknetz zu betreiben. Mobiltelefone erfordern nur ein relativ schmales Frequenzband, sodass ein Mobilfunkanbieter sich um Lizenzen für entsprechend schmale Bänder, dafür aber im gesamten Land bemühen würde. Andere Unternehmen wollten ein breites Frequenzband in bestimmten geographischen Regionen zusammenstellen, damit ihre Abonnenten zum Beispiel Filme herunterladen können. Sie waren daher an einer Lizenz für eine breite Funkfrequenz interessiert, aber dies vielleicht in nur einer Stadt.

Wichtig ist, zu beachten, dass ein Geschäftsplan für die Nutzung von Funkfrequenzen darauf beruht, ein *Paket* von Lizenzen zusammenzustellen, so wie ein Projektentwickler, der in einer dicht besiedelten Stadt ein Gebäude mit einer großen Grundfläche errichten will, vielleicht ein Paket von Grundstücken zusammenstellen muss. Das gesamte Paket – von Funkfrequenzen oder Land – ist möglicherweise viel mehr wert als die Summe seiner Teile. So wie ein Bauträger kein großes Gebäude errichten kann, wenn er kein zusammenhängendes Grundstück erwirbt, kann ein Internetanbieter keine Breitbanddienste anbieten, wenn er kein Paket von Lizenzen zusammenstellt, das ein breites Spektrum abdeckt, und auch ein Mobilfunkanbieter kann erst dann seine Dienste anbieten, wenn er ein Paket zusammengestellt hat, das ein weites Gebiet abdeckt.

Die FCC und die Ökonomen, die sie und potentielle Bieter beraten, haben schnell erkannt, dass es schlechtes Marktdesign wäre, Frequenzlizenzen jeweils einzeln zu verkaufen, da es dadurch für Bieter zu einem riskanten Unterfangen würde, die Pakete, die sie brauchen, auch tatsächlich zusammenzubekommen. Denn wenn Lizenzen nacheinander versteigert würden, müssten Bieter sehr vorsichtig bieten, aus Furcht, nur einen Teil des gewünschten Pakets zu bekommen, das für sie weniger wert wäre, als sie dafür bezahlen müssten. Anders gesagt, es wäre für Bieter nicht ohne Risiko, furchtlos für jede Lizenz den Betrag zu bieten, den die Lizenz als Teil des richtigen Pakets für sie wert wäre, da sie ihre Gebote bezahlen müssten, selbst wenn sie das gesamte Paket letztlich nicht zusammenstellen könnten.

Um dieses Problem zu beheben, führte die FCC ein Auktionsdesign ein, bei dem viele Lizenzen in »simultanen steigenden« Auktionen gleichzeitig verkauft werden sollten, wobei die Regel galt, dass keine Auktion vor der anderen schließt.[29] Das heißt, bis ans Ende der Auktion konnten die Bieter das Paket von Lizenzen ändern, für das sie boten, da die Auktion für jede Lizenz so lange offen blieb, bis für keine Lizenz mehr geboten wurde.

Dies machte es für Bieter nicht vollkommen risikolos, ihre Pakete zusammenzustellen – sie waren weiterhin einem gewissen Risiko ausgesetzt: Auch wenn sie der Meistbietende für viele Lizenzen waren, so bestand doch noch immer das Risiko, dass der Preis der verbleibenden Lizenzen, die sie für ihr Paket noch benötigten, so stark steigen konnte, dass es ihnen nicht möglich war, das Paket zu vervollständigen. Aber dennoch hat diese Art der Auktion das Problem weitgehend gelöst, weil die meisten Pakete ein gewisses Maß an Austausch und Ersetzung zulassen; wenn bestimmte Teile des Pakets zu kostspielig wurden, konnten Bieter ihre Gebote auf ein anderes Paket ausrichten. Alles in allem legten damit die Gebote selbst fest, wie die Mischung gewinnender Pakete zwischen konkurrierenden Nutzungsarten aufgeteilt werden sollte, um am meisten Wert zu schaffen.

Das Auktionsdesign musste auch noch ein weiteres Problem lösen: Um das reibungslose Funktionieren dieses Marktes zu gewährleisten, müssen die Bieter bereit sein, zu bieten, auch wenn dabei das Risiko entsteht, Wettbewerbern vertrauliche Informationen zu verraten. Bieter, die ihre Absichten nicht enthüllen wollen, bieten erst kurz vor Ende der Auktion, wie wir in Kapitel 7 gesehen haben, als wir das »Sniping« bei eBay-Auktionen betrachteten. Aber wenn *jeder* wartet, werden die Informationen, die für eine effiziente Allokation benötigt werden, nicht mitgeteilt.

Um dies zu vermeiden, umfasste das Design für die Frequenz-Auktion auch *Aktivitätsregeln*, die von meinen Kollegen Paul Milgrom und Bob Wilson vorgeschlagen wurden. Das Ziel dieser Regeln war es, Bieter von späten Geboten abzuhalten, wenn sie nicht schon zu einem früheren Zeitpunkt der Auktion für eine bestimmte Anzahl an Lizenzen (gemessen an dem Prozentsatz der Bevölkerung, dem sie ihre Dienste anbieten könnten) geboten hatten. Großbieter mussten folglich ihre Gebote frühzeitig bekannt machen, und alle Bieter konnten ihre Gebote daraufhin im Licht des Wettbewerbs korrigieren. Simultan steigende Auktionen mit Aktivitätsregeln befähigen also viele Bieter, gleichzeitig um viele Lizenzen zu konkurrieren, sodass ein dichter Markt geschaffen werden kann, in dem die Preisentdeckung stattfindet. Die Aktivitätsregeln verhindern auch, dass sich Auktionen endlos hinziehen – eine weitere mögliche Nebenwirkung dichter Märkte, die mit der »Verstopfung« durch viele mögliche Transaktionen klarkommen müssen.

Schon bald wurden diese Auktionen von anderen Ländern, die Funkfrequenzlizenzen verkaufen wollten, in großer Zahl übernommen. Heute geht eine Reihe europäischer Länder sogar noch weiter, und führt steigende Auktionen durch, die *Paketgebote* erlauben, und nicht länger verlangen, dass das Paket Lizenz für Lizenz zusammengestellt wird. Ein Paketgebot hat die Form: *Ich biete einhundert Millionen Euro für genau dieses Paket von Lizenzen, und wenn ich nicht den Zuschlag für das Gesamtpaket bekomme, will ich auch keinen Teil davon.* Das heißt, ein Paketgebot erlaubt es einem Unternehmen, genau für das zu bieten, was es will, und wenn es nicht der Meistbietende ist, steht es ihm völlig frei, für ein anderes Paket zu bieten, ohne durch seine vorhergehenden Gebote eingeschränkt zu sein (wie es bei einer simultan steigenden Auktion der Fall ist). Dies erspart dem Unternehmen, der Höchstbietende für einige Lizenzen zu werden, an denen es dann vielleicht nicht länger interessiert ist.

Auktionen mit Paketgeboten für viele Lizenzen können erst heute, da wir über hochleistungsfähige Computer verfügen, durchgeführt werden. Bei einer Auktion für eine einzelne Lizenz lässt sich leicht sagen, welches Gebot den Zuschlag bekommt: das höchste Gebot. Bei einer simultanen Auktion vieler Lizenzen lässt sich noch immer leicht sagen, welche Gebote den Zuschlag bekommen: die höchsten Gebote bei den Auktionen für jede Lizenz. Aber wenn viele Lizenzen bei einer Auktion verkauft werden, die Paketgebote zulässt, ist es ein schwieriges rechnerisches Problem, zu ermitteln, welche Gebote den Zuschlag bekommen: Es sind jene Gebote für *Pakete*, die den höchsten Wert generieren.

Angenommen, wir führen eine kleine Auktion für nur vier Lizenzen durch – L1, L2, L3 und L4. Ein Bieter bietet vielleicht für das Paket, das aus L1 und L2 besteht, ein zweiter bietet für L2 und L3 und ein dritter für L1 und L4. Man beachte, dass der erste und der zweite Bieter nicht beide Gewinner sein können, da sie beide L2 wollen, aber der zweite und der dritte Bieter beide das gesamte Paket bekommen können. Also bekommen möglicherweise selbst dann, wenn der erste Bieter das höchste Gebot (für L1 und L2) abgibt, die beiden anderen Bieter den Zuschlag, da die Summe ihrer beiden Gebote das erste Gebot übersteigt.

Selbstverständlich muss eine steigende Auktion mit Paketgeboten in jeder Phase der Auktion die gewinnenden Bieter ermitteln,
damit Bieter wissen, ob ihre Gebote gegenwärtig das gewünschte
Paket gewinnen, und verlierende Bieter neue Gebote formulieren
können. Wenn viele Lizenzen zum Verkauf stehen, müssen zahlreiche Pakete geprüft werden.[30] Selbst wenn nur vier Lizenzen zum
Verkauf stehen, gibt es bereits fünfzehn mögliche Pakete, für die ein
Gebot abgegeben werden könnte (jede der vier Lizenzen getrennt,
jedes der sechs möglichen Pakete aus zwei Lizenzen, jedes der vier
möglichen Pakete aus drei Lizenzen und das Paket, das aus allen
vier Lizenzen besteht). Um die Menge der gewinnenden Gebote in
jeder Phase der Auktion zu berechnen, muss der Auktionator (das
heißt sein Computer) jede Kombination von Geboten berücksichtigen, bei der keine zwei Gebote eine Lizenz gemeinsam haben, um
die Kombination zu finden, die den höchsten Wert generiert.

Wichtig ist, zu beachten, dass es beim Bieten für Pakete nicht
immer möglich ist, den Preis jeder einzelnen Lizenz zu ermitteln,
da die Lizenzen alle in Paketen unterschiedlicher Größe und Zu-
sammensetzung gebündelt sind. Auch hier also leisten Preise nicht
die ganze Arbeit: Wie wir in dem Beispiel mit nur vier Lizenzen
sahen, ist der Bieter, der das höchste Gebot abgibt, nicht zwingend
unter den Gewinnern. Nicht nur Ihr Gebot entscheidet darüber,
was Sie bekommen, sondern auch die Gebote anderer. Und das gilt
nicht nur für jene Pakete, die mit dem konkurrieren, das Sie wollen,
sondern auch für Pakete, die sich, zusammen mit Ihrem Paket, vielleicht zum höchsten gesamten Wert addieren. Sie können also nicht
einfach wählen, was Sie wollen, selbst wenn Sie der reichste Bieter
sind.

Die Existenz unserer mobilen Kommunikationsgeräte ist also
eine Folge der Frequenzauktionen, die ich gerade beschrieben habe.
Und praktisch jedes Mal, wenn wir diese Geräte benutzen, treiben
wir eine andere unglaublich schnelle Art von Auktion voran, die
zum finanziellen Lebenselixier des Internets geworden ist.

Bieten auf unsere Blicke

DIE FERNSEHSERIE *Mad Men* stellt die Welt der Werbung in den 1960er-Jahren dar. Damals mussten Werbeanzeigen auf eine große demographische Zielgruppe zugeschnitten werden, weil der Marktplatz von Zeitungs- und Zeitschriftenverlagen, Fernsehsendern und Plakatwerbungsfirmen dominiert wurde. Aber im Internet werden Werbeanzeigen nicht einfach auf Menschen wie Sie zugeschnitten; sie richten sich an Menschen, die *genauso* sind wie Sie, und oftmals sogar an *Sie* persönlich.

Dies ist darauf zurückzuführen, dass, sobald Sie das Internet benutzen, Ihr Blick an den Meistbietenden versteigert wird, und zwar in einigen der schnellsten Auktionen, die es je gegeben hat.

Das Geschäftsmodell, das Google zu einem der wertvollsten Unternehmen der Welt macht, umfasst fortlaufende Auktionen für Wörter, die in seine Suchmaschine eingegeben werden. Jedes Mal, wenn Sie eine Suchanfrage durchführen, sehen Sie nicht nur die »organischen« Ergebnisse der Suche nach den Wörtern, die Sie eingetippt haben: Sie sehen auch Werbeanzeigen. Die Anzeigen, die Sie sehen, und die Reihenfolge, in der sie erscheinen, richten sich danach, welche Anzeigenkunden eine von Google zum Zeitpunkt jeder Suchanfrage automatisch durchgeführte Auktion gewinnen.[31] Bevor die Auktion durchgeführt wird, haben Anzeigenkunden auf der Grundlage der Wörter, nach denen Sie suchen, Gebote eingereicht. Grob gesprochen wurde die Anzeige, die an erster Stelle auf Ihrem Bildschirm erscheint, von demjenigen eingereicht, der das höchste Gebot für Ihre Suchwörter abgegeben hat, der also den Preis bezahlte, den der zweithöchste Bieter geboten hat, dessen Anzeige unmittelbar darunter erscheint, und so weiter.

Online-Anzeigen können sich gezielt an diejenigen richten, die ein eindeutiges Interesse an einem Produkt zum Ausdruck bringen, und der Preis dieser Anzeigen kann ebenfalls auf den Wert des potentiellen Kunden zugeschnitten werden. (Früher einmal dagegen kostete die Plakatwandfläche für eine Auto-Anzeige genauso viel wie für eine Tee- oder Seifen-Anzeige.)

Einige Jahre lang war das Suchwort, das die höchsten Gebote auslöste, »Mesotheliom«, der Name einer tödlichen Erkrankung, von der Menschen betroffen sind, die während ihrer Arbeit mit Asbest in Kontakt kamen und Asbeststaub inhalierten. Weil viele Schadensersatzklagen im Zusammenhang mit Asbest gebündelt wurden, wussten Kanzleien, die solche Fälle bearbeiteten, dass jemand, der nach Informationen über diese Krankheit suchte, ein potentieller Kläger war, der Anspruch auf eine hohe Schadensersatzsumme erheben könnte, von der ein Teil als Honorar den Anwälten zufließen würde. Wenn also jemand nach Informationen über die Krankheit suchte, sah er Anzeigen von Anwaltskanzleien.

Sie können sehen, wie der Online-Anzeigenmarkt funktioniert, indem Sie den Bildschirm, den Sie sehen, wenn Sie nach einem nicht-kommerziellen Ausdruck suchen, wie etwa »Mathematik«, mit dem Bildschirm vergleichen, den Sie sehen, wen Sie nach einem vielverkauften Wirtschaftsgut wie etwa »neue Autos« suchen. Letztere Suchanfrage löst eine Vielzahl von Anzeigen aus, weil jemand, der danach sucht, wo er ein neues Auto findet, genau die Art von Person ist, an die Autohändler und -hersteller ihre Anzeigen richten wollen.

Natürlich muss die Google-Auktion so schnell ablaufen, dass man nicht das Warten leid ist und zu einer anderen Suchmaschine wechselt. Eine ähnliche schnelle Auktion, die sich ebenfalls oftmals an Sie persönlich richtet, findet statt, wenn Sie eine vielbesuchte Website, etwa die einer Zeitung, aufsuchen. Genauso wie bei der papiernen Version der Zeitung sehen Sie Anzeigen auf der Seite. Aber im Internet wurden einige der Anzeigen genau in dem Moment dort platziert, als sich die Seite auf Ihrem Bildschirm aufbaute, und zwar durch eine Anzeigenbörse, die das Recht versteigerte, Ihnen eine Anzeige zu zeigen. Ja, *Ihnen*.

Der Grund dafür, dass die Werbung sehr präzise auf Sie zugeschnitten werden kann, liegt darin, dass Anzeigenbörsen – welche die »Werbebanner«, die auf Webseiten erscheinen, versteigern – den Anzeigenkunden ganz genau zeigen können, wonach Sie in letzter Zeit im Internet gesucht haben (sofern Sie nicht regelmäßig

die »Cookies« löschen, die Websites auf Ihrem Browser hinter-
legen, um Ihre Sehgewohnheiten zu verfolgen).

So habe ich zum Beispiel kurz nach meinem Umzug nach Kalifornien beschlossen, einen Schreibtisch mit Laufband zu kaufen.
Nachdem ich ein wenig im Internet recherchiert hatte, fand ich
einen und sah dann jedes Mal, wenn ich die Online-Ausgabe der
New York Times aufrief, Anzeigen für Laufband-Schreibtische. Es
ist ziemlich teuer, eine Anzeige auf der Titelseite der Papierausgabe
der Zeitung zu kaufen, und die einzigen Werbekunden, für die das
sinnvoll ist, sind diejenigen, die glauben, es zahle sich für sie aus,
wenn viele Leute ihre Anzeigen sehen. Aber wenn mein Browser
beginnt, die elektronische Version der Zeitung zu laden, und die
Cookies auf meinem Computer verraten, dass ich vielleicht einen
Laufband-Schreibtisch kaufen will, werden meine Blicke zu einem
sehr wertvollen Besitz, und es kann sich für jemanden, der einen
teuren Artikel verkauft, den nur wenige Menschen wollen, durchaus lohnen, einen hohen Preis dafür zu bieten. Entsprechend wird
ein Anzeigenkunde für meine »sensibilisierte« Aufmerksamkeit
viel bieten.

Dies mag Ihnen ein wenig gruselig vorkommen. Ich war zunächst ganz froh über die Anzeigen für Laufband-Schreibtische,
aber sie tauchten auch dann noch auf, als ich bereits an meinem
neuen Schreibtisch »spazierend« die Nachrichten las. Als der Lauf-
band-Schreibtisch-Cookie auf meinem Browser zunehmend ver-
altete Informationen übermittelte, fragte ich mich, ob für meine
Blicke nun immer weniger geboten würde. Und natürlich führte es
mir deutlich zu Bewusstsein, dass viele der Anzeigen, die ich sah,
sich von denjenigen unterschieden, die andere Menschen sahen,
wenn sie zur gleichen Zeit den gleichen Artikel in derselben Zeitung lasen. Es schien, als würde mich jemand im Netz beobachten,
und das war ja auch tatsächlich der Fall. Mein Blick und der Ihre
werden dem Meistbietenden zum Kauf angeboten.

Wenn Sie Ihre Privatsphäre im Netz wenigstens einigermaßen
schützen wollen, können Sie selbst einige Schritte unternehmen –
etwa Cookies regelmäßig löschen. Oder vielleicht sehen Sie gern

Anzeigen, die auf das zugeschnitten sind, was Sie möglicherweise interessiert, und die auf Ihren Sucheingaben, Ihrem Surfverhalten und sogar Ihren E-Mails basieren.[32] Aber wenn Sie das Internet intensiv nutzen, müssten Sie sich schon sehr anstrengen, um völlig anonym zu bleiben. Und nicht nur Ihr Verhalten online wird erfasst. Die Karten-Software auf Ihrem Smartphone weiß nicht nur, wo Sie sind, sondern auch, wohin Sie unterwegs sind. Selbst Ihr Mobilfunkanbieter muss jedes Mal, wenn Ihr Telefon eingeschaltet wird, wissen, wo Sie sich aufhalten, um Anrufe an Sie weiterleiten zu können; dabei nutzt er die lokale Funkfrequenzlizenz, die er zu diesem Zweck ersteigert hat.

Da all diese neuen Technologien in unsere Privatsphäre eingreifen, könnte es sein, dass wir uns rechtliche Beschränkungen für bestimmte Arten von Transaktionen mit unseren privaten Daten wünschen. Eigentumsrechte – wem was gehört und was man mit dem, was einem gehört, tun kann – sind ein wichtiger Teil des Marktdesigns, und ich wage zu prophezeien, dass es neue Bemühungen geben wird, um die Eigentumsrechte an unseren Transaktionsdaten zu definieren.

Eigentumsrechte können komplex sein. Wir haben bereits gesehen, dass man jemandem, der ein neues Organ benötigt, eine Niere spenden kann, aber es verboten ist, eine Niere für eine Transplantation zu kaufen oder zu verkaufen. Ihre Niere ist also in vielerlei Hinsicht Ihr Eigentum – Sie können sie behalten oder verschenken –, aber es ist nicht die Art von Eigentum, die Sie verkaufen können. Betrachten wir jetzt die erstaunliche Vielfalt von Märkten, die auf die eine oder andere Art als *abstoßend* wahrgenommen werden.

TEIL IV

Verbotene Märkte und freie Märkte

11. Abstoßend, verboten und … designt

ES IST VERBOTEN, in einem Restaurant in Kalifornien Pferdefleisch zu verkaufen. Das ist kein Gesetz, das noch aus der Zeit des
Wilden Westens stammte, als ein Pferd der beste Freund eines jeden richtigen Manns war. Es ist ein Gesetz aus dem kalifornischen
Strafgesetzbuch, das im Jahr 1998 durch eine Volksbefragung – also
eine direkte Abstimmung – in Kraft gesetzt wurde, lange nachdem
Pferde aufgehört hatten eine wichtige Rolle in der Wirtschaft Kali-
forniens zu spielen. In Paragraph 598 des Strafgesetzbuchs heißt es
unter anderem: »Pferdefleisch darf nicht zum Verkauf für den
menschlichen Verzehr angeboten werden. Kein Restaurant, Café
oder sonstiges öffentliches Speiselokal darf Pferdefleisch für den
menschlichen Verzehr anbieten.« Der Gesetzesvorschlag wurde mit
60 Prozent der Stimmen angenommen; mehr als 4,6 Millionen
Bürger stimmten dafür.

Dies ist kein Gesetz, das die Gesundheit von Verbrauchern
schützen soll, indem es die Schlachtung, den Verkauf, die Zuberei-
tung und Etikettierung von als Nahrungsmittel verwendeten Tieren
regelt. Es unterscheidet sich auch von Gesetzen, die die grausame
Behandlung von Tieren verbieten, wie etwa den Vorschriften über
die Aufzucht und die Schlachtung von Nutztieren oder den Gesetzen, die Hahnenkämpfe verbieten.

Tatsächlich ist es in Kalifornien nicht verboten, Pferde zu töten;
das kalifornische Gesetz verbietet diese Tötung nur, »wenn diese
Person weiß oder hätte wissen müssen, dass ein Teil dieses Pferdes
zum menschlichen Verzehr bestimmt ist«. Anders gesagt, man darf
in Kalifornien ein Pferd töten und es an seine Hunde verfüttern;
man darf es nur nicht selbst essen. Ironischerweise ist aber die

Verwendung von Pferdefleisch in Haustierfutter aufgrund der wachsenden Nachfrage in Europa nach US-Pferdefleisch für den menschlichen Verzehr zurückgegangen.

Abstoßende Transaktionen

WIR WOLLEN EINE TRANSAKTION *abstoßend* nennen, wenn einige Menschen diese tätigen wollen, während andere sie davon abhalten wollen.

Die Arten abstoßender Transaktionen, die mich am meisten interessieren, sind diejenigen, bei denen es nicht leicht ist, genau zu bestimmen, warum einige Menschen Anstoß an ihnen nehmen.[1] Ökonomen sagen, dass Transaktionen »negative Externalitäten« haben, wenn sie Menschen schaden, die nicht an den Transaktionen beteiligt sind. Wenn Ihr Nachbar einen Nachtklub eröffnet und um zwei Uhr früh laute Partys schmeißt und Sie durch den Lärm geweckt werden, dann ist das eine negative Externalität. Es ist leicht zu verstehen, warum Sie an diesen Partys Anstoß nehmen, selbst wenn alle, die daran teilnehmen, mündige Erwachsene sind, die gern den Eintritt bezahlen und sich blendend amüsieren. Bauordnungsbestimmungen mögen den Betrieb eines Nachtklubs in Ihrem Viertel gerade deshalb verbieten, damit die Nachtruhe gewährleistet wird.

Mein Interesse gilt hier nicht Transaktionen mit offensichtlichen negativen Externalitäten, auch wenn es sich dabei möglicherweise um Transaktionen handelt, die einige Menschen tätigen wollen, während andere Menschen sie davon abhalten wollen. Für die Zwecke dieses Buches werde ich daher das Wort *abstoßend* Transaktionen vorbehalten, auf die sich einige Menschen einlassen wollen und *an denen Menschen Anstoß nehmen, denen vielleicht selbst keine unmittelbaren Nachteile daraus erwachsen.*

Man beachte, dass »abstoßend« nicht das Gleiche ist wie »ekelhaft«. Es gibt in Kalifornien kein Gesetz gegen den Verzehr von Würmern oder Insekten. Man findet diese Speisen auch nicht in

Restaurants, aber das ist darauf zurückzuführen, dass kaum jemand einen Teller gebratene Würmer verschlingen will. Aber Kalifornien ist ein Staat mit einer Bevölkerung, die aus allen Teilen der Welt stammt, darunter auch einigen Regionen, wo Pferdefleisch als Delikatesse angesehen wird. Wenn Sie bei Google »boucherie chevaline« oder »Pferdefleisch« (dt. im Orig.) eingeben, werden Sie zu Pferdefleisch-Gourmetmetzgereien in französisch- und deutschsprachigen Regionen der Welt geleitet.

Etwas kann also in einer Region als abstoßend empfunden werden, während es in einer anderen ganz in Ordnung ist, und es kann abstoßend für manche Menschen sein, für andere dagegen nicht. In Kalifornien ist der Verzehr von Pferdefleisch nicht deshalb verboten, weil niemand Pferdefleisch will (in diesem Fall wäre das Gesetz überflüssig), sondern weil einige Personen gern Pferdefleisch essen würden, andere aber nicht wollen, dass sie das tun.

Selbstverständlich kann eine Transaktion auch abstoßend, aber nicht rechtswidrig sein: Bevor das Gesetz 1998 in Kraft gesetzt wurde, fanden es viele Menschen in Kalifornien abstoßend, dass Restaurants Pferdefleisch servieren durften. Einige Transaktionen sind legal, obwohl sie abstoßend sind, weil nicht genügend Menschen sie abstoßend finden, um dieser Aversion Gesetzeskraft zu verleihen. Andere Transaktionen wiederum sind legal, obwohl sie abstoßend sind, weil es zu schwierig ist, Gesetze gegen Dinge durchzusetzen, die hinreichend viele Menschen tun wollen, und der Versuch, solche Transaktionen zu verbieten, die Tür für Schwarzmärkte und Verbrechen öffnen würde. Ein klassisches Beispiel ist die Erfahrung der Vereinigten Staaten mit dem Verbot des Verkaufs von Alkohol.

Im Namen der öffentlichen Moral verboten die Vereinigten Staaten von 1920 bis 1930 den Verkauf von Alkohol durch den 18. Zusatzartikel zur US-Verfassung. Diese Phase, die sogenannte Prohibition, erwies sich als Desaster. Es zeigte sich, dass die nationale Abscheu vor Alkoholkonsum und –sucht nicht annähernd so stark oder so weit verbreitet war wie zunächst gedacht, und die Amerikaner wurden schnell zu einem Volk von Gesetzesbrechern und Alkoholschmugglern, was wiederum dem organisierten Verbrechen in die Hände spielte. Schließlich wurde der 18. Zusatzartikel durch den 21. Zusatzartikel aufgehoben; allerdings gibt es in einigen wenigen Bundesstaaten und Countys noch immer verschiedenste Beschränkungen jenseits der allgemeinen Gesetzesvorschriften, die den Verkauf von Alkohol an Minderjährige oder das Fahren unter Alkoholeinfluss verbieten.

Die Aufhebung der Prohibition machte Alkohol nicht nur legal erhältlich; sie trocknete auch die Schwarzmärkte aus, die sich als ein so blühendes Geschäft für Kriminelle erwiesen hatten. Aber die kriminellen Organisationen, die unter der Prohibition reich geworden waren, stiegen in andere Geschäftsfelder ein und gemahnten uns für lange Zeit daran, dass das Verbot eines Marktes eine ungeschickte Form von Marktdesign ist, die ihre wesentlichen Ziele nicht unbedingt erreicht.

Vielleicht lässt sich die Abscheu vor bestimmten Transaktionen besser verstehen, wenn man sich vor Augen führt, dass einige Transaktionen das genaue Gegenteil sind. Nennen wir eine Transaktion *geschützt*, wenn viele Menschen sie fördern wollen, und zwar in dem Sinne, dass sie die Rechte anderer, diese Transaktion zu tätigen, schützen wollen, auch wenn sie selbst keine entsprechenden Transaktionen abschließen würden. Die kleinbäuerliche Landwirtschaft fällt in diese Kategorie, weil Agrarsubventionen weltweit darauf abzielen, kleine landwirtschaftliche Betriebe angesichts des immer weiteren Vordringens großer (und effizienter) Agrarkonzerne am Leben zu halten.

Es bleibt dem Betrachter überlassen, ob er Transaktionen abstoßend oder schützenswert findet. Die freie Religionsausübung ist in den Vereinigten Staaten eine geschützte Transaktion, die im 1. Zusatzartikel zur Verfassung verankert ist. Aber Wörter wie *Blasphemie, Apostasie* und *Häresie* drücken die Aversion aus, die einige Menschen für die Religionsausübung anderer empfinden. In der Gegenwart erleben wir, dass sich Anhänger verschiedener Schulen des Islam offen bekriegen, ganz so, wie in Europa in den vergangenen Jahrhunderten Anhänger verschiedener christlicher Konfessionen Krieg gegeneinander führten. In ähnlicher Weise ist das Recht auf Waffenbesitz, das durch den 2. Zusatzartikel zur US-Verfassung gewährleistet wird, in den Vereinigten Staaten ein brisanter politischer Streitpunkt, da es in einem Spannungsverhältnis zu Vorschlägen der Waffenkontrolle steht, die mit den negativen Externalitäten zusammenhängen, die Schusswaffen in vielen amerikanischen Gemeinden erzeugen.

Abscheu ist also nicht überall gleich; sie ist an verschiedenen Orten unterschiedlich stark, und sie kann sich lange Zeit halten. Doch wenn sie sich ändert, kann dies sehr schnell gehen.

Ein aktuelles Beispiel ist die gleichgeschlechtliche Ehe.[2] Dies ist eine »Transaktion«, die manche Menschen »tätigen« wollen – sie wollen heiraten –, während andere Menschen der Meinung sind, dass sie dies nicht tun sollten. In den meisten Regionen der Erde waren die Ehe und der besondere gesellschaftliche und rechtliche Status, den sie als geschützte Transaktion bietet, während des größten Teils der Geschichte einem Mann und einer Frau vorbehalten oder, in polygamen Gesellschaften, einem Mann und einer oder mehreren Frauen.

In den Vereinigten Staaten wurden gleichgeschlechtliche Ehen im Jahr 2004 in einem Bundesstaat, Massachusetts, legalisiert. Das Verbot der Homo-Ehe wurde in Massachusetts durch ein Gerichtsurteil aufgehoben, wonach dieses Verbot gegen den in der Verfassung dieses Bundesstaates verankerten Gleichheitssatz (die Gleichheit aller Bürger vor dem Gesetz) verstoße. Diese Gerichtsentscheidung ist ein Beispiel dafür, wie eine rechtlich durchgesetzte Abscheu ziemlich abrupt beendet wurde.

Aber die Frage der gleichgeschlechtlichen Ehe ist eine Angelegenheit, die die Amerikaner spaltet. Im Jahr 2014 hatten fast vierzig US-Bundesstaaten die gleichgeschlechtliche Ehe legalisiert oder standen kurz davor (einige durch Gerichtsurteile gezwungen, andere durch Verabschiedung entsprechender Gesetze). Erhebungen deuten darauf hin, dass heutzutage vor allem ältere Wähler die gleichgeschlechtliche Ehe noch ablehnen. Ich vermute also, dass die Ablehnung mit der Zeit verschwinden wird.

Aber wenn wir auf die Geschichte der Ehe zurückblicken, sehen wir, dass sich Abneigungen im Laufe der Zeit in beide Richtungen verändern können. So hat zum Beispiel die Polygamie, von der die biblischen Erzählungen von König David und anderen berichten, viele Jahre in vielfältiger Form überlebt, und sie ist in der islamischen Welt noch heute gesetzlich erlaubt. Dagegen wurde die Polygamie bei europäischen Juden vor über tausend Jahren verboten, und sie ist heute in allen amerikanischen Bundesstaaten illegal. Allerdings gibt es heterodoxe Glaubensgemeinschaften, die in Utah und andernorts Polygamie praktizieren, und private Polygamie besteht zweifellos fort. Anhänger der Polygamie haben auch begonnen, sich an der Diskussion über die neuen Gesetze zur gleichgeschlechtlichen Ehe zu beteiligen – dies könnte darauf hindeuten, dass sich irgendwann in der Zukunft der Wind wieder drehen mag. Folglich ist es nicht so, dass wir einfach alte Abneigungen ablegen, wenn wir moderne Normen und Werte übernehmen. Manchmal greifen wir sie wieder auf – oder entwickeln neue.

Die Sklaverei ist ein offenkundiges Beispiel für einen Markt, der heute selbst dort, wo er ehedem gesetzlich erlaubt war, wie etwa in den Vereinigten Staaten, als abstoßend empfunden wird und verboten ist. Selbstverständlich war die Sklaverei keine freiwillige Transaktion, was den Sklaven betraf, aber heute finden wir Knechtschaft so abstoßend, dass wir es nicht einmal akzeptieren würden, wenn sich eine Person freiwillig *selbst* in die Sklaverei oder Vertragsknechtschaft verkaufen würde. Dabei war die Vertragsknechtschaft – eine freiwillig eingegangene Form der Knechtschaft auf Zeit – ehedem eine gängige Methode für Europäer, um die Passage über den Atlantik nach Amerika zu bezahlen.

Heute verbietet der im Jahr 1865, nach einem blutigen Bürgerkrieg, verabschiedete 13. Zusatzartikel zur US-Verfassung sämtliche Formen der Vertragsknechtschaft. Er lautet: »Weder Sklaverei noch Zwangsdienstbarkeit darf, außer als Strafe für ein Verbrechen, dessen die betreffende Person in einem ordentlichen Verfahren für schuldig befunden worden ist, in den Vereinigten Staaten oder irgendeinem Gebiet unter ihrer Gesetzeshoheit bestehen.«

Eine weitere bedeutende Abneigung, die sich im Lauf der Zeit gewandelt hat, ist das Verleihen von Geld gegen Zins. Im mittelalterlichen Europa verbot die Kirche Christen jahrhundertelang, Zinsen für Darlehen zu nehmen. Noch lange Zeit später rief die Praxis der Zinsnahme in großem Maße Abscheu hervor. (Shakespeare widmete ein ganzes Stück, den *Kaufmann von Venedig*, dem Thema Geldverleih, und in *Hamlet* lässt er Polonius Laertes den Rat geben: »Kein Borger sei und auch Verleiher nicht.«)

Diese Situation hat sich heute offenkundig gewandelt: Die Kreditwirtschaft ist ein bedeutender Teil der Weltwirtschaft (auch wenn das islamische Gesetz nach vorherrschender Auslegung den Zins als solchen verbietet). Der Finanzmarkt ist eine so große Branche (die ihrerseits eine gewisse Abscheu hervorrufen kann), dass sich kaum ermessen lässt, wie radikal sich die öffentliche Einstellung in einigen Jahrhunderten gewandelt hat. Aber es lohnt sich, diesen Wandel einmal näher zu betrachten, um eine Vorstellung von der Bedeutung öffentlicher Einstellungen zu bekommen, wenn es um die Frage geht, welche Arten von Märkten wir erlauben.

In seiner Abhandlung *Die protestantische Ethik und der Geist des Kapitalismus* zitiert der Soziologe Max Weber Benjamin Franklins Ausführungen über den Nutzen einer verantwortungsvollen Kreditvergabe und -aufnahme. Franklins Sichtweise war der von Shakespeares Polonius genau entgegengesetzt: Er war der Ansicht, eine verantwortungsvolle Kreditaufnahme und -vergabe seien puritanische Tugenden, und er bot seinen Rat an, wenn es um den verantwortungsvollen Umgang mit Krediten ging. Im Jahr 1748 schrieb er einen Essay über das Thema mit dem Titel »Ratschläge für junge Kaufleute, geschrieben von einem alten«. (Franklins Essay ist vor allem berühmt wegen seines Aphorismus: »Bedenke, dass ZEIT Geld ist«, aber er enthält auch den parallelen Ratschlag »Bedenke, dass KREDIT Geld ist.«) Gegen Ende seiner Abhandlung fragt Weber dann: »Wie ist nun aus diesem, im günstigen Fall, sittlich tolerierten Gebaren ein ›Beruf‹ im Sinne Benjamin Franklins geworden?«[3]

Weil Märkte für gewöhnlich eng miteinander verbunden sind, kann es weitreichende Folgen haben, wenn sich Abneigungen ändern. So haben etwa veränderte Einstellungen zu Schulden und zur Zwangsdienstbarkeit gemeinsam unsere Sichtweise der Insolvenz verändert. Im kolonialen Amerika und in den frühen Jahren der Republik konnten zahlungsunfähige Schuldner eingesperrt oder zu Zwangsarbeit verurteilt werden. Aber als die Abneigung gegen die Zwangsknechtschaft stetig zunahm und jene gegen Schulden zugleich abnahm, wurden Insolvenzgesetze neu geschrieben, um Schuldner weniger hart zu bestrafen.

Aufgrund der dichten Vernetzung der Märkte können Marktteilnehmer manchmal bestimmte abstoßende Transaktionen vermeiden und trotzdem ähnliche Ziele erreichen. So sind zum Beispiel Kreditmärkte sehr eng mit Märkten für Vermögenswerte verbunden, was lediglich bedeutet, dass Menschen Kredite aufnehmen, um damit Güter zu kaufen. Und obwohl es nach islamischem Recht verboten ist, Zinsen auf aufgenommene Gelder zu verlangen, ist es nicht verboten, einen Mietzins für Vermögenswerte in Rechnung zu stellen. Während eine konventionelle westliche Bausparkasse Ihnen also ein Darlehen für den Bau eines Hauses gewähren mag und Ihnen Zinsen für das Darlehen berechnet, werden diese Transaktionen im islamischen Finanzwesen manchmal so strukturiert, dass eine Bank ein Darlehen für den Kauf eines Hauses bereitstellt, Miteigentümerin des Hauses wird und Ihnen dann einen Mietzins in Rechnung stellt.

So wie sich die Ablehnung existierender Transaktionen mit der Zeit wandeln kann, so ermöglichen neue Technologien neue Arten von Transaktionen, die ihrerseits neue Arten der Ablehnung hervorrufen können. Heute ist es, zumindest an manchen Orten, möglich, die gesamte »Lieferkette« für die Erzeugung eines Neugeborenen zu kaufen. Man kann das Sperma und die Eizellen kaufen, die Eizelle befruchten und sie dann von einer Leihmutter austragen lassen. Diese Möglichkeit hat zu einem »Fertilitätstourismus« bei Menschen geführt, die unbedingt ein Kind haben wollen und bei denen die üblichen Methoden versagt haben, die jedoch in Ländern leben, wo die Leihmutterschaft verboten ist oder wo es verboten ist, dafür zu zahlen. So weichen sie auf Länder aus, in denen legale Verträge über diese Dienstleistungen geschlossen werden können. Indien ist ein großer Markt für Leihmutter-Babys, und auch die (teureren) Vereinigten Staaten sind dies, wenn auch in geringerem Umfang. Aber selbst in den Vereinigten Staaten unterscheidet sich die Gesetzeslage von Bundesstaat zu Bundesstaat, und so war es 2014 etwa in Kalifornien und vielen anderen Bundesstaaten vollkommen legal, eine Leihmutter zu bezahlen, in New York dagegen illegal.

All diese Beispiele verdeutlichen, dass manche Arten von Transaktionen an einigen Orten auf Ablehnung stoßen, an anderen dagegen nicht, und dass sich die Abneigung im Lauf der Zeit wandeln kann. Es liegt am Betrachter, ob er etwas als abstoßend empfindet. Deshalb lassen sich Abneigungen nur schwer vorhersagen und erst recht kaum allgemeingültig definieren.

So kommt es häufig vor, dass Transaktionen, die nicht verpönt sind – und vielleicht sogar geschützt werden –, solange kein Geld den Besitzer wechselt, abstoßend werden, sobald Geld ins Spiel kommt. Es lohnt sich, diese näher zu betrachten, weil sie sowohl über die Abneigung selbst Aufschluss geben als auch über die verschiedenen Arten von Märkten und Marktplätzen, die zum Zweck der Befriedigung unterschiedlichster Bedürfnisse gestaltet werden können (oder auch nicht).

Geld und Fürsorge: Kaufen ist manchmal eine abstoßende Art, sich Dinge zu verschaffen

MANCHE GESCHENKE oder Tauschvorgänge werden just in dem Moment als abstoßend empfunden, wenn Geld ins Spiel kommt.

Die historische Ablehnung der Zinsnahme für Kredite scheint in diese Kategorie zu fallen, ebenso wie Verbote, biologische Mütter von Kindern, die zur Adoption freigegeben worden sind, zu bezahlen, und vielleicht sogar das Verbot der Prostitution. Kredite, die

Adoption von Kindern und Liebe gelten gemeinhin als etwas Posi-tives, wenn sie kostenlos angeboten werden, auch wenn ihre kom-merziellen Gegenstücke negativ beurteilt werden.

Wir alle können wohl zumindest ein paar Situationen anfüh-ren, von denen wir der Meinung sind, dass Geld unangemessen wäre. So revanchieren sich Gäste, die Sie zum Abendessen bei sich eingeladen haben, vielleicht mit einer Flasche Wein oder mit einer Gegeneinladung, aber sie würden vermutlich nicht mehr einge-laden werden, wenn sie Anstalten machten, für das Abendessen zu zahlen.

Debatten darüber, was für Geld gekauft und verkauft werden kann, berühren einige der grundlegenden Fragen der Demokratie. Wir sind uns weitgehend einig darüber, dass Wählerstimmen nicht gekauft werden sollten, aber wir sind uns alles andere als einig darüber, welche Rolle Geld bei Wahlkämpfen und politischen Ent-scheidungen spielen sollte. Während des Bürgerkriegs konnten junge Männer, die in die Armee der Union eingezogen wurden, Stellvertreter dafür bezahlen, dass sie an ihrer statt den Wehrdienst leisteten, aber es war schwieriger, sich in den Kriegen Amerikas im 20. Jahrhundert der Einberufung zu entziehen.

Am Ende des Vietnamkriegs schafften die Vereinigten Staaten die Wehrpflicht vollends ab, und heute haben sie eine reine Freiwil-ligenarmee. Diese Freiwilligen werden zum Teil von den Lohnstei-gerungen und Zusatzleistungen angelockt, die mit dem Wehrdienst verbunden sind, aber auch von ihrem Pflichtgefühl, ihrem Patrio-tismus und ihrer Abenteuerlust. Kritiker behaupteten, dies würde dazu führen, dass vor allem einkommensschwache Bürger, die praktisch keine großen beruflichen Perspektiven hätten, zum Mili-tär gehen würden, während wohlhabendere Bürger ihre patrioti-sche Pflicht einfach ignorieren könnten. Die Meinungen darüber, inwieweit dies zutrifft, mögen auseinandergehen, aber die Befürch-tung, nur die Ärmsten der Armen würden Militärdienst leisten, hat sich nicht bestätigt; nicht jeder, der sich verpflichten will, wird genommen, und es gilt als Ehre, seinem Land in dieser Weise zu dienen. Ich werde gleich darauf zurückkommen.

Kommen wir zunächst noch einmal zurück zum Thema Nierenverkauf: Praktisch niemand lehnt Nierenspenden für Transplantationen ab. Aber viele Menschen lehnen eine geldliche Entlohnung für Organspenden entschieden ab, und sie sind vielleicht sogar der Meinung, nur schlechte Menschen könnten sich so etwas ausdenken. Diese Vorbehalte gegen die Monetarisierung von Transaktionen lassen sich drei Hauptkategorien zuordnen.

Zum einen ist da die Sorge vor *Verdinglichung*, also die Furcht, gewisse Dinge könnten dadurch, dass ihnen ein Preis zugewiesen wird – und sie dann gekauft oder verkauft werden –, zu unpersönlichen *Objekten* gemacht werden. Das heißt, sie drohen ihren *moralischen Wert* zu verlieren.

Eine weitere Sorge ist, dass sich erhebliche Geldzahlungen als eine Art *Zwang* erweisen könnten – »ein Angebot, das man nicht ablehnen kann« –, der arme Menschen der Gefahr der *Ausbeutung* aussetzt, vor der sie geschützt werden sollten.[4]

Komplexer ist die dritte Sorge, dass es nämlich zu einer Art *Dammbruch* kommt und sich unsere Gesellschaft in einer Weise verändert, die wir ablehnen. Dahinter steckt die vage Furcht, zwar nicht die Monetarisierung gewisser Transaktionen an sich sei anstößig, diese könnte aber langfristig Veränderungen anstoßen, die wir bedauern würden. Diese Entwicklung könnte zum Beispiel einsetzen, wenn der öffentliche Rückhalt für bestehende Formen der Wohlfahrt schwindet und die Armen und Schutzbedürftigen das Gefühl hätten, etwa eine Niere verkaufen *zu müssen*.

Wenn ich vor verschiedenen Gruppen von Zuhörern über diese Sorgen in Bezug auf Nieren spreche, nicken viele Leute beifällig und glauben, meine Ausführungen lieferten eine Begründung dafür, weshalb wir den Kauf und Verkauf von Nieren nicht zulassen sollten. Eine andere große Gruppe reagiert verärgert und findet, dass Menschen, die keine Nieren verkaufen wollen, dies auch nicht tun sollten – aber dass sie kein Recht hätten, wohlinformierte Menschen davon abzuhalten, an einem Tausch teilzunehmen, der beiden Seiten nutze, auf den sie sich freiwillig einließen und der Leben rette.

Um beiden Seiten zu helfen, den Standpunkt der jeweils anderen zu verstehen, bitte ich dann Leute aus dem Publikum, die Hand zu heben, wenn sie bereit wären, den streng regulierten Verkauf von Nieren durch die Spender selbst in Erwägung zu ziehen. Sogar in einer Gruppe von Ökonomen heben nicht alle die Hand, und auch in einer Gruppe, die nicht aus Ökonomen besteht, heben einige die Hand. Ich bitte jeden, sich umzusehen und die Verteilung von Pro und Contra zu betrachten. Dann frage ich sie: Und wie wäre es mit sorgfältig reguliertem Verkauf der *Herzen* durch die Spender? Dies würde, füge ich hinzu, die Verkäufer umbringen.

Spätestens dann sinken die meisten Hände, auch wenn es fast immer ein paar Unerschrockene gibt, die ihre Hand weiter hochhalten. Es ist ja nicht so, als gäbe es kein Angebot an transplantierbaren Herzen – sowie eine erhebliche Nachfrage: Gesunde Menschen bringen sich manchmal um, und manchmal bringen sie auch andere Menschen um, und vielleicht könnte man sie dazu bewegen, zugleich ein anderes Leben zu retten und ihre Hinterbliebenen finanziell zu unterstützen, indem sie ihr Herz verkaufen. Aber die meisten Menschen halten das nach wie vor für eine schlechte Idee.

Ich will auf Folgendes hinaus: Fast jeder Mensch findet *irgendeine* Transaktion abstoßend. Und das allein ist ein Grund, die Vorstellungen anderer Menschen über abstoßende Transaktionen mit Respekt zu behandeln, selbst wenn sie ihre Hände nicht zur gleichen Zeit heben und senken wie wir.

Abneigung als Herausforderung für das Marktdesign

WAS BEDEUTET DAS aber für das Design von Märkten, wenn man Abneigung – auch und vor allem die Abneigung anderer Menschen – respektieren möchte? Was sollten wir vor allem in einer Situation tun, in der es einige Arten von Transaktionen gibt, die nicht die nötige Unterstützung haben, um einen Markt aufzubauen – für die es zugleich aber eine erhebliche Nachfrage gibt und die das Wohlbefinden einiger Menschen deutlich steigern könnten?

Das islamische Finanzwesen ist ein Beispiel. Das islamische
Gesetz verbietet es, Zinsen auf Darlehen zu nehmen, aber Menschen, die das islamische Gesetz befolgen, müssen dennoch Häuser
und andere Güter kaufen, und sie wollen nicht unbedingt warten,
bis sie den Kaufpreis bar bezahlen können. Also haben sie Bedarf
an etwas, das so ähnlich funktioniert wie herkömmliche Hypothe-
kendarlehen, auch wenn sie keinen zinspflichtigen Kredit aufnehmen wollen. Um diesem Bedarf gerecht zu werden, wurde eine
Vielzahl von Finanzierungsinstrumenten entwickelt, die im Großen und Ganzen als mit dem islamischen Gesetz vereinbar gelten.
Sie funktionieren so ähnlich wie verzinsliche Kredite, basieren jedoch auf Mietzahlungen, aufgeschobenen Zahlungen oder einer
anderen, alternativen Form, die Transaktion zu strukturieren.
Diese neuen Finanzierungsinstrumente bringen der islamischen
Welt einige der großen Vorteile, die der Kredit für die Weltwirtschaft mit sich gebracht hat, aber auch manche der damit verbun-
denen Gefahren.

In ähnlicher Weise stellt die landläufige Ablehnung von Geldzahlungen für Nierenspenden in Kombination mit dem ebenso
verbreiteten Mangel an Spendernieren eine große Herausforderung
für das Marktdesign dar. Das einzige Land, in dem es erlaubt ist,
Nieren von lebenden Spendern/Verkäufern zu kaufen bzw. zu verkaufen, ist die Islamische Republik Iran. Legale Märkte wurden
dort zugelassen, nachdem der Bedarf an Spendernieren während
des Iranischen-Irakischen Krieges in die Höhe schoss. Nierenspender und -verkäufer im Iran werden zudem vom Wehrdienst freigestellt. Es wäre wohl möglich, nützliche Erkenntnisse über die
Gestaltung solcher Märkte zu gewinnen, wenn wir den iranischen
Markt gründlich studieren würden.[5] (Ironischerweise könnte man
die Ablehnung von Kreditzinsen im Iran dadurch umgehen, dass
man einen Kauf mit den Erlösen aus dem Verkauf seiner Niere
finanziert.)

Der *Nierentausch* ist ein innovatives Marktdesign, dem es
gelungen ist, durch den Naturaltausch von Niere gegen Niere die
Anzahl der Transplantationen zu erhöhen, ohne dadurch mit der

verbreiteten Ablehnung von Nierenkäufen in Konflikt zu geraten. Der Nierentausch ist nicht nur in den Vereinigten Staaten die Standardform der Transplantation geworden, er setzt sich auch zunehmend weltweit durch. Nach US-amerikanischem Recht muss eine Niere ein Geschenk sein, entweder von einem verstorbenen oder von einem lebenden Spender.

Aber der Nierentausch allein beendet nicht den Mangel an Nieren, die für Transplantationen herangezogen werden können. Heute gibt es allein in den Vereinigten Staaten 100 000 Menschen, die auf eine Nierentransplantation warten. Unterdessen reicht die Anzahl der Spendernieren nur aus, um jährlich etwa 17 000 Transplantationen durchzuführen. Diese riesige Lücke – die auch dann nicht geschlossen wäre, wenn jeder mögliche verstorbene Spender zwei Nieren spenden würde – gemahnt uns daran, dass altruistische Spenden allein den Bedarf nicht decken.

Folglich wird eine lebhafte Debatte darüber geführt, ob und wie Nierenspender großzügiger behandelt werden könnten. Viele Ärzte, Krankenhäuser, Stiftungen und Patienten plädieren dafür, das Gesetz zu ändern und den Nierenkauf von Lebendspendern zuzulassen, damit das Angebot von Nieren mit der Nachfrage Schritt halten kann.[6]

Ökonomen wissen seit langem, dass Geldzahlungen solche Lücken füllen können, indem sie Anreize schaffen, das Angebot zu erhöhen. In Adam Smith' Buch *Der Wohlstand der Nationen* (1776) steht der berühmte Satz: »Nicht vom Wohlwollen des Metzgers, Brauers und Bäckers erwarten wir das, was wir zum Essen brauchen, sondern davon, dass sie ihre eigenen Interessen wahrnehmen.«[7] Ökonomen sind überwiegend der Auffassung, dass durch gewisse monetäre oder anderweitige Anreize für das Spenden einer Niere das Angebot an Nieren ausgeweitet werden könnte. Tatsächlich ist das weitgehend unstrittig. Die Ablehnung von Nierenverkäufen gibt uns also die Gelegenheit, diese Einstellung und ihre Folgen für Märkte, auf denen es um Leben und Tod geht, besser zu verstehen – indem wir uns Transaktionen näher ansehen, die verboten sind, obwohl Leben gerettet würden, wenn man sie erlauben würde.

Die Debatte und der Widerstand gegen die Legalisierung von Nierenverkäufen rühren von der Sorge her, dass diese Angebotsausweitung, selbst wenn sie so sorgfältig wie möglich reguliert würde, Kosten mit sich brächte – für Spender/Verkäufer, für die Armen und Schutzbedürftigen und für die Gesellschaft insgesamt – und dass diese Kosten möglicherweise sogar den großen Nutzen, den die Rettung vieler Menschenleben bedeutet, überwiegen.[8] Von Verbrechern betriebene Schwarzmärkte liefern mehr als genug Anschauungsmaterial dafür, wie hoch diese Kosten sein könnten. Auf wenigstens einigen dieser Schwarzmärkte werden Spender/Verkäufer getäuscht, genötigt, nicht bezahlt wie versprochen, und sie erhalten fast nie eine medizinische Nachsorge. (Die Qualität der medizinischen Versorgung von Transplantat-Empfängern mag ebenfalls zweifelhaft sein.) Außerdem können sich nur relativ wohlhabende Menschen Schwarzmarktnieren leisten, die zumeist von sehr armen Menschen stammen.

Es gibt auch Vorbehalte, die nicht mit messbaren Kosten zusammenhängen. So hat zum Beispiel die katholische Kirche die Sorge geäußert, die Bezahlung von Spendernieren beeinträchtige die menschliche Würde in einer Weise, die wir selbst in einem gut regulierten Markt nicht unterstützen sollten.

Marktdesign kann hier zumindest versuchen, den Bedenken hinsichtlich der Kosten, die ein Markt einer Gesellschaft auferlegen könnte, Rechnung zu tragen. Legale Märkte sind sicherer und leichter zu regulieren als illegale. (Wenn man heute eine Flasche Wein kauft, ist das etwas ganz anderes als der Kauf eines schwarz gebrannten Whiskeys während der Prohibition.) Es lohnt sich also, über Marktdesigns nachzudenken, denen es gelingen könnte, jene Aspekte eines Marktes für Nieren zu vermeiden, die viele abstoßend finden; über Marktdesigns, die einige der Transplantationshindernisse beseitigen könnten, die viele Menschen weltweit zum Sterben verurteilen und andere auf illegale Schwarzmärkte treiben, die weltweit florieren.

Mehr Leben retten

NACHFOLGEND UNTERBREITE ICH zunächst eine Reihe vor-
läufiger Vorschläge für die mögliche Gestaltung eines Marktes für
Nieren mit Geldentschädigung. Anschließend folgen, falls ein solcher Markt verboten bleiben sollte, einige Vorschläge für die Ausweitung des Nierentausches, um mehr Transplantationen *ohne*
Geldentschädigung zu fördern.

Es wurde schon viel und intensiv darüber nachgedacht, wie einigen der schlimmsten Befürchtungen bezüglich der Entschädigung von Spendern durch ein geeignetes Marktdesign der Boden
entzogen werden könnte. So könnte zum Beispiel dem Bedenken,
dass sich nur die Reichen Nieren leisten könnten, dadurch Rechnung getragen werden, dass man das gegenwärtige vollständige
Verbot von Käufen so abändert, dass nur ein dazu ermächtigter
staatlicher Käufer diese Organkäufe tätigen dürfte. Die so erworbe-
nen Nieren würden anschließend entsprechend den Regeln zugeteilt, nach denen heute die Zuteilung der Organe von postmortalen
Spendern erfolgt.

Der Sorge, dass Verkäufer durch verzweifelte Lebensumstände
zum Verkauf gezwungen sein könnten, könnte man teilweise dadurch entgegentreten, dass man eine einjährige Sperrfrist vor-
schreibt, in der potentielle Spender umfassend über die Risiken
und den Nutzen aufgeklärt sowie gründlich auf ihre körperliche
und psychische Gesundheit untersucht würden. Und weil eine Nierentransplantation der staatlichen Krankenversicherung für Senio-
ren (Medicare) gegenüber einer lebenslangen Dialyse mehr als
250 000 Dollar spart, könnte es sich die Gesellschaft leisten, eine so
großzügige Entschädigung zu zahlen, dass die Verkäufer, die diese
strengen Anforderungen erfüllten, nicht ausgebeutet würden.

Selbstverständlich steckt auch hier der Teufel im Detail. Es mag
daher helfen, eine langfristige Perspektive einzunehmen: Wir wollen überlegen, wie wir, zwanzig oder dreißig Jahre nachdem wir
den Kauf von Nieren legalisiert haben, die Legalisierung beurteilen
würden. Dazu müssten wir in Erfahrung bringen, ob der Mangel an

Spendernieren verringert wurde und ob die Patienten und Spender/Verkäufer gesund und zufrieden sind. Wir müssten zudem herausfinden, wer die Spender waren und was aus ihnen geworden ist. Und wir müssten abschätzen, wie sich der Rest der Gesellschaft zu diesen beiden Gruppen verhält. Diese letzte Frage ist wichtig, weil, einmal mehr, die gesellschaftliche Akzeptanz eines Marktes nicht unbedingt dadurch zunimmt, dass er legalisiert wird. (Prostitution ist in Deutschland legal, aber ich wette darauf, dass niemand, der sich dort um ein politisches Amt bewirbt, damit prahlt, als Sexarbeiter/-in gearbeitet zu haben.)

Zwanzig Jahre nach einer Legalisierung würde ich also nach Menschen Ausschau halten, die sich um einen Sitz im US-Senat bewerben, und zwar mit dem Argument, man möge sie wählen, weil sie in jungen Jahren eine Niere verkauft und ein Menschenleben gerettet hätten. Das mag weit hergeholt klingen, aber genauso betrachten Amerikaner heute ihre Freiwilligenarmee. Soldaten werden bezahlt, aber wenn sie für politische Ämter kandidieren, brüsten sie sich dennoch mit ihrem Wehrdienst und erhalten auch Anerkennung dafür. Wenn wir an einem amerikanischen Flughafen ein Flugzeug besteigen, werden uniformierte Angehörige der Streitkräfte gebeten, als Erste an Bord zu gehen. Ich würde mich auch gerne hinter den Nierenspendern einreihen.

Ein weiteres Anzeichen des Erfolgs wären eine lange Warteliste – nicht auf ein Transplantat, sondern für den Verkauf einer Niere – und Bücherregale mit Ratgebern von ehemaligen Spendern/Verkäufern, die Titel hätten wie *Ernährung und Trainingsplan für Nierenspender: Auch Sie können einer werden.*

Ist das alles möglich? Vielleicht würde sich aber, obwohl wir unser Bestes getan haben, um genau dies zu verhindern, auch herausstellen, dass die Menschen, die ihre Nieren verkauft haben, arm und krank waren und beim Verkauf zusätzlich ausgebeutet wurden. Vermutlich erklärt der 13. Zusatzartikel zur US-Verfassung genau aus solchen Befürchtungen heraus den Markt für Zwangsdienstbarkeit für illegal, statt zu versuchen, ihn zu regulieren. Und obgleich ich fest davon überzeugt bin, dass man durch eine sorgfältige

Gestaltung und Überwachung eines Marktes, zu dem Zweck, ihn zu reparieren, wenn er nicht richtig funktioniert, sehr viel erreichen kann, so bin ich doch nicht ganz so optimistisch, ob es wirklich möglich sein wird, Gesetze, die den Verkauf von Nieren verbieten, überall erfolgreich zu ändern.

Aber auch wenn Geldmärkte für Nieren weiterhin auf Ablehnung stoßen, eröffnet das Marktdesign dennoch Möglichkeiten, den Pool potentieller Spender zu vergrößern, ohne dieser Ablehnung direkt entgegenzutreten.

Beginnen wir zunächst damit, etwas über die Rolle zu lernen, die Anreize bei den Entscheidungen von Organspendern spielen. Nur so können wir *negative Anreize* für die Organspende beseitigen. Nach amerikanischem Recht ist es erlaubt, dass ein gewisser Geldbetrag den Besitzer wechselt: Man darf Spendern ihre Übernachtungs- und Reisekosten sowie ihren Lohnausfall erstatten. Doch bis auf einige wenige Fälle tragen die meisten amerikanischen Spender diese Ausgaben selbst. (Dies ist nicht überall so. In Israel erhalten Lebendspender von Nieren heute ihren Lohnausfall für vierzig Tage ersetzt, selbst wenn sie früher wieder zur Arbeit gehen, und ihnen wird Priorität auf der Warteliste für postmortale Spender versprochen, für den Fall, dass sie selbst jemals ein Ersatzorgan benötigen sollten.)

Einige sorgfältig geplante Experimente, vielleicht auf der Basis einzelner Bundesstaaten, würden die Diskussion darüber, wie Geldzahlungen die Spendenbereitschaft beeinflussen würden, mit empirischen Daten bereichern. Schon kleine Beträge würden vielleicht einige weitere Spenden ermöglichen. Arme Menschen leiden überproportional häufig an vielen Krankheiten, auch an Nierenkrankheiten, und daher sind die potentiellen Spender für viele Patienten ihre Ehepartner und engen Verwandten und Freunde, die selbst arm sind. Aber selbst wenn schon geringe Geldbeträge eine gewisse Anzahl zusätzlicher Spenden auslösen würden, wäre der Effekt wohl gering. Um dem großen Problem des Nierenmangels wirkungsvoller beizukommen, müssen wir mehr tun.

Die Ausweitung des Nierentauschs

DER NIERENTAUSCH ist ein guter Ausgangspunkt, da er die Anzahl der Organspenden und Transplantationen erhöht hat, ohne Ablehnung hervorzurufen. Der Nierentausch ist ein Naturaltausch – Niere gegen Niere, ein Geschenk für ein anderes. Und wie ich in Kapitel 3 dargelegt habe, verdankt sich der Erfolg des Nierentauschs vor allem der Tatsache, dass nicht-gerichtete Lebendspender in einer zweckmäßigen Weise dazu genutzt wurden, Transplantationsketten zu beginnen. Einige dieser Ketten sind sehr lang gewesen, und die durchschnittliche nicht-gerichtete Spenderkette erbringt heutzutage etwa fünf Transplantationen.

Postmortale Spender sind zwar ebenfalls nicht-gerichtet, sie werden aber nicht genutzt, um Ketten zu beginnen. Nicht alle postmortalen Spendernieren wären für Patienten-Spender-Paare, die auf eine Lebendspenderniere hoffen, attraktiv, aber *einige* wären es, da viele verstorbene Spender bis zu einem tödlichen Unfall jung und gesund waren.

Gegenwärtig ergibt sich aus jeder der circa 11 000 postmortalen Spendernieren, die Jahr für Jahr in den Vereinigten Staaten zur Verfügung stehen, eine Transplantation. Könnten wir stattdessen eine erhebliche Anzahl davon in Ketten aufnehmen, die mit der postmortalen Spenderniere, die an ein inkompatibles Patient-Spender-Paar ginge, beginnen und mit dem Lebendspender in einem solchen Paar, der eine Niere an eine Person spendet, die auf eine postmortale Spenderniere wartete, enden würde, könnten wir viel mehr Transplantationen durchführen. Auch hier würde der Teufel wieder im Detail stecken, denn obgleich jene, die auf einen Nierentausch warten, auch auf der Warteliste für postmortale Spender stehen, sind diese Personen nicht ganz oben auf der Liste – das heißt, sie haben nicht am längsten gewartet. Aber wenn wir mit einer durchschnittlichen postmortalen Spenderniere auch nur zwei Transplantationen statt lediglich einer ermöglichen könnten, wäre dies schon eine gewaltige Steigerung der Anzahl der Transplantationen, die ihrerseits die Wartezeit für alle verkürzen würde.

Eine andere mögliche Lösung wäre es, den Nierentausch im globalen Maßstab anzugehen. In Ländern wie Nigeria, Bangladesch und Vietnam, wo Nierenversagen ein Todesurteil ist, gibt es praktisch keine Nierentransplantationen und kaum oder gar keinen Zugang zur Dialyse.[9] Vermutlich hätten viele Nierenpatienten dort willige Spender, aber in einem Land wie Nigeria, wo zwischen 2000 und 2010 weniger als 150 Transplantationen stattfanden, haben Patienten nichts von dieser Bereitschaft. Aber wie wäre es, wenn wir ihnen kostenlos Zugang zu amerikanischen Krankenhäusern verschaffen würden?

Dies mag sich aufwendig und kostspielig anhören, aber das müsste es nicht sein – tatsächlich könnte es sich selbst finanzieren. Erinnern wir uns daran, dass es Medicare 250 000 Dollar spart, wenn ein Patient nicht länger zur Dialyse gehen muss. Das ist mehr als genug, um zwei Nierentransplantationen und die postoperative Versorgung und Medikation zu finanzieren. Dieses Geld könnte einen Tausch zwischen einem amerikanischen Patient-Spender-Paar und, zum Beispiel, einem nigerianischen Paar bezahlen. Wir könnten sogar noch einen Schritt weiter gehen (und vielleicht eine gewisse Ablehnung hervorrufen, dafür aber mehr ausländischen Patienten Transplantationen anbieten), wenn die ausländischen Patienten und Spender manchmal einen nicht-gerichteten Spender rekrutieren würden, der sie begleiten würde. In diesem Fall könnte sich die Lebendspender-Operation an dem ausländischen Paar selbst finanzieren, da eine weitere nicht-gerichtete Spende an eine Kette oder an jemanden auf der Warteliste für postmortale Spender in den Vereinigten Staaten die Ausgaben für ein Dialyseverfahren anderswo einsparen würde.

Ich kann mir Situationen vorstellen, in denen diese Art von medizinischer Auslandshilfe nicht nur ausländische Patienten, die andernfalls bald sterben würden, retten, sondern auch die Wartezeit für Nierentransplantationen in den Vereinigten Staaten auf einen Bruchteil ihrer gegenwärtigen, tödlichen Länge verkürzen würde. Und es könnte auch die Nachfrage nach illegalen Schwarzmärkten verringern. Wenn das keine Handelsgewinne sind!

Schwarz und Weiß?

ICH ERWÄHNE DIESE VORSCHLÄGE zum Nierentausch auch, um die wichtige Diskussion über die Frage anzuregen, wie wir den Mangel an transplantierbaren Organen verringern und den Zugang zu Nierentransplantationen verbessern können. Aber ich möchte den Nierentausch zugleich als ein Beispiel benutzen, um zu betonen, dass wir niemals vergessen sollten, dass Märkte, auch jene, die unsere Ablehnung hervorrufen, menschliche Artefakte sind. Und Marktdesign erlaubt es uns, darüber nachzudenken, wie wir die Vorteile von Märkten zu Menschen bringen können, die sie benötigen.

Abstoßende Märkte können nicht einfach in ein Schwarz-Weiß-Schema gepresst werden. Weil Märkte kollektive Einrichtungen sind, können wir sie gestalten, aber nicht unbedingt kontrollieren. Nicht zuletzt deshalb sind viele dafür, einige Märkte zu verbieten, statt sie so zu designen, dass ihre abstoßenden Aspekte neutralisiert werden. Märkte setzen mächtige Kräfte frei, und wenn wir sie daher nicht vollständig kontrollieren können, so die Überlegung, sollten wir sie vielleicht gänzlich verbieten, wenn die Risiken zu hoch erscheinen. Die Tatsache, dass Gesetze, die unterschiedlichste Märkte verbieten, so weit verbreitet sind, bedeutet auch, dass wir die Ablehnung als eine einschränkende Bedingung von Märkten nicht ignorieren können.

Dennoch ist das Verbot von Märkten lediglich eine Art, sie zu kontrollieren, und tatsächlich ist es leichter, Märkte gesetzlich zu verbieten, als dieses Verbot auch wirklich in die Tat umzusetzen. Denn wenn man einen Markt für illegal erklärt, beendet man legale Märkte. Die Märkte, die wir zu verbieten versuchen – verpönte Märkte –, sind ebenjene, an denen einige Menschen bereitwillig teilnehmen, obwohl sie von anderen abgelehnt werden. Menschen, die Geschäfte miteinander tätigen wollen, stellen eine mächtige Kraft dar. Und dieselbe Kraft, die Märkte zu einer alten und weitverbreiteten menschlichen Aktivität gemacht hat, lässt auch Schwarzmärkte dort entstehen, wo legale Märkte verboten werden.

Wie die Erfahrung der USA mit der Prohibition zeigt, führt das Verbot eines Marktes manchmal zu weitverbreiteten Gesetzesübertretungen. Die Prohibition hat den Alkoholkonsum der Amerikaner verringert, aber zu hohen Kosten und nicht annähernd in dem Ausmaß, in dem sie den *legalen* Konsum verringerte. Etwas Ähnliches geschieht heute, wo man nicht nur harte Drogen, sondern auch Marihuana verbieten will. Wir sprechen von einem »Krieg« gegen Drogen, und tatsächlich kommt es zum Einsatz militärischer Gewalt, etwa bei Operationen gegen Drogenkartelle, die kleine Länder kontrollieren und in größeren Ländern oftmals große Schäden anrichten.

In den Vereinigten Staaten sind Drogen noch immer weithin erhältlich, während unsere Gefängnisse voller Leute sind, die in den Krieg gegen die Drogen hineingezogen wurden. In Kalifornien, wo ich lebe, soll Marihuana zu den wichtigsten Cash-Crops (für den Markt bestimmte Nutzpflanzen) gehören – und das in einem Bundesstaat, der einen riesigen Markt für Agrarprodukte versorgt und mehr als zehn Prozent aller legalen Cash-Crops in den USA anbaut.

Die wenigen Experimente mit der Legalisierung verschiedener Aspekte des Drogenkonsums kommen langsam voran. Zwei US-Bundesstaaten, Colorado und Washington, haben den Konsum und die Produktion von Marihuana für den Eigenbedarf legalisiert, nachdem eine Reihe anderer Bundesstaaten diese nur für medizinische Zwecke zuließen. Andere Staaten stufen den persönlichen Besitz von Marihuana nicht länger als Straftat ein. Europäische Länder wie die Niederlande haben bereits längere Erfahrungen mit der Entkriminalisierung von Marihuana gesammelt. Und beginnend mit Portugal im Jahr 1991 hat eine Reihe von Ländern den persönlichen Besitz sämtlicher Drogen entkriminalisiert.

Um die Frage zu beantworten, ob eine Lockerung des Verbots eines bislang illegalen Marktes die Situation verbessert oder verschlechtert, wollen wir uns, hypothetisch, auf Märkte für Rauschgifte wie etwa Crack (eine Droge, die aus Kokainsalz und Natron hergestellt wird) konzentrieren. Wir wollen weiterhin annehmen, dass wir uns darin einig sind, dass Crack eine abhängig machende

Droge ist, die bei ihren Anwendern zu Gesundheitsschäden führt und keinen medizinischen Nutzen hat – das heißt, es handelt sich um eine Droge, deren Gebrauch wir alle grundsätzlich ablehnen.

Wir wissen bereits, dass der Krieg gegen die Drogen nicht dazu geführt hat, dass Crack nicht mehr erhältlich ist, also sollten wir die Möglichkeit, es zu legalisieren, nicht nur mit dem unerreichbaren Ziel vergleichen, es gänzlich aus dem Verkehr zu ziehen. Wir müssen auch nicht die Möglichkeit erwägen, es in unregulierter Weise zu legalisieren – etwa indem wir seinen Verkauf in Schulen zulassen. Die Optionen, die wir in diesem Fall haben, sind also nicht schwarz und weiß.

Vielmehr müssen wir Kosten und Nutzen sorgfältig abwägen. Die Legalisierung des Marktes für Crack würde selbst in einer sorgfältig regulierten Weise sehr wahrscheinlich die Anzahl der Abhängigen erhöhen. Das ist ein großer Nachteil. Andererseits würde eine Legalisierung möglicherweise die Kriminalitätsrate senken, und zwar nicht nur, weil dadurch jene Verbrechen wegfallen würden, die mit dem Besitz und womöglich auch dem Verkauf von Crack einhergehen. Auch die Zahl jener Straftaten, die daraus resultieren, dass man die Droge nur von Straftätern bekommt, würde abnehmen, ebenso wie jener, die daher rühren, dass die Droge immense Geldflüsse erzeugt, die mit kriminellen Methoden kontrolliert werden. Wenn die Anzahl der Drogenabhängigen stark zunehmen sollte, während die Kriminalität nur leicht zurückginge, dann wären sich die meisten von uns darin einig, dass wir eine schlechte Ausgangssituation verschlimmert hätten. Aber wenn die Anzahl der Drogenabhängigen nur gering ansteigen würde, während die Kriminalität stark zurückginge, wäre ich jedenfalls der Ansicht, dass wir eine gute Entscheidung getroffen hätten. Selbst wenn wir uns aber darüber einig sein sollten, wie die Ergebnisse eines Experiments mit der Legalisierung von Crack zu bewerten sind, sind wir allerdings womöglich überhaupt nicht einer Meinung in der Frage, ob ein solches Experiment wünschenswert oder auch ethisch vertretbar wäre, weil wir wohl unterschiedlicher Auffassung darüber wären, was wahrscheinlich bei einem solchen Experiment herauskäme.

Das Ganze lässt sich noch an einem anderen Bereich verdeut-lichen, wo abstoßende Transaktionen weit verbreitet sind: Sex. Menschen wollen manchmal unter Umständen miteinander Sex haben, die die Gesellschaft missbilligt. Aber wenn wir unsere Kin-der erziehen, Gesetze verabschieden und die Übertragung von Krankheiten eindämmen wollen, wäre es unklug, wenn wir nicht anerkennen würden, dass Sex eine mächtige Kraft ist. Das bedeutet nicht, dass wir bestimmte Verhaltensweisen nicht missbilligen und nicht versuchen sollten, sie zu zügeln, aber manchmal erreichen wir unsere Ziele eher, wenn wir uns bemühen, Verhalten in geordnete Bahnen zu lenken oder Alternativen anzubieten, statt ein Verbot zu verhängen. (Aus diesem Grund fördern wir zum Beispiel den ge-schützten Geschlechtsverkehr, statt sexuelle Enthaltung zu predi-gen.) Kurz und gut, wenn es um Sex geht, müssen wir anerkennen, dass wir es mit mächtigen Anziehungskräften zu tun haben.

Auch Märkte sind so.

12. Freie Märkte und Marktdesign

DAS NACHDENKEN über das Design von Märkten vermittelt uns neue Aufschlüsse über die Märkte selbst und ihre Funktionsweise. Ich hoffe, dieses Buch hat Ihnen geholfen, Märkte auf eine neue Art und Weise zu betrachten.

Darf ich Sie jetzt also zum Abendessen einladen, um mit Ihnen die Fertigstellung dieses Buches zu feiern?

Restaurantführer

WENN WIR UNS in meinem Büro in Stanford treffen würden, hätten wir eine große Auswahl an Speiselokalen. Einige nahegelegene Straßen sind von einer Vielzahl unterschiedlichster Restaurants gesäumt. Wir könnten zur University Avenue im nahen Palo Alto oder, nur etwas weiter weg, in die Castro Street in Mountain View gehen, wo sich die Zentrale von Google befindet.

Beide Straßen beherbergen einen *dichten* Markt für Speisen: Es gibt nicht nur eine Menge Restaurants, sondern auch viele Menschen, die gern auswärts essen. Diese Restaurants wählen ihre Standorte gerade wegen dieser vielen Kunden und lassen sich dabei auch nicht von der Tatsache abschrecken, dass ihnen die Konkurrenz hier dicht im Nacken sitzt.

Während all diese Restaurants in ähnlicher Weise von diesem dichten Marktplatz angelockt werden, gehen sie doch unterschiedlich mit dem Phänomen der *Verstopfung* um. Wenn wir zu einer beliebten Zeit essen gehen, müssen wir wahrscheinlich warten. Und wenn ich Ihnen sage, wie jedes Restaurant mit »Verstopfung« –

wo und wann wir warten müssen – umgeht, werden Sie sich vielleicht wundern, wie viele andere Dinge dieses Detail Ihnen über
das Lokal verrät.

Führen wir einen Blindversuch durch: Ich werde Ihnen sagen,
wie drei Restaurants, nennen wir Sie A, B und C, an einem Abend,
an dem viel los ist, die Überlastung bewältigen, und ich wette, Sie
werden in der Lage sein, die Art und Farbe der Tischdecken der
jeweiligen Lokale zu erraten.

Wenn wir in Restaurant A speisen wollen, rufen wir vorher an,
um zu reservieren, und unterhalten uns dann so lange in meinem
Büro, bis wir bei A erwartet werden. (Oder wir durchsuchen den
Online-Marktplatz OpenTable, der Reservierungen für viele Restaurants anbietet, um die Verfügbarkeitszeiten für Restaurant A
und andere, ähnliche Restaurants zu vergleichen.)

Sobald wir eintreffen, werden uns Plätze zugewiesen, und wir
erhalten sofort eine Speisekarte. Bald darauf kommt eine Bedienung und fragt uns nach unseren Getränkewünschen. Wenn die
Bedienung die Getränke bringt, nimmt sie unsere Bestellungen auf,
und wir unterhalten uns, während das Essen zubereitet wird. Nachdem wir zu Ende gegessen haben, wird uns die Rechnung gebracht,
und sobald wir sie überflogen haben, legen wir eine Kreditkarte
hin. Die Bedienung kommt erneut an den Tisch und nimmt die
Kreditkarte an sich. Wenn sie dann ein letztes Mal mit dem Kredit-
kartenbeleg zurückkehrt, setzen wir ein Trinkgeld darauf und un-
terschreiben, dann stehen wir auf und gehen. Sobald wir also in
Restaurant A eingetroffen sind, verbringen wir fast unsere gesamte
Wartezeit, *nachdem wir an unserem Tisch Platz genommen haben.*

Restaurant B dagegen nimmt keine Reservierungen an – und
wenn wir dort eintreffen, notiert sich die Wirtin unseren Namen
und teilt uns mit, wie lange wir ungefähr auf einen Tisch warten
müssen. Wir können an der Tür warten (oder draußen, wenn sehr
viele Leute warten), oder wir können einen kleinen Spaziergang
machen und ungefähr zur vereinbarten Zeit wiederkommen. Wir
können dies tun, weil wir unseren Platz in der Warteschlange reserviert haben, sobald wir der Wirtin unseren Namen genannt haben.

Sobald wir Platz genommen haben, kommt eine Bedienung, um unsere Bestellung aufzunehmen. Sie trägt die Speisen dann zusammen mit den von uns bestellten Getränken schnell auf. Sobald wir mit dem Essen fertig sind, bringt sie uns die Rechnung. Nachdem wir ein Trinkgeld in bar auf dem Tisch zurückgelassen haben, gehen wir mit der Rechnung zur Registrierkasse im vorderen Bereich des Restaurants, bezahlen und gehen. Fast die gesamte Wartezeit verbringen wir, *nachdem wir im Restaurant eingetroffen sind, aber bevor wir Platz nehmen.*

Schließlich stellen wir uns, in Restaurant C, vor einer der Registrierkassen in die Schlange, geben bei dem Kassierer schnell unsere Bestellung auf, bezahlen und erhalten unsere Speisen auf einem Tablett. Dann suchen wir uns einen freien Tisch und essen. Wenn wir fertig sind, werfen wir unseren Abfall in den Mülleimer, legen unser Tablett auf einen Stapel zu spülender Tabletts und gehen. Die kurze Wartezeit verbringen wir überwiegend *beim Bestellen und Bezahlen*, was wir beides in einer einzigen Transaktion erledigen.

Was geht hier vor? Nun, bei den drei Restaurants kommt es in verschiedenen Phasen der Essenstransaktion zu »Verstopfung«, und entsprechend unterschiedlich gehen die Lokale damit um. In Restaurant A betrifft die »Verstopfung« die Küche: Die Köche bereiten die Speisen auf Bestellung zu, und die Kapazität der Küche hält das Restaurant davon ab, schnell mehr Kunden zu bedienen. Wir warten, während gekocht wird, und die Schnelligkeit, mit der man im Restaurant bedient wird, hängt von der Schnelligkeit der Essenszubereitung in der Küche ab.

In Restaurant B dagegen werden die Speisen größtenteils im Voraus gekocht, und sie müssen lediglich noch auf einem Teller angerichtet werden. Hier betrifft der Rückstau den Speisesaal: Wir müssen auf einen freien Tisch warten, und die Schnelligkeit des Restaurants hängt davon ab, wie schnell die Gäste essen.

Schließlich ist Restaurant C ein Schnellimbiss; die Speisen werden wie am Fließband zubereitet, sodass sie schon fertig sind, wenn wir sie bestellen, und wir müssen lediglich auf jemanden warten, der unsere Bestellung aufnimmt.

Können Sie also die Farbe der Tischdecken erraten?[10] Nun, ich kenne die Farbe in Restaurant B nicht, aber mit hoher Wahrscheinlichkeit bestehen die Tischdecken aus Kunststoff, und sie werden nach jedem Kunden feucht sauber gewischt. Im Restaurant A sind die Tischdecken höchstwahrscheinlich weiß, und sie werden nach jedem Gast gewechselt. Im Restaurant C gibt es keine Tischdecken.

Zweifellos wären Sie verwirrt, wenn Sie in einem McDonald's eine weiße Leinentischdecke und im Four Seasons eine Tischauflage aus Plastik vorfinden würden – Sie würden denken, dass da etwas völlig schiefgelaufen ist. Und was den Rückstau der Kunden anlangt, wäre das zutreffend: das Four Seasons würde nichts gewinnen, wenn es seine Tische schnell abwischen könnte, während die Kunden von McDonald's verärgert darüber wären, darauf warten zu müssen, dass die Tischdecken gewechselt werden. Beide Ketten haben einen Weg gefunden, effizient mit jener Art von »Verstopfung« klarzukommen, mit der sie konfrontiert sind.

Jenseits der »Verstopfung«

WIE WIR GELERNT HABEN, ist »Verstopfung« nur eines der Probleme, die Marktplätze bewältigen müssen. Wie steht es mit der *Sicherheit*?

Wie Sie sich denken können, hat Sicherheit im Markt für Restaurantgerichte viele Dimensionen. Können wir darauf vertrauen, die Speisen und den Service zu bekommen, den wir erwarten, und darauf, dass uns die Gerichte nicht krank machen werden? Im Gegenzug fragt sich das Restaurant, ob es darauf vertrauen kann, dass wir die Rechnung bezahlen. In Kapitel 2 haben wir bereits gesehen, wie Kreditkarten Restaurants halfen, das Problem der Zahlungssicherheit in den Griff zu bekommen. Betrachten wir daher die anderen Probleme.

Da ich ganz in der Nähe wohne, können Sie sich wohl auf meine Kenntnis der örtlichen Qualität von Speisen und Service verlassen. Vermutlich habe ich bereits in den Restaurants gegessen, und wenn nicht, kenne ich wahrscheinlich Leute, die das getan haben: Lokale Gaststätten haben einen lokalen Ruf.

Aber selbst wenn wir den lokalen Ruf eines Restaurants nicht kennen, können wir heutzutage auf Nutzerbewertungen basierende Empfehlungsportale wie Yelp oder Zagat oder (im Fall von Restaurant A) vielleicht den Guide Michelin oder einen anderen Restaurantführer für Gourmets zu Rate ziehen. Restaurant C, am entgegengesetzten Ende des Spektrums, ist vielleicht ein Franchise-Lokal wie etwa McDonald's, sodass es nur ein winziger Knoten in dem riesigen Netzwerk eines Konzerns ist, der sich darum bemüht, vergleichbare Standards in sämtlichen Filialen aufrechtzuerhalten. Wenn man also quer durchs Land fährt, weiß man recht genau, was einen erwartet, selbst wenn man noch nie in diesem einen bestimmten Restaurant gewesen ist.

Bei all diesen Restaurants gewährleisten zudem kommunale Verordnungen noch eine weitere Art von Sicherheit. In diesem Fall erteilt das Amt für Umwelthygiene des County of Santa Clara Gaststätten eine Konzession, führt gelegentlich Betriebsbesichtigungen durch und erstellte Berichte darüber. Es kann ein Restaurant schließen, falls Verstöße gegen Hygienevorschriften vorliegen, und dieses darf erst dann wieder öffnen, wenn diese beseitigt sind.

Kunden können oftmals nur schwer beurteilen, ob Hygienevorschriften eingehalten werden. Aus dem Food Facility Inspection Report des Countys geht hervor, dass es zu vergleichsweise wenigen, größtenteils vorübergehenden Lokalschließungen kommt, aus Gründen wie »Nahrungsmittel durch Ungeziefer verunreinigt« und »keine Papierhandtücher und keine Seife am Küchenhandwaschbecken«.

Auch andere Behörden sind an der Regulierung von Speiselokalen beteiligt. So verbieten etwa städtische Flächennutzungspläne die Eröffnung eines Restaurants in einem Wohngebiet. Und wie Sie schon wissen, ist es in Kalifornien Gaststätten untersagt, Pferdefleisch anzubieten.

Beachten Sie, dass die McDonald's Corporation bezüglich einer McDonald's-Filiale teilweise die gleiche Rolle spielt, die das County

bezüglich Restaurants im Allgemeinen spielt: Beide haben Vorschriften, die Restaurants einhalten müssen, und ein Restaurant,
das gewisse Standards nicht einhält, kann geschlossen werden.

In ähnlicher Weise gehört ein Einkaufszentrum einem Privat-
unternehmen, das in der Regel die genaue Zahl und Vielfalt der
Restaurants und anderer Geschäfte sehr viel effektiver kontrolliert,
als Städte dies durch Flächennutzungspläne tun können. Es ist
nicht ungewöhnlich, dass ein Einkaufszentrum mit seinen Mietern
Verträge abschließt, die beispielsweise garantieren, dass ein bestimmtes Restaurant das einzige im Einkaufszentrum sein wird, das
eine bestimmte Küche anbietet.

Unsere kulinarische Exkursion zeigt, dass Details wichtig sind.
Einige Restaurants haben gelernt, den Zustrom von Kunden mit
Hilfe von Reservierungen zu verlangsamen, um das Problem der
»Verstopfung« in der Küche in den Griff zu bekommen, so wie
Nierentausch-Netzwerke ausgetüftelt haben, wie man nicht-gleichzeitige Ketten organisieren kann, um die Überlastung von Operationssälen zu verhindern. Restaurants mittlerer Preislage bewältigen das Problem der Kundenstauung im Speisesaal mit Wartelisten,
und Schnellrestaurants sind nur deshalb schnell, weil sie die Speisen fortlaufend zubereiten, aber auch, weil sie die Transaktion jedes Kunden auf einen einzigen Kontakt, denjenigen an der Kasse,
reduzieren.

Wie andere Marktplätze müssen auch Restaurants eine Reihe
von Problemen lösen, aber die Lösungen für diese Probleme hängen womöglich von den Besonderheiten der Märkte und den Arten
von Transaktionen ab, die sie tätigen.

Aus dem gleichen Grund kann das Design eines Marktplatzes
einige spezifisch lokale Entscheidungen widerspiegeln und einige,
die von öffentlichen oder privaten externen Instanzen, die Regeln
erlassen, einer breiten Palette von Märkten auferlegt werden. Diese
Entscheidungen können beeinflussen, wie *vertrauenswürdig* der
Markt ist und wie reibungslos er funktioniert.

Öffentliche und private Regulierung von Märkten

GESETZE UND ANDERWEITIGE VORSCHRIFTEN gelten für ein breites Spektrum von Märkten und Marktplätzen. Sowohl Regierungen als auch private Organisationen wie Franchise-Unternehmen, Einkaufszentrenbetreiber oder Branchenverbände erlassen solche Vorschriften. Gesetze dagegen werden ausschließlich von staatlichen Institutionen verabschiedet.

Einige Gesetze liefern den Unterbau für die Gestaltung vieler Märkte. Dazu gehören etwa Gesetze, Eigentumsrechte (wem gehört was?) und Verträge (wer erklärt sich bereit, als Gegenleistung wofür, was zu tun?). Der Schutz von Eigentumsrechten und die Durchsetzung privater Verträge hängen zum Teil von den Gerichten ab, die eine staatliche Ressource sind, die nicht nur dazu dient, Gesetze zu vollziehen, sondern auch dazu, privatrechtliche Streitigkeiten beizulegen.

Die Eigentumsrechte selbst müssen gestaltet werden; sie sind nicht alle gleich. Obwohl Ihnen Ihre Nieren gehören und Sie auch das Recht haben, eine zu spenden, ist es Ihnen in keinem Land der Erde, vom Iran abgesehen, gestattet, eine Niere zu verkaufen. Geläufiger ist Ihnen vielleicht ein anderes Beispiel: Vielleicht gehört Ihnen das Grundstück, auf dem Sie Ihr Haus gebaut haben, aber örtliche baurechtliche Vorschriften verbieten Ihnen vielleicht, dort Lebensmittel zu verkaufen oder einen Nachtklub zu eröffnen.

Wenn Sie ein Exemplar dieses Buches kaufen, gehört es Ihnen, und Sie können beschließen, es zu behalten, zu verkaufen, zu verschenken oder zu rezensieren. Aber Sie dürfen es nicht nach Belieben *vervielfältigen*. Dazu sind urheberrechtliche Gesetze da – sie geben Autoren und Verlagen Sicherheit. Wenn Sie ein *digitales* Exemplar des Buches erwerben, sind Ihre Rechte vielleicht noch stärker eingeschränkt (Sie dürfen es wahrscheinlich nicht verkaufen), und diese Rechte werden nicht durch ein Gesetz, sondern durch einen Vertrag mit dem E-Book-Verlag geregelt, ähnlich wie beim Kauf von Software. Wenn Sie ein E-Book oder Software kaufen, kaufen Sie in Wirklichkeit eine Lizenz, die Ihnen die Nutzung erlaubt.

Wie andere Design-Elemente, etwa die Regeln für einzelne Märkte, können Gesetze und Vorschriften, die unterschiedliche Märkte und Marktplätze regulieren sollen, sowohl positive als auch negative Auswirkungen haben. Hygienevorschriften sollen uns vor unhygienischen Restaurantküchen schützen, aber wenn sie sich zu langsam an einen sich wandelnden Markt anpassen, »beschützen« sie uns auch vor Gourmet-Imbisswagen. In ähnlicher Weise hat McDonald's länger damit gewartet, seinen Franchise-Nehmern zu erlauben, neue Produkte für gesundheitsbewusste Konsumenten einzuführen, als es einzelnen Franchise-Nehmern in Kalifornien gefallen hat.

Gutes und schlechtes Design

WÄHREND SICH GUTE MARKTDESIGNS langsam im Lauf der Zeit herausbilden, wenn alte Regeln und Vorschriften geändert werden, können sich schlechte Designs sehr lange halten. Eine Analogie aus der biologischen Evolution mag dies veranschaulichen: Der aufrechte Gang bringt uns Menschen viele Vorteile, aber wir sind nicht gut dafür ausgelegt; wir leiden an Rückenproblemen und Plattfüßen, weil unser Körperbau, schon lange bevor wir begonnen haben auf zwei Füßen zu gehen, weitgehend ausgeformt war. Im Fall von Märkten halten sich schlechte Designs oftmals nicht nur, weil es eine gewisse Zeit braucht, bessere zu entdecken, sondern auch, weil womöglich viele Marktteilnehmer den Status quo beibehalten wollen und weil bei der Koordinierung von Veränderungen, die den gesamten Markt betreffen, viele verschiedenen Interessen berührt werden.

Das ist ein Grund, weshalb es nicht allzu schwer ist, Beispiele von Märkten zu finden, die nicht gut funktionieren. Das gegenwärtige System der Finanzierung des Gesundheitswesens in den Vereinigten Staaten ist ein Flickwerk schlecht koordinierter Programme. Sogenannte Drittzahler – sowohl private als auch staatliche –, die die Behandlungskosten auf Versicherte oder Steuerzahler abwälzen, haben nicht unbedingt Anreize, die Kosten zu senken, aber sie haben auch nicht immer Anreize, dafür zu sorgen, dass die Menschen gesund bleiben. Nach den gegenwärtigen Regeln ist es um ein Vielfaches schwieriger, eine Klinik zu finanzieren, die Diabetes-Patienten Ernährungsratschläge und andere Tipps gibt, um ihre Krankheit unter Kontrolle zu halten, als eine Klinik zu betreiben, die sehr viel kostspieligere Dialyseverfahren und Nierentransplantationen durchführt, die dann notwendig werden, wenn die Diabetes-Erkrankung so weit vorangeschritten ist, dass sie sich nicht mehr kontrollieren lässt.

Nun ist es bekanntermaßen überaus schwierig, den Gesundheitsmarkt zu ändern; ganze bundespolitische Wahlkämpfe wurden schon darüber geführt. Vor mehr als vierzig Jahren hat Präsident Richard Nixon vergeblich versucht, ein landesweites System der Gesundheitsversorgung für alle einzuführen. Erst vor wenigen Jahren wurde ein weiterer Versuch unternommen: der Affordable Care Act – auch »Obamacare« genannt – wurde zwar in Kraft gesetzt, ist aber nach wie vor sehr umstritten. Wenn ich gefragt werde, wo sich erste Ansätze guten Marktdesigns zeigen, würde ich sagen, in der Gesundheitspolitik von Großunternehmen, die ihre Mitarbeiter selbst versichern. Solche Unternehmen profitieren davon, wenn ihre Mitarbeiter gesund bleiben beziehungsweise wenn die Kosten ihrer Behandlung im Krankheitsfall sinken.

Die negativen Folgen eines weiteren schlecht gestalteten Marktes – desjenigen für Wasserrechte – sehe ich selbst direkt hier in Kalifornien. Wie jeder, der den Film *Chinatown* gesehen hat oder mit der Geschichte des Owens Valley vertraut ist, weiß, ist dieses Problem fast hundert Jahre alt.

Grob gesprochen wird Wasser in Kalifornien ohne Rücksicht darauf zugeteilt, wie wertvoll es an dem einen oder anderen Ort ist. So bauen wir in Kalifornien zum Beispiel eine Menge Baumwolle an; dazu bedarf es allerdings großflächiger Bewässerung. Dieses Bewässerungswasser wäre viel wertvoller, wenn es in Kalifornien für andere Zwecke verwendet würde, insbesondere während einer Dürre wie der, die wir seit 2012 erleben. Aber die Eigentümer der Wasserrechte können diese Rechte nicht ohne weiteres verkaufen, wenn Wasser knapp ist, sodass sie verlieren und wir ebenfalls verlieren. Die Gestaltung eines effizienten Marktes für Wasserrechte sollte eigentlich nicht mit so großen Hindernissen verbunden sein wie die Schaffung eines Geldmarkts für Nieren – trotzdem fließt das Wasser bislang nicht dorthin, wo es am dringendsten benötigt wird.

Ein weiterer Markt, dessen langsame Weiterentwicklung mich immer wieder überrascht, ist der für amerikanische Wohnimmobilien – das heißt der Markt für unsere Häuser. Potentielle Hauskäufer sind noch immer mehr oder minder gezwungen, die Dienste professioneller Immobilienmakler, die als hochbezahlte Vermittler fungieren, in Anspruch zu nehmen. Diese Markler erhalten einen bestimmten Prozentsatz des Verkaufspreises, oftmals 5 Prozent, anders als alle anderen, die an der Transaktion beteiligt sind – einschließlich der Anwälte bei Vertragsschluss, die nach Stundensätzen bezahlt werden.

Vor dem Aufkommen des Internets mag dies dazu beigetragen haben, den Markt dicht zu machen. Es mag auch dem Problem der Verstopfung entgegengewirkt haben, indem es Käufern half, Informationen zu sammeln und zu filtern (und Verkäufern, diese zu signalisieren), da es damals schwierig war, sich Informationen über Immobilien zu beschaffen. Aber heutzutage unternehmen Käufer einen virtuellen Rundgang, ehe sie sich entscheiden, welche Häuser sie besichtigen wollen, und daher braucht ein Großteil des Marktes im Grunde keinen Vermittler.

In der Branche übliche Standardverträge machen es jedoch schwer, nicht für die Dienste eines Maklers zu bezahlen, selbst wenn man sie kaum in Anspruch nimmt. Wenn der Verkäufer eines Hauses einen Makler eingeschaltet hat und der Käufer ebenfalls mit einem Makler kommt, dann teilen sich die beiden Makler laut Vertrag die Gebühren – aber auch wenn der Käufer ohne einen Makler kommt, müssen die Gebühren in voller Höhe bezahlt werden. Sobald daher ein Verkäufer einen Makler eingeschaltet hat, kann er bei seinen Maklergebühren nichts einsparen, selbst wenn der Käufer das Haus ohne fremde Hilfe findet. Eine kleine unternehmerische Marktreaktion besteht darin, dass es jetzt einige wenige lizenzierte Makler gibt, die sich um Käufer kümmern, die eigentlich keinen Makler benötigen. Als meine Frau und ich ein Haus kauften, das wir ohne einen Makler fanden, hatte der Verkäufer bereits einen Vertrag mit einem Makler unterschrieben, in dem die Gesamthöhe der Maklergebühr festgelegt war. Als wir den Kaufvertrag dann abschließen wollten, beauftragten wir einen Makler der Firma Redfin, die die Hälfte ihres Anteils an den Gebühren dem Käufer rückerstattet. Das ist weit von einer effizienten Anpassung an eine sich wandelnde Welt entfernt, aber es ist immerhin ein Anfang.

Computergesteuerte Märkte

AUCH WENN DAS INTERNET den Immobilienmarkt bislang nicht revolutioniert hat, hat es doch, wie wir sahen, weitreichende Veränderungen auf anderen Gebieten herbeigeführt. Computer machen Märkte nicht nur allgegenwärtig und schnell; sie ermöglichen es auch, »intelligente Märkte« zu betreiben, die von der Rechenleistung der Maschinen abhängig sind.

Weder der Nierentausch noch die »Paketgebot«-Auktionen wären möglich, wenn es keine Computer gäbe, die die vertrackten Berechnungen durchführen, die erforderlich sind, um den besten Weg der Zuordnung von vielen Patienten-Spender-Paaren zueinander oder die Menge von Paketen an Funkfrequenzlizenzen zu finden, die zu jedem Zeitpunkt des Bieterverfahrens die höchsten Erträge abwerfen. Und Rechengeschwindigkeit ist viel mehr als nur eine Annehmlichkeit; die Computer ermöglichen auch die Schaffung neuer Märkte. Google könnte Werbeanzeigen nicht auf der Basis von Suchwörtern versteigern, wenn ein menschlicher Auktionator die Auktion für diese Wörter durchführen müsste.

Freie Märkte

WIE BRINGEN WIR DAS MARKTDESIGN mit der Idee des »freien Marktes«, die vielen Menschen so teuer ist, in Einklang?

In Kapitel 1 habe ich einen freien Markt mit effektiven Regeln mit einem Rad verglichen, das sich frei drehen kann, weil es eine Achse und gut geölte Kugellager hat. Ich hätte auch den Theoretiker des ökonomischen Liberalismus par excellence, Friedrich August von Hayek, paraphrasieren können, der in seinem 1944 erschienenen Manifest für die freie Marktwirtschaft, *Der Weg zur Knechtschaft*, schrieb: »Es besteht im Besonderen ein himmelweiter Unterschied zwischen der bewussten Schaffung eines Systems, in dem die freie Konkurrenz sich mit dem denkbar größten Nutzen auswirken wird, und dem passiven Sichabfinden mit den nun einmal bestehenden Einrichtungen.«[11] Er erkannte, dass Märkte effektive Regeln benötigen, um frei zu funktionieren.

Hayek erkannte auch, dass Ökonomen helfen können, zu verstehen, wie man Märkte gestalten sollte. Er verwendete das Wort *liberal* in einer etwas anderen Weise, als wir es heute tun (er verstand es eher im Sinne des *Libertarismus*), so etwa im folgenden Satz: »Man könnte das Verhalten des Liberalen gegenüber der Gesellschaft mit dem des Gärtners vergleichen, der eine Pflanze pflegt und der zur Schaffung der für sie günstigsten Wachstumsbedingungen möglichst viel über ihren Bau und ihre physiologischen Funktionen wissen muss.«[12]

Ausgehend vom heutigen Wortgebrauch sind Liberale und Konservative oftmals unterschiedlicher Meinung über die angemessene staatliche Regulierung von Märkten. In Debatten über Märkte wird der Ausdruck »freie Märkte« oftmals als Schlagwort verwendet, manchmal so, als würden Märkte, einmal abgesehen von Eigentumsrechten, am besten ganz ohne Regeln funktionieren. Auch dazu hatte Hayek etwas zu sagen: »Nichts dürfte der Sache des Liberalismus so sehr geschadet haben wie das starre Festhalten einiger seiner Anhänger an gewissen groben Faustregeln, vor allem an dem Prinzip des Laissez-faire.«[13]

Wie in einem Garten gedeihen nur einige Pflanzen ganz ohne Hilfe, und so manche davon sind Unkraut.[14]

Die Lektion des Marktdesigns für die politische Debatte lautet: Um zu verstehen, wie Märkte betrieben und gesteuert werden können, müssen wir verstehen, welche Regeln bestimmte Märkte brauchen. Das ist eine ganz andere Herangehensweise, als zu fragen, ob einige Regeln viele Märkte regulieren können und ob es die Aufgabe des Staates sei, diese Regeln aufzustellen.

Tatsache ist, dass sowohl der Staat als auch private Marktmacher eine wichtige Funktion haben und beide manchmal Fehler machen, indem sie entweder zu langsam und nicht entschlossen genug oder aber überstürzt regulieren. (Glücklich ist das Land, das Dampfmaschinen nicht verbietet, sobald sie erfunden worden sind, nur weil sie gelegentlich explodieren oder redliche Lohnarbeiter womöglich arbeitslos machen, während zugleich noch nicht absehbar ist, dass sie zu einer industriellen Revolution führen werden.)

Wenn wir die Funktionstüchtigkeit von Märkten verbessern wollen, müssen wir zunächst einmal wissen, was eigentlich ein gut funktionierender Markt ist. Märkte, die gut funktionieren, geben uns Wahlmöglichkeiten, und daher stehen Märkte, die sich ungehindert entfalten können, sowohl mit unserer Freiheit als auch mit unserem Wohlstand in Verbindung.

Wir haben gesehen, dass unsere Wahlmöglichkeiten in Märkten, die nicht über eine hinreichende Marktdichte verfügen, die »verstopft« sind oder die Transaktionen unnötig riskant machen, manchmal eingeschränkt sind. Und natürlich sind Märkte eng miteinander verbunden: Einige Menschen begeben sich vielleicht auf einen Marktplatz, ohne das mitzubringen, was sie bräuchten, damit man ihnen gute Angebote machen könnte – zum Beispiel, ohne dass sie die Gelegenheit hatten, eine gute Schule zu besuchen. Aus diesem Grund mag die Erweiterung der Schulwahl auch mehr Optionen in anderen Märkten eröffnen.

Gute Designs unterliegen selbst einem Wandel. Einige Märkte funktionieren deshalb schlecht, weil sie noch gänzlich unreguliert sind, während andere unter nicht sachgerechter Regulierung leiden.

Um es mit einer Analogie aus dem Bauwesen zu verdeutlichen: Die Römer haben imposante Straßen und Brücken gebaut, aber heute bauen wir diese nicht mehr auf dieselbe Art und Weise. Das hängt zum Teil damit zusammen, dass wir neue Baustoffe, Techniken und Erkenntnisse besitzen, die uns erlauben, längere und stärkere Brücken zu bauen. Aber es ist auch darauf zurückzuführen, dass Brücken, wie eben auch Märkte, das Verhalten von Menschen verändern. Bessere Brücken und Straßen fördern den Verkehr, was zu Staus führt. Diese erfordern wiederum bessere Straßen und schließlich größere Brücken. Und diese neuen Straßen und Brücken müssen größtenteils an das bestehende Netz von Straßen und Brücken angeschlossen werden.

Marktdesign ist nicht statisch, und es vollzieht sich oftmals über kleine, schrittweise Änderungen, die es ihm erlauben, an bestehende Praktiken anzuknüpfen und Verbindungen zu anderen Märkten herzustellen.

Die Sprache des Marktplatzes

WIR BEGEGNEN MÄRKTEN in Marktplätzen, so wie wir der Sprache in Ansprachen, Gesprächen, Büchern, Aufsätzen und Tweets begegnen.

Und Märkte sind wie Sprachen. Beides sind uralte menschliche Erfindungen. Beides sind Werkzeuge, die wir dazu benutzen, uns selbst zu organisieren, zu kooperieren, zu koordinieren, miteinander zu konkurrieren, und letztlich, um herauszufinden, wer was bekommt. Diese beiden grundlegenden menschlichen Erfindungen spielen bei allem, was wir herstellen, und allem, was wir tun, eine Rolle (ohne sie können wir nicht einmal miteinander schlafen, geschweige denn Krieg führen).

Märkte und Sprachen passen sich fortwährend an. Es gibt in modernen Sprachen eine Menge Wörter, die noch nicht existierten, als Sumerisch die Handelssprache war, und wir können auf unserem Smartphone nach vielen der neuen Gegenstände, die mit diesen neuen Wörtern bezeichnet werden, auf Amazon suchen und sie dort kaufen. Außerdem gibt es spezialisierte Märkte, wie etwa Nierentauschbörsen, die auf die Kundenbedürfnisse zugeschnitten sind – so wie es spezielle mathematische und Computersprachen gibt, um Sachverhalte zu kommunizieren, die sich der gewöhnlichen Sprache entziehen.

Märkte treten wie Sprachen in vielen verschiedenen Spielarten auf. Warenmärkte sind unpersönlich, während Matching-Märkte sehr persönlich sein können, so persönlich wie ein Stellenangebot oder ein Heiratsantrag.[15] Und sobald man beobachtet, dass die passgenaue Zuordnung eine der wichtigsten Leistungen von Märkten ist, erkennt man, dass Matching-Märkte – Märkte, auf denen Preise nicht alles allein regeln und auf denen man sich dafür interessiert, mit wem man es zu tun hat – überall sind und insbesondere viele entscheidende Momente in unserem Leben bestimmen.

Wenn wir lernen, zuzuhören und zu sprechen, wenn wir lernen, zu lesen und zu schreiben, dann lernen wir zugleich Regeln der Höflichkeit, grammatische Regeln und einen gemeinsamen Wortschatz, alles Regeln, die sich ohne Planung herausgebildet haben. In ganz ähnlicher Weise haben Märkte und Marktplätze, unabhängig davon, ob sie bewusst gestaltet wurden (wie Amazon oder eine Nierentauschbörse) oder sich schrittweise, durch zufällige Ereignisse entwickelt haben, ihre Regeln, die ihnen helfen, gut oder schlecht zu funktionieren.

Ökonomen als Ingenieure

DAS DESIGN VON MÄRKTEN – über die Gestaltung von Marktplätzen – ist eine uralte menschliche Aktivität, älter als die Landwirtschaft. Und trotzdem wird es auch nach mehr als zehntausend Jahren noch immer nicht umfassend verstanden. Ökonomen haben Märkte erforscht, als wären es natürliche Phänomene, vergleichbar mit Sprachen. Es schien, als wären sie nicht wirklich unter unserer Kontrolle.

Aber natürliche Sprachen entziehen sich deshalb teilweise unserer Kontrolle, weil sie aus den Interaktionen von Millionen von Nutzern hervorgehen. Wir wissen, dass es schwer ist, die Rechtschreibung eines Wortes zu vereinfachen und seiner Aussprache anzunähern. (Auch wenn andre Schraibwaysen sinnvoll sayn könnt'n, ist es schwer, genuk Loyte davon zu yberzoig'n.) Selbstverständlich verhält es sich bei künstlichen Sprachen, wie sie etwa fürs Programmieren von Computern verwendet werden, anders. Tatsächlich sind die Betriebssysteme von Computern und Smartphones selbst so etwas wie Marktplätze. Was diese künstlichen Sprachen – und andere Marktplätze – von natürlichen Sprachen unterscheidet, ist die Tatsache, dass sie Eigentümer und Gruppen einflussreicher Nutzer haben, die sich miteinander abstimmen können, um notwendige Änderungen am Design vorzunehmen.

Je besser wir die Funktionsweise von Märkten und Marktplätzen verstehen, umso deutlicher erkennen wir, dass wir *in der Lage sind*, in sie einzugreifen, sie neu zu gestalten, sie instand zu setzen, wenn sie nicht mehr funktionieren, und dort neue zu schaffen, wo sie nützlich sind. Die Möglichkeiten für Ökonomen, sich als Ingenieure zu betätigen, die in den letzten Jahren zugenommen haben, ähneln ein wenig den epochalen Transformationen, die die Landwirtschaft oder die Medizin im Lauf der Jahrtausende durchgemacht haben.

Die ersten Bauern bauten das an, was sie vorfanden, aber im Lauf der Zeit begannen sie, die Samen ihrer ertragreichsten Nutzpflanzen aufzuheben, um sie im nächsten Jahr anzupflanzen, und so wurden sie unabsichtlich zu Pflanzenzüchtern. Wir sind heute die Nutznießer von Jahrhunderten gezielter Pflanzenzüchtung und, in jüngster Vergangenheit, von der gentechnischen Modifizierung von Nutzpflanzen, mit dem Ziel, ihre Ertragskraft in unwirtlichen Umgebungen zu steigern. Wenn wir heutzutage einen Spaziergang auf einem Feld oder in einen Garten machen, sehen wir die Ergebnisse einer viele Generationen überspannenden Pflanzenzüchtung. Einige der Pflanzen, die wir sehen, sind uralte Arten, die gut an moderne Umweltbedingungen angepasst sind, während andere moderne Kulturvarietäten sind, Sorten, die gezüchtet wurden, um besser zu gedeihen, nährstoffreicher zu werden oder vielleicht auch einfach nur besser auszusehen als ihre Vorfahren. Aber selbst die neuesten Pflanzen werden wahrscheinlich noch immer von Bienen bestäubt: Sie sind Teil eines Ökosystems, in dem sich die komplexen Wechselwirkungen zwischen Evolution, Koevolution, menschlichen Begierden und Designs widerspiegeln.

Die Medizin hat ähnliche Fortschritte gemacht. Es ist noch nicht allzu lange her, da beschränkten sich Ärzte überwiegend darauf, uns zu sagen, was uns bevorstehe, und versuchten unser Leiden, so gut es ging, zu lindern. Heute erwarten wir, dass unsere Ärzte in viele unserer Krankheiten eingreifen, und sie verfügen über Medikamente und Operationstechniken, die es ihnen vielfach ermöglichen, uns zu heilen. Wir erwarten, dass die Medizin in Zukunft sogar noch viel mehr leisten wird, aber wir sind froh, Nutznießer dessen zu sein, was sie schon heute vermag.

Weil Märkte und Sprachen Werkzeuge sind, die wir alle gemeinsam verwenden, lassen sie sich vermutlich nur schwer neu gestalten, selbst wenn sie schlecht funktionieren. Daher müssen wir uns manchmal mit schlechten Designs abmühen, ähnlich wie mit schwierigen Schreibweisen.

Aber manchmal erhalten wir die Chance, schlecht funktionierende Märkte neu zu gestalten. Und manchmal können wir sogar völlig neue Märkte gestalten. Wir sollten an diese einzigartigen Gelegenheiten mit Bescheidenheit herangehen und die Erfolge unserer Bemühungen sorgfältig überwachen.

Märkte sind von Menschen gemacht, keine natürlichen Phänomene. Und das Marktdesign gibt uns die Chance, einige der ältesten, bedeutendsten Erfindungen der Menschheit nicht nur zu bewahren, sondern auch zu verbessern.

Dank

MARKTDESIGN IST EIN MANNSCHAFTSSPORT, und ich bin all denjenigen, die auf den in diesem Buch erwähnten Märkten gearbeitet haben, zu großem Dank verpflichtet – viele von ihnen wurden im Text bereits namentlich erwähnt. Es hat sich gezeigt, dass das Schreiben eines Buches ebenfalls in höherem Maße, als ich dachte, ein Mannschaftssport ist. Bei der Arbeit an diesem Buch habe ich viel Hilfe erhalten, und ich hätte noch mehr bekommen, wenn ich Hilfe leichter annehmen würde. Besonders erwähnen möchte ich meinen Agenten, Jim Levine; Tim Gray, der Interviews mit Teilnehmern an Nieren- und Schultauschbörsen führte; Mike Malone, der meine Absätze kürzte und verständlicher machte, und meinen Verleger, Eamon Dolan, der klare Vorstellungen darüber hatte, was in dieses Buch aufgenommen werden sollte und was nicht. Außerdem danke ich Barbara Jatkola für ihr sorgfältiges Lektorat und Atila Abdulkadiroğlu, Eric Budish, Neil Dorosin, Alexandru Nichifor und Parag Pathak für ihre gewissenhafte Lektüre und ihre aufschlussreichen Kommentare.

Anmerkungen

Teil I

1   Wie ich in meiner Nobelvorlesung sagte, sind wir weit davon entfernt, die
    Frage, wer was kriegt und wie und warum, abschließend beantworten zu
    können: Wir lernen ständig neu dazu. Sie können sich meine Vorlesung
    online ansehen unter http://www.nobelprize.org/nobel_prizes/economic-
    sciences/laureates/2012/roth-lecture.html.

2   Vgl. Jonathan Levin und Paul Milgrom, »Online Advertising: Heterogene-
    ity and Conflation in Market Design«, *American Economic Review* 100,
    Nr. 2 (Mai 2010): S. 603–607.

3   Kreditkarten werden von Wirtschaftswissenschaftlern gelegentlich auch
    »zweiseitige Märkte« genannt, weil sie einen Marktplatz bilden, der zwei
    verschiedene Arten von Teilnehmern anlocken muss: Händler und Ver-
    braucher. Ein wichtiger Forschungszweig konzentriert sich auf die Frage,
    wie die beiden Seiten der Dienstleistung bepreist werden sollten; vgl. zum
    Beispiel Jean-Charles Rochet und Jean Tirole, »Two-Sided Markets: A
    Progress Report«, *RAND Journal of Economics* 37, Nr. 3 (Herbst 2006):
    S. 645–667.

4   Vgl. Lawrence M. Ausubel, »The Failure of Competition in the Credit Card
    Market«, *American Economic Review* 81, Nr. 1 (März 1991): S. 50–81.

5   Für die Konkurrenz zwischen Vermittlern vgl. Benjamin Edelman und Ju-
    lian Wright, »Price Coherence and Adverse Intermediation« (Arbeits-
    papier, Harvard Business School, Cambridge, MA, Dezember 2013).

6   Lloyd Shapley und Herbert Scarf, »On Cores and Indivisibility«, *Journal of
    Mathematical Economics* 1, Nr. 1 (März 1974): S. 23–37.

7   A. E. Roth, »Incentive Compatibility in a Market with Indivisible Goods«,
    Economics Letters 9, Nr. 2 (1982): S. 127–132.

8   Die Web-Version wurde im September 2003 veröffentlicht als NBER (Na-
    tional Bureau of Economic Research), Arbeitspapier Nr. w10002, und die
    gedruckte Version erschien 2004: Alvin E. Roth, Tayfun Sönmez und
    M. Utku Ünver, »Kidney Exchange«, *Quarterly Journal of Economics* 119,
    Nr. 2 (Mai 2004): S. 457–488. Sie finden sie online unter http://web.stan-
    ford.edu/~alroth/papers/kidney.qje.pdf.

9   Wenn man sowohl wirtschaftswissenschaftliche als auch medizinische
    Fachaufsätze publiziert, stellt man fest, dass die Publikation wirtschaftswis-
    senschaftlicher Arbeiten viel länger dauert. Diese Arbeit von 2005 erschien
    schließlich im Jahr 2007 als Alvin E. Roth, Tayfun Sönmez und M. Utku
    Ünver, »Efficient Kidney Exchange: Coincidence of Wants in Markets with
    Compatibility-Based Preferences«, *American Economic Review* 97, Nr. 3
    (Juni 2007): S. 828–851. In der Zwischenzeit war ein Anschlussaufsatz über
    einen Dreipaar-Tausch bereits im Jahr 2006 erschienen als Susan L. Said-
    man, Alvin E. Roth, Tayfun Sönmez, M. Utku Ünver und Francis L. Delmo-
    nico, »Increasing the Opportunity of Live Kidney Donation by Matching
    for Two- and Three-Way Exchanges«, *Transplantation* 81, Nr. 5 (15. März
    2006): S. 773–782.

10 Während wir versuchten, es für andere Nierentauschprogramme leichter
    zu machen, Dreipaar-Tausche wie diesen vorzunehmen, entbrannte eine
    gewisse Kontroverse darum. 2005 veröffentlichte eine Gruppe von Ärzten
    des Johns Hopkins Hospital in Baltimore einen Aufsatz im *Journal of the
    American Medical Association*, in dem sie einen Zweipaar-Nierentausch-
    Algorithmus vorschlugen, der große Ähnlichkeit mit demjenigen besaß,
    den wir vorgeschlagen hatten, jedoch jene Elemente des Marktdesigns
    ignorierte, die es für Patienten und Chirurgen risikofrei machten, daran
    teilzunehmen. Sie empfahlen, ein nationales Tauschprogramm auf Zwei-
    paar-Transaktionen zu beschränken, obwohl unsere jüngste Arbeit bereits
    die Vorteile größerer Tausche nachgewiesen hatte.

11 Alvin E. Roth, Tayfun Sönmez, M. Utku Ünver, Francis L. Delmonico und
    Susan L. Saidman, »Utilizing List Exchange and Undirected Good Samari-
    tan Donation Through ›Chain‹ Paired Kidney Donations«, *American Jour-
    nal of Transplantation* 6, Nr. 11 (November 2006): S. 2694–2705.

12 Der Titel unseres Aufsatzes im *New England Journal of Medicine*, in dem
    wir über die erste Kette berichteten, lautete »A Nonsimultaneous, Exten-
    ded, Altruistic-Donor Chain« (eine nicht-gleichzeitige, ausgedehnte, altru-
    istische Spenderkette) – kurz: eine NEAD-Kette. Mike wäre ein extrava-
    ganterer Name mit demselben Akronym lieber gewesen: »Never-Ending
    Altruistic Donor Chain« (Nicht endende altruistische Spenderkette).
    Heleena McKinney bringt mich auf den Gedanken, dass Mike vielleicht
    einer Sache auf der Spur gewesen ist. Dieser Aufsatz hatte eine ganze Reihe
    von Autoren unterschiedlicher Fachgebiete, unter anderem Chirurgen,
    Wirtschaftswissenschaftler und Informatiker: Michael A. Rees, Jonathan E.
    Kopke, Ronald P. Pelletier, Dorry L. Segev, Matthew E. Rutter, Alfredo J.
    Fabrega, Jeffrey Rogers, Oleh G. Pankewycz, Janet Hiller, Alvin E. Roth,
    Tuomas Sandholm, Utku Ünver und Robert A. Montgomery, »A Non-
    simultaneous, Extended, Altruistic-Donor Chain«, *New England Journal of
    Medicine* 360, Nr. 11 (12. März 2009): S. 1096–1101.

13 Itai Ashlagi und Alvin E. Roth, »Free Riding and Participation in Large Scale, Multi-hospital Kidney Exchange«, *Theoretical Economics* 9 (2014): S. 817–863.

14 Itai Ashlagi hat als Erster erklärt, warum lange Tauschketten so wichtig geworden sind und wie man sie effizient gestalten kann. Vgl. zum Beispiel Itai Ashlagi, Duncan S. Gilchrist, Alvin E. Roth und Michael A. Rees, »Nonsimultaneous Chains and Dominos in Kidney Paired Donation — Revisited«, *American Journal of Transplantation* 11, Nr. 5 (Mai 2011): S. 984–994, und Itai Ashlagi, Duncan S. Gilchrist, Alvin E. Roth und Michael A. Rees, »NEAD Chains in Transplantation«, Brief an den Herausgeber, *American Journal of Transplantation* 11, Nr. 12 (Dezember 2011): S. 2780–2781.

15 Die schwer zuzuordnenden Paare sind vor allem solche mit hochsensibilisierten Patienten – also solchen Patienten, die Antikörper gegen die meisten verfügbaren Spendernieren haben. Mit dem Test, mit dem diese Sensibilisierung gemessen wird, ist eine interessante Geschichte verbunden. Er wurde von dem UCLA-Mediziner Paul Terasaki erfunden, der auch ein erfolgreiches Unternehmen gründete, das diesen Test vermarktet. Sein Leben in Amerika war ebenso bemerkenswert wie seine Karriere: Geboren im Jahr 1929 in Kalifornien, wurden er und seine Familie zusammen mit anderen japanischstämmigen Amerikanern während des Zweiten Weltkriegs interniert. Im Jahr 2010 schenkte er der UCLA 50 Millionen Dollar. Und 2012 erhielten Itai Ashlagi und ich für unsere Arbeiten über den Nierentausch den von der NKR vergebenen Terasaki Medical Innovation Award. Itai entwickelte insbesondere Algorithmen und Software-Programme, die heute weithin gebräuchlich sind und mit denen das NKR untersuchen kann, wie sich Ketten unterschiedlicher Länge – einschließlich sehr langer Ketten – am besten mit kurzen Tauschringen kombinieren lassen, um langfristig die meisten Transplantationen zu erhalten.

16 Unterdessen sind die Schwierigkeiten bezüglich Datenverarbeitung, mit denen eine nationale Tauschbörse konfrontiert wäre, wenn auch nicht so gravierend wie die politischen, dennoch potentiell gewaltig. Die Software, die Utku ursprünglich geschrieben hatte, um unseren Matching-Algorithmus für NEPKE und APD umzusetzen, konnte maximal 900 Paare verarbeiten. Obgleich niemand jemals so viele Kandidaten für den Nierentausch miteinander abgeglichen hatte (oder es bis heute getan hat), hofften wir, dass eine nationale Tauschbörse schließlich mit viel mehr Patienten-Spender-Paaren arbeiten könnte. Einer der Informatiker, die sich der Herausforderung stellten, war Tuomas Sandholm von der Carnegie Mellon University in Pittsburgh. Ein Doktorand von ihm, David Abraham, belegte einen Marktdesign-Kurs, den Utku an der Universität Pittsburgh abhielt. Zusammen mit einem dritten Informatiker, Avrim Blum, tüftelten sie aus, wie sich das von uns vorgeschlagene Matching für bis zu zehntausend Paare

durchführen ließe – das waren mehr, als wir in absehbarer Zukunft erwarteten. Je mehr Erfahrungen wir mit dem Nierentausch sammelten, umso deutlicher zeichnet sich ab, dass wir vielleicht langfristig die Größe des Pools auf einem recht niedrigen Niveau stabilisieren könnten, da neue Transplantationen durch neue Anmeldungen ausgeglichen werden.

17   Zur Gestaltung dieser Kostenrückerstattung vgl. Michael A. Rees, Mark A. Schnitzler, Edward Zavala, James A. Cutler, Alvin E. Roth, F. Dennis Irwin, Stephen W. Crawford und Alan B. Leichtman, »Call to Develop a Standard Acquisition Charge Model for Kidney Paired Donation«, *American Journal of Transplantation* 12, Nr. 6 (Juni 2012): S. 1392–1397.

18   Über die ethischen Fragen der Organspende und die Zuteilungskriterien vgl. auch die Informationen auf der Website des Deutschen Ethikrates unter www.ethikrat.org/themen/medizin-und-pflege/organspende.

19   Hin und wieder erhalte ich E-Mails von Nierenpatienten, die mich um Rat bezüglich Transplantationen bitten. Oftmals suchen sie einen Spender. Ich kann ihnen nicht viel konkrete Hilfe bieten, aber vielleicht sind die allgemeinen Informationen, die ich ihnen schicke, auch für andere nützlich. Diese Ratschläge richten sich an einen Nierenpatienten, der bereits bei einem amerikanischen Krankenhaus, das viele Nierentransplantationen durchführt, gemeldet ist. Wenn Sie noch nicht auf der Warteliste für verstorbene Spender angemeldet sind, sollten Sie mit Ihren Ärzten darüber sprechen, wie Sie sich auf diese Liste setzen lassen können, da die Länge Ihrer Wartezeit eine wichtige Rolle bei der Zuteilung von Nieren spielt. Sie sollten wissen, dass die Warteliste nach Regionen organisiert ist und dass Sie in einigen Regionen des Landes viel länger warten müssen als in anderen. (Aus diesem Grund erhielt Apple-Chef Steve Jobs, der in Kalifornien lebte, eine Lebertransplantation in Tennessee.) Eine neue Organisation namens OrganJet hilft Menschen, sich auf der Warteliste von Regionen anzumelden, in denen die Wartezeit kürzer ist. Diese Gruppe hilft vor allem bei der Planung und Durchführung von Anreisen (da Patienten weit entfernte Krankenhäuser, bei denen sie sich angemeldet haben, aufsuchen müssen, unter anderem um sich dort untersuchen zu lassen). Aber auf ihrer Website schreibt die Organisation auch, dass sie bei der Anmeldung bei einem Transplantationszentrum in einer der Regionen mit einer kürzeren Wartezeit hilft. Dies ist möglicherweise eine gute erste Anlaufstelle, da eventuell ein Interessenkonflikt zwischen Ihnen und Ihrem örtlichen Transplantationszentrum besteht, das möglichweise nicht will, dass Sie sich bei einem anderen Transplantationszentrum anmelden. Wenn Sie einen Lebendspender finden können, mag dies eine bessere und schnellere Alternative sein. Es gibt auch verschiedene Sites, die sich auf Nierenvermittlung spezialisiert haben, etwa MatchingDonors.com und andere, stärker spezialisierte Sites wie KidneyMitzvah.com und Renewal (http://www.life-renewal.org/).

Mein Eindruck ist, dass nicht wenige Spender von religiösen Organisationen kommen, wenn Sie daher einer Glaubensgemeinschaft angehören, sollten Sie die anderen Mitglieder wissen lassen, dass Sie nach einem Spender suchen. Wenn Sie einen Lebendspender in Erwägung ziehen, bedeutet der Nierentausch, dass der Spender, den Sie finden, nicht unbedingt mit Ihnen kompatibel sein muss; er oder sie muss einfach nur gesund genug sein, um eine Niere spenden zu können, und gewillt sein, zu spenden, sodass Sie im Gegenzug eine Niere bekommen können. Eines der mehreren Nierentausch-Netzwerke kann hier einsteigen und weitermachen. Es ist vermutlich am besten, wenn Sie mit demjenigen zusammenarbeiten, zu dem Ihr Transplantationszentrum die beste Arbeitsbeziehung hat.

Teil II

1   Vgl. S. Mongell und A. E. Roth, »Sorority Rush as a Two-Sided Matching Mechanism«, *American Economic Review* 81 (Juni 1991): S. 441–464.

2   Vgl. Michael S. Malone, *Charlie's Place: The Saga of an American Frontier Homestead* (Palisades, NY: History Publishing, 2012), S. 32–33.

3   Für eine Darstellung aufgrund vorzeitiger Transaktionen »ausgedünnter« Märkte vgl. A. E. Roth und X. Xing, »Jumping the Gun: Imperfections and Institutions Related to the Timing of Market Transactions«, *American Economic Review* 84 (September 1994): S. 992–1044.

4   John Swofford, Vorsitzender des Postseason Football Subcommittee der NCAA (und Sportdirektor an der University of North Carolina), erläuterte mir diese Entscheidung in einem Brief vom 15. März 1991: »Die Entscheidung wurde getroffen, jene Vorschriften aus den Satzungen der NCAA zu streichen, die einer Institution verbieten, vor einem bestimmten Datum ein Angebot zur Teilnahme an einem Bowl-Spiel abzugeben, weil diese konkrete Vorschrift weitgehend ignoriert wurde und, was am wichtigsten war, nicht durchgesetzt werden konnte. In den letzten Jahren hat sich die NCAA um die Streichung von Vorschriften bemüht, die nicht durchsetzbar waren, und die Verbandsmitglieder waren ganz überwiegend der Meinung, dass dies eine dieser Regeln sei. Der Verband der Bowl-Ausrichter hat von sich aus beschlossen, Kontrollen durchzuführen, und es wird weiterhin ein Auswahldatum geben, auch wenn es keinen Verstoß gegen das NCAA-Reglement darstellt, wenn ein Verein sich nicht an dieses Datum hält … Ob dies die Lage verbessern wird, bleibt selbstverständlich abzuwarten. Sollte dies nicht ausreichen, prüft unser Ausschuss die Möglichkeit, ein Auswahlverfahren durchzuführen, bei dem die Mannschaften eingestuft würden und einen Rangplatz erhielten, und den Mannschaften würde erlaubt, den Bowl auszuwählen, an dem sie gern teilnehmen würden, oder die Bowls würden in einer bestimmten Rangfolge eingestuft, und sie dürften Teams für ihren Bowl auswählen. Beides würde zu einem vorher festgelegten Datum stattfinden.«

5   Für eine detaillierte Beschreibung, wie sich der Markt für College-Football-Spiele von Jahr zu Jahr änderte, vgl. Guillaume Fréchette, Alvin E. Roth und M. Utku Ünver, »Unraveling Yields Inefficient Matchings: Evidence from Post-Season College Football Bowls«, *RAND Journal of Economics* 38, Nr. 4 (Winter 2007): S. 967–982.

6   Yael Branovsky, »Barely 16 and Married«, *Israel News*, 26. September 2010, http://www.ynetnews.com/articles/0,7340,L-3959289,00.html. Roth und Xing, »Jumping the Gun«.

7   Heute gehen mehr Frauen als Männer aufs College. Vgl. zur Geschichte dieser Trendwende Claudia Goldin, Lawrence F. Katz und Ilyana Kuziemko, »The Homecoming of American College Women: The Reversal of the College Gender Gap«, *Journal of Economic Perspectives* 20, Nr. 4 (Herbst 2006): S. 133–156.

8   Selbst der Markt für Bücher wie dieses ist verfrüht, weil Verlage oftmals Manuskripte schon lange vor ihrer Fertigstellung kaufen – und Schriftsteller diese verkaufen. Beide Parteien können die Güte der »Paarung« und des Buches also erst später beurteilen.

9   Muriel und ich hatten das Glück, mit Dr. Debbie Proctor zu arbeiten, einer Gastroenterologin der Universität Yale, die zur treibenden Kraft bei der Reform des Marktes für Gastroenterologie-Fellowships wurde. Für eine Schilderung des frühen Erfolgs der Clearingstelle vgl. Muriel Niederle, Deborah D. Proctor und Alvin E. Roth, »The Gastroenterology Fellowship Match – The First Two Years«, *Gastroenterology* 135, Nr. 2 (August 2008): S. 344–346.

10 Das fortlaufende elektronische Limit-Order-Buch funktioniert so, dass es zu jedem Zeitpunkt den besten Geldkurs und Briefkurs anbietet, der von irgendjemandem am Markt angeboten wird. Der beste Geldkurs ist der höchste Preis, zu dem ein Marktteilnehmer gegenwärtig bereit ist ein Produkt zu kaufen, also ist es der höchste Preis, zu dem Sie gegenwärtig verkaufen können, wenn Sie sofort verkaufen wollen. Der beste Briefkurs ist der niedrigste Preis, zu dem ein Marktteilnehmer bereit ist ein Produkt zu verkaufen, also ist es der niedrigste Preis, zu dem Sie sofort kaufen können. Sie können auch Ihren eigenen Höchst- oder Niedrigstpreis festlegen, und wenn es der beste ist, wird er zum Höchst- oder Niedrigstgebot am Markt; wenn nicht, wird er hinter den besseren in eine Warteliste eingereiht, und wenn andere Geschäfte ausgeführt oder Geld- und Briefkurse widerrufen werden, kann der von Ihnen gebotene Preis zum besten werden.

11 In einem ähnlichen Fall hat die Nachrichtenagentur Reuters die Ergebnisse einer Umfrage zur Konsumstimmung einiger ihrer bevorzugten Kunden, bereits 2 Sekunden bevor sie die Ergebnisse über ihren Nachrichtenticker öffentlich bekannt machte, mitgeteilt. Zwei Sekunden mag sich nicht nach viel anhören, aber in den 10 Millisekunden vor der öffentlichen Bekannt-

gabe wurden Hunderttausende von Anteilsscheinen an börsengehandelten S&P-500-Fonds verkauft. Dies rief den Generalstaätsanwalt des Bundesstaats New York, Eric Schneiderman, auf den Plan, der dieses Ereignis »Insider Trading 2.0« nannte. Im Sommer 2013 traf er eine Vereinbarung mit Reuters, wonach sich der Nachrichtendienst dazu verpflichtete, Umfrageergebnisse erst nach ihrer Veröffentlichung an Kunden weiterzuleiten. Diese 2 Sekunden machten einen Unterschied: Bei der nächsten Veröffentlichung der Umfrageergebnisse wurden in den 10 Millisekunden, bevor die Ergebnisse über den Nachrichtenticker liefen, nur 500 Anteilsscheine gehandelt. Das ist eine normale Zahl für einen so dichten Markt. Die Schlagzeile des als nächster erscheinenden darauf Bezug nehmenden Artikels in der *New York Times* lautete: »Fairplay gemessen in Sekundenbruchteilen«.

12   Vgl. Eric B. Budish, Peter Cramton und John J. Shim, »The High-Frequency Trading Arms Race: Frequent Batch Auctions as a Market Design Response« (Arbeitspapier, Booth School of Business, University of Chicago, Dezember 2013).

13   Es mag selbstverständlich andere Änderungen am gegenwärtigen Design von Märkten geben, die dem Preiswettbewerb gegenüber dem Schnelligkeitswettbewerb wieder die Oberhand geben würden, und einige dieser Änderungen mögen leichter durchsetzbar sein. Zum Beispiel schlagen zwei Stanford-Doktoranden, Markus Baldauf und Joshua Mollner, im Anschluss an Arbeiten von Budish und Kollegen ein neues Design vor, bei dem die Annahme von Angeboten im Gegensatz zu ihrer Annullierung nur mit einer gewissen Verzögerung erfolgen kann, um Liquiditätsversorger auf eine andere Weise davor zu schützen, dass Geschäfte im letzten Moment zu ihren nicht mehr aktuellen Geld- und Briefkursen abgeschlossen werden.

14   Vgl. Claudia Steinwender, »Information Frictions and the Law of One Price: ›When the States and the Kingdom Became United‹« (Arbeitspapier, London School of Economics and Political Science, Oktober 2014).

15   Christopher Avery, Christine Jolls, Richard A. Posner und Alvin E. Roth, »The New Market for Federal Judicial Law Clerks«, *University of Chicago Law Review* 74 (Frühjahr 2007), S. 448.

16   Alex Kozinski, »Confessions of a Bad Apple«, *Yale Law Journal* 100 (April 1991), S. 1707.

17   Stanford Law School, »Open Letter to Federal Judges About Clerkships from Dean Larry Kramer«, *SLS News*, 17. Juli 2012, http://blogs.law.stanford.edu/newsfeed/2012/07/17/open-letter-to-federal-judges-about-clerkships-from-dean-larry-kramer/.

18   Judge John D. Bates an alle Richter in den Vereinigten Staaten, Denkschrift, 13. Januar 2014, Administrative Office of the United States Courts, Washington, DC, https://oscar.uscourts.gov/assets/Federal_Law_Clerk_Hiring-January_13_2014.pdf.

19   Hopwood wurde von Rogers eingestellt, bevor er sein drittes Studienjahr an der Universität Washington begann. Aber sein Weg zum Jura-Studium verlief anders als jener der meisten Studenten. Nachdem er sein erstes Studium hingeschmissen hatte, begann er eine kurze »Karriere« als Bankräuber, die mit einer zwölfjährigen Freiheitsstrafe endete. Im Gefängnis wurde er zu einem versierten »Rechtsberater«, der anderen Häftlingen half, erfolgreiche Anträge an den Obersten Gerichtshof der USA aufzusetzen. Nach dem Absitzen seiner Gefängnisstrafe heiratete er, wurde Vater mehrerer Kinder und wurde später zum Jura-Studium zugelassen. Um als Anwalt tätig sein zu können, muss Hopwood eines Tages in die Anwaltskammer des Bundesstaates, in dem er sich niederlassen will, aufgenommen werden. Anwaltskammern beurteilen Kandidaten sowohl nach ihrer charakterlichen als auch nach ihrer fachlichen Eignung, und nicht begnadigte Verbrecher erhalten in der Regel keine Anwaltszulassung. Ich hoffe, dass Hopwood eine Ausnahme sein und der seltene Anwalt wird, der das Gesetz sozusagen von ganz unten und ganz oben kennengelernt hat. Beachten Sie, dass Richter bei der Einstellung von Referendaren nach ihren eigenen Regeln verfahren können.

20   Die Ähnlichkeiten hinsichtlich der Tendenz zu immer früheren Transaktionen im Markt für Rechtsreferendare (in dem die Gehälter vom US-Kongress festgelegt werden) und im Markt für neu eingestellte Juristen in Großkanzleien (in dem die Gehälter vom Wettbewerb festgelegt werden) verdeutlichen auch, dass Schnelligkeitswettbewerb und Preiswettbewerb Hand in Hand gehen können. Vgl. zum Beispiel Alvin E. Roth, »Marketplace Institutions Related to the Timing of Transactions: Reply to Priest (2010)«, *Journal of Labor Economics* 30, Nr. 2 (April 2012), S. 479–494.

21   Beteiligt waren unter anderem die japanischen Arbeitgeberverbände (Nikkeiren), der nationale Hochschulverband, das Bildungsministerium und, später, das Arbeitsministerium.

22   Regeln, die Unternehmen verboten, vor einem bestimmten Datum formelle Stellenangebote zu machen, wurden durch informelle Beschäftigungsgarantien, sogenannte *naitei,* umgangen. In der Folge wurden Einstellungsentscheidungen für Hochschulabsolventen immer früher getroffen. Die populäre Bezeichnung für diese Verfrühung war *aota-gai,* was wörtlich so viel bedeutet wie »den Reis ernten, solange er noch grün ist«.

23   Die Zeitung *Asahi Shimbun* berichtete im Jahr 1970, dass *aota-gai* durch *sanae-gai* abgelöst würde – »Reis ernten, während er angepflanzt wird«. Großbanken hielten ihre Einstellungsprüfungen Monate vor dem Zeitpunkt ab, den die Regeln erlaubten, und es gab Fälle, wo Studenten über ein Jahr vor ihrem erwarteten Studienabschluss *naitei* erhielten.

24   Airbnb unternahm noch weitere Schritte, um falsche Hinweise zu beseitigen. Sobald man zum Beispiel eine Buchungsanfrage vorgenommen hat,

wird die entsprechende Stelle auf dem Kalender des Gastgebers als »belegt« markiert, auch wenn der Gastgeber Ihre Anfrage noch immer ablehnen kann.

25 David M. Herszenhorn, »Council Members See Flaws in School-Admissions Plan«, *New York Times*, 19. November 2004, http://www.nytimes.com/2004/11/19/education/19admit.html.

26 Da eBay die Bedeutung vertrauenswürdiger Zahlungen erkannte, kaufte es später PayPal, das schließlich fast genauso viel Umsatz erwirtschaftete wie das Hauptgeschäft von eBay. Daraufhin plante eBay, PayPal als eigenständiges Unternehmen auszugliedern, was 2015 schließlich vollzogen wurde.

27 Sie können sich über das sorgfältige Marktdesign und die Marktprüfung, die eBays Entscheidung beinhaltet, sein Feedback-System neu zu konzipieren, genauer informieren in Gary Bolton, Ben Greiner und Axel Ockenfels, »Engineering Trust: Reciprocity in the Production of Reputation Information«, *Management Science* 59, Nr. 2 (Februar 2013), S. 265–285.

28 Das Feedback-System von Airbnb hat eine ähnlich motivierte Änderung erfahren: Heute können weder Käufer noch Verkäufer im Vorfeld die Beurteilung durch den jeweils anderen einsehen.

29 Für weitergehende Informationen zu »Sniping« auf eBay vgl. Alvin E. Roth und Axel Ockenfels, »Last-Minute Bidding and the Rules for Ending Second-Price Auctions: Evidence from eBay and Amazon Auctions on the Internet«, *American Economic Review* 92, Nr. 4 (September 2002), S. 1093–1103.

30 Die Person, die bereit gewesen wäre, am meisten zu zahlen, mag die Auktion ebenfalls nicht gewinnen, entweder (1) weil sie in der letzten Sekunde überboten wurde (auch wenn sie ihr Gebot erhöht hätte, wenn mehr Zeit gewesen wäre, und gerade darum geht es bei Sniping), oder (2) weil ein im letzten Moment abgegebenes Gebot, das die Auktion gewonnen hätte, doch zu spät kam und nicht registriert wurde.

31 Gareth Cook, »School Assignment Flaws Detailed«, *Boston Globe*, 12. September 2003. Vgl. auch Atila Abdulkadiroğlu und Tayfun Sönmez, »School Choice: A Mechanism Design Approach«, *American Economic Review* 93, Nr. 3 (Juni 2003), S. 729–747.

32 Yan Chen und Tayfun Sönmez, »School Choice: An Experimental Study«, *Journal of Economic Theory* 127 (2006), S. 202–231.

Teil III

1 Und zwar aus folgendem Grund: Nehmen wir einen Studenten, der ein Facharztprogramm als erste Wahl auflistete, das ihn seinerseits nicht als erste Präferenz einstufte, dessen Programm zweiter Wahl ihn jedoch mit zu seinen ersten Wahlen zählte. Dieses Facharztprogramm mochte all seine freien Stellen in den 1-1- und 2-1-Schritten des Algorithmus vergeben und für unseren Studenten, eine 1-2-Paarung, keine Stelle mehr haben. Daher

war es möglich, dass ein Student dafür bestraft wurde, dass er ein Facharzt-programm als erste Wahl angab, dem er nicht zugeteilt werden konnte, in-dem er schließlich in einem Programm landete, das ihm wenig zusagte – obwohl ihn sein Programm zweiter Wahl an erster Stelle einstufte.

2 Über britische Krankenhäuser vgl. A. E. Roth, »A Natural Experiment in the Organization of Entry-Level Labor Markets: Regional Markets for New Physicians and Surgeons in the U. K.«, *American Economic Review* 81 (Juni 1991): S. 415–440.

3 David Gale and Lloyd Shapley, »College Admissions and the Stability of Marriage«. *American Mathematical Monthly* 69 (1962): S. 9–15.

4 Nur um zu sehen, wie leicht sich dieses Ergebnis beweisen ließ, wollen wir das Gleiche auf eine andere Art beweisen. Beginnen wir mit dem Facharzt-ausbildungsprogramm P. Angenommen, die ärztlichen Mitarbeiter von P ziehen einen Arzt (D) einem derjenigen vor, die ihnen zugeteilt wurden. Woher wissen wir, dass D nicht auch P vorzieht? Weil, wenn P Arzt D je-mandem vorzieht, den es schließlich eingestellt hat, muss es zuerst D ein Angebot gemacht haben, da Arbeitgeber Angebote in der Reihenfolge ihrer Präferenz machen. Und wenn P nicht mit D »gepaart« ist, dann ist dies darauf zurückzuführen, dass er P's Angebot ablehnte, als er eines bekam, das ihm lieber war. Er mag anschließend das Angebot für eines abgelehnt haben, das ihm noch besser gefiel, aber ganz bestimmt war ihm das Ange-bot, das er schließlich annahm, lieber als P. Wenn P daher D vorzieht, wis-sen wir, dass D seinerseits P nicht präferiert. Das heißt, wie man es auch betrachtet, ist leicht zu ersehen, dass es keine Ärzte und Facharztpro-gramme gibt, die einander nicht zugeordnet sind, aber es gern wären.

5 Sie können die Fanfare für Lloyd Shapley am Ende dieses zweiminütigen Videos hören, das zeigt, wie er den Nobelpreis von dem schwedischen Kö-nig überreicht bekommt: http://www.nobelprize.org/mediaplayer/index.php?id=1906. (Und hier können Sie, Momente früher, meine Fanfare hö-ren: http://www.nobelprize.org/mediaplayer/index.php?id=1905.)

6 Der »Match« funktioniert aus zwei Gründen schnell: Die Teilnehmer legen ihre Präferenzen im Voraus fest, sodass niemand auf die Entscheidungen anderer Teilnehmer warten muss, und der Algorithmus verarbeitet die »Ab-lehnungsketten« automatisch; dabei kamen anfänglich Kartensortier-Ma-schinen zum Einsatz, während heute Computer benutzt werden. Diese bei-den Dinge sind wichtig. Xiaolin Xing und ich erforschten den Arbeitsmarkt für Psychologen zu einer Zeit, als sie versuchten, so etwas wie den Deferred-Acceptance-Algorithmus per Telefon umzusetzen. Er war für sie zu »ver-stopft«, um eine stabile Paarung zu erhalten: Es dauerte zu lange, zu versu-chen sämtliche Schritte des Deferred-Acceptance-Algorithmus über lange Ketten von Telefonaten auszuführen. Vgl. A. E. Roth und X. Xing, »Turn-around Time and Bottlenecks in Market Clearing: Decentralized Matching

in the Market for Clinical Psychologists«, *Journal of Political Economy* 105 (April 1997): S. 284–329. Heute benutzen sie die gleiche Art von computerisierter Clearingstelle, die wir für den »Match« der Ärzte konzipierten.

7   Gales und Shapleys Beweis, dass es immer eine stabile Zuordnung gibt, wenn keine Paare vorhanden sind, ist das, was Mathematiker ein *Theorem* (Lehrsatz) nennen, während ein Beispiel, das zeigt, dass die Schlussfolgerung nicht länger gilt, wenn Paare vorhanden sind, ein *Gegenbeispiel* genannt wird, weil es ein Beispiel ist, das dem zuwiderläuft, was wir vielleicht von dem Lehrsatz erwartet hätten. Für diese und andere frühe Beobachtungen über den »Match« bei Medizinern vgl. A. E. Roth, »The Evolution of the Labor Market for Medical Interns and Residents: A Case Study in Game Theory«, *Journal of Political Economy* 92 (1984): S. 991–1016.

8   Alvin E. Roth und Marilda A. Oliveira Sotomayor, *Two-Sided Matching: A Study in Game-Theoretic Modeling and Analysis* (Cambridge: Cambridge University Press, 1990).

9   Für einige weitergehende Gedanken über Ökonomen als Ingenieure vgl. Alvin E. Roth, »The Economist as Engineer: Game Theory, Experimentation, and Computation as Tools for Design Economics«, *Econometrica* 70, Nr. 4 (Juli 2002): S. 1341–1378, http://web.stanford.edu/~alroth/papers/engineer.pdf.

10 Als Muriel Niederle und ich dabei halfen, den Markt für neue Gastroenterologen neu zu gestalten, war Dr. Debbie Proctor von der Universität Yale diejenige, die uns als Insiderin unterstützte und uns mit sachkundigem Rat zur Seite stand. In den folgenden Kapiteln erwähne ich weitere Personen, die uns geholfen haben.

11 A. E. Roth und E. Peranson, »The Redesign of the Matching Market for American Physicians: Some Engineering Aspects of Economic Design«, *American Economic Review* 89, Nr. 4 (September 1999): S. 748–80.

12 Vgl. Fuhito Kojima, Parag A. Pathak und Alvin E. Roth, »Matching with Couples: Stability and Incentives in Large Markets«, *Quarterly Journal of Economics* 128, Nr. 4 (2013): S. 1585–1632, und, für ein anschließendes stärkeres Ergebnis, Itai Ashlagi, Mark Braverman und Avinatan Hassidim, »Stability in Large Matching Markets with Complementarities«, *Operations Research* 62, Nr. 4 (2014): S. 713–732.

13 Alvin E. Roth, »On the Allocation of Residents to Rural Hospitals: A General Property of Two-Sided Matching Markets«, *Econometrica* 54, Nr. 2 (1986): S. 425–427.

14 Atila Abdulkadiroğlu, Parag A. Pathak und Alvin E. Roth, »The New York City High School Match«, *American Economic Review: Papers and Proceedings* 95, Nr. 2 (Mai 2005): S. 364–367.

15 Für weitergehende Einzelheiten über die Highschool-Wahl in New York City vgl. Atila Abdulkadiroğlu, Parag A. Pathak und Alvin E. Roth, »Strategy-

Proofness Versus Efficiency in Matching with Indifferences: Redesigning the NYC High School Match«, *American Economic Review* 99, Nr. 5 (Dezember 2009): S. 1954–1978.

16 Für weitergehende Informationen über die Bostoner Schulen vgl. Atila Abdulkadiroğlu, Parag A. Pathak, Alvin E. Roth und Tayfun Sönmez, »The Boston Public School Match«, *American Economic Review: Papers and Proceedings* 95, Nr. 2 (Mai 2005): S. 368–371.

17 Für eine Beschreibung chinesischer College-Zulassungsverfahren vgl. Yan Chen und Onur Kesten, »From Boston to Chinese Parallel to Deferred Acceptance: Theory and Experiments on a Family of School Choice Mechanisms« (Diskussionspapier, University of Michigan, 2013).

18 Für Qualitätssignale vgl. den mit dem Nobelpreis ausgezeichneten Aufsatz von Michael Spence »Job Market Signaling«, *Quarterly Journal of Economics* 87, Nr. 3 (August 1973): S. 355–374.

19 Übrigens musste auch die Common App eine Lösung für das Problem der »Verstopfung« finden, das so oft mit einer hohen Marktdichte verbunden ist. Im Jahr 2013 kämpfte ihre Software mit Überlastung, und das hohe Stressniveau unter College-Bewerbern sorgte landesweit für Schlagzeilen, als die Frist ablief. Dies führte zu Diskussionen unter einer Gruppe von Colleges über die Entwicklung eines Ausweichsystems beziehungsweise alternativen Internet-Anwendungssystemen.

20 Christopher Avery, Soohyung Lee, and Alvin E. Roth, NBER Arbeitspapier Nr. 20774, Dezember 2014.

21 Für weitergehende Informationen über College-Zulassungen vgl. Christopher Avery, Andrew Fairbanks und Richard Zeckhauser, *The Early Admissions Game* (Cambridge, MA: Harvard University Press, 2003).

22 Über den Stellenmarkt für Wirtschaftswissenschaftler und über den Mechanismus, den wir entwickelten, um Kandidaten zu erlauben, besonderes Interesse zu signalisieren, vgl. Peter Coles, John H. Cawley, Phillip B. Levine, Muriel Niederle, Alvin E. Roth und John J. Siegfried, »The Job Market for New Economists: A Market Design Perspective«, *Journal of Economic Perspectives* 24, Nr. 4 (Herbst 2010): S. 187–206.

23 Soohyung Lee und Muriel Niederle, »Propose with a Rose? Signaling in Internet Dating Markets«, *Experimental Economics*, erscheint in Kürze.

24 Es zeigt sich, dass dies dem Effekt von Signalen entspricht, die wir im Stellenmarkt für Wirtschaftswissenschaftler beobachten, wenn wir das relative Prestige der Universität, an welcher der Bewerber seinen Abschluss macht, und der Universität, bei welcher er sich bewirbt, als ein Maß der Begehrtheit verwenden.

25 Für Signale der Begehrtheit in der Biologie vgl. Amotz Zahavi, *The Handicap Principle: A Missing Piece of Darwin's Puzzle* (Oxford: Oxford University Press, 1997).

26 Herodot schreibt in den *Historien* (1196), die Babylonier hätten heirats-
    fähige Mädchen einmal im Jahr bei einer Auktion verkauft, bei der jedes
    der schönsten Mädchen zu einem hohen Preis an den Meistbietenden un-
    ter den reichen Männern verkauft worden sei, und jedes andere Mädchen
    sei an den Bieter gegangen, der die kleinste Mitgift verlangt habe. Dies ist
    vielleicht die älteste Erwähnung einer doppelten Auktion mit Geld- und
    Briefkursen, die eine gewisse Ähnlichkeit besitzt mit denjenigen, die wir
    auf den in Kapitel 5 erörterten Finanzmärkten gesehen haben.

27 Für die Erforschung von Zweitpreisauktionen aus dieser Perspektive wurde
    William Vickrey, der Autor des Aufsatzes »Counterspeculation, Auctions,
    and Competitive Sealed Tenders«, *Journal of Finance* 16, Nr. 1 (März 1961):
    S. 8–37, im Jahr 1996 mit dem Nobelpreis für Wirtschaftswissenschaften
    ausgezeichnet.

28 Dem Thema Auktionsdesign könnte man ein eigenes Buch widmen, und
    tatsächlich gibt es mehrere Monographien darüber. Mein Stanford-Kollege
    Paul Milgrom, der führende Experte auf dem Gebiet des modernen Auk-
    tionsdesigns, hat ein wirtschaftswissenschaftliches Fachbuch mit dem Titel
    Putting Auction Theory to Work (Cambridge: Cambridge University Press,
    2004) geschrieben.

29 Im Jahr 2014 wurden die Stanford-Professoren Paul Milgrom und Bob Wil-
    son sowie der Chef-Ökonom von Microsoft, Preston McAfee, für ihre Bei-
    träge zur Gestaltung simultan steigender Auktionen mit dem Golden
    Goose Award simultan. Der Golden Goose Award soll den gesellschaftli-
    chen und ökonomischen Nutzen von der US-Bundesregierung finanzierter
    Forschungsprojekte verdeutlichen.

30 Wenn n Lizenzen zum Verkauf stehen, gibt es $2n$ minus 1 verschiedene
    Pakete, für die Gebote abgegeben werden könnten. Bei 5 Lizenzen gibt es
    bereits 31 mögliche Pakete, bei 10 Lizenzen gibt es 1023 Pakete, und wenn
    1000 Lizenzen ersteigert werden können, ist die Anzahl der Pakete eine
    Zahl mit Hunderten von Ziffern.

31 Ich habe hier etwas vereinfacht. Zum einen wird Google bezahlt, wenn Sie
    auf die Anzeige klicken, sodass Google nicht nur die Höhe des Gebots des
    Werbekunden, sondern auch die Häufigkeit, mit der die Anzeige angeklickt
    wird, berücksichtigt.

32 In der Anfangszeit von Gmail erzählte mir ein Freund, er habe eine E-Mail,
    in der es hieß »Hallo Jungs, irgendjemand Lust, mexikanisch essen zu ge-
    hen?« an einige Freunde verschickte. Bald darauf seien auf seinem Bild-
    schirm Anzeigen für »mexikanische Jungs« aufgetaucht.

Teil IV

1   Für weitergehende Informationen über abstoßende Transaktionen vgl. Alvin E. Roth, »Repugnance as a Constraint on Markets«, *Journal of Economic Perspectives* 21, Nr. 3 (Sommer 2007): S. 37–58, http://pubs.aeaweb.org/doi/pdfplus/10.1257/jep.21.3.37. Für eine Vielzahl von Beispielen vgl. meinen Marktdesign-Blog:http://marketdesigner.blogspot.com/search/label/repugnance.

2   Die folgende Website erfasst den Status der gleichgeschlechtlichen Ehe in den einzelnen US-Bundesstaaten: http://www.freedomtomarry.org/states/.

3   Max Weber, *Gesammelte Aufsätze zur Religionssoziologie*, Bd. 1, Tübingen 1986, S. 59. Vgl. auch http://www.zeno.org/Soziologie/M/Weber,+Max/Schriften+zur+Religionssoziologie/Die+protestantische+Ethik+und+der+Geist+des+Kapitalismus/I.+Das+Problem/2.+Der+%C2%BBGeist%C2%AB+des+Kapitalismus

4   Vgl. Sandro Ambuehl, Muriel Niederle und Alvin E. Roth, »More Money, More Problems? Can High Pay Be Coercive and Repugnant?«, *American Economic Review, Papers and Proceedings* 105, Nr. 5 (Mai 2015).

5   Für eine Beschreibung des iranischen Nierenmarktes vgl. Sigrid Fry-Revere, *The Kidney Sellers: A Journey of Discovery in Iran* (Durham, NC: Carolina Academic Press, 2014).

6   Vgl. zum Beispiel das leidenschaftliche Plädoyer von Sally Satel, die selbst Empfängerin einer Spenderniere und Ärztin ist, in ihrem Buch *When Altruism Isn't Enough: The Case for Compensating Kidney Donors* (Washington, DC: AEI Press, 2008), oder das Argument, das der verstorbene Nobelpreisträger Gary Becker und sein Mitautor Julio Elías darlegten in »Introducing Incentives in the Market for Live and Cadaveric Organ Donations«, *Journal of Economic Perspectives* 21, Nr. 3 (Sommer 2007): S. 3–24. http://pubs.aeaweb.org/doi/pdfplus/10.1257/jep.21.3.3.

7   Adam Smith, *Der Wohlstand der Nationen*, 1. Buch, 2. Kapitel, 2. Abs., München 2013, S. 17.

8   Einer der entschiedensten Gegner einer Legalisierung von Nierenverkäufen ist einer der Helden des Nierentauschs, Frank Delmonico. Er hat aktiv an der Formulierung der Erklärung von Istanbul mitgewirkt und ist geschäftsführender Direktor eines Treuhänderrats, dessen Aufgabe es ist, »die Erklärung von Istanbul zu unterstützen, umzusetzen und zu bewahren, um auf diese Weise den Organhandel, den Transplantationstourismus, die Kommerzialisierung der Transplantationsmedizin zu bekämpfen und die Einführung effektiver und ethischer Transplantationspraktiken weltweit zu fördern«. Vgl. http://www.declarationofistanbul.org/.

9   Für Informationen über Nierenerkrankungen in Afrika vgl. Saraladevi Naicker, »End-Stage Renal Disease in Sub-Saharan Africa«, *Ethnicity & Disease* 19, Nr. 1 (2009): S. 13.

10 Ich erinnere mich daran, dass ich vor Jahren mit meinem verstorbenen Kollegen Gerald Salancik von der Universität Illinois über Tischdecken als Indikatoren von Restauranttypen gesprochen habe.

11 Friedrich A. Hayek, *Der Weg zur Knechtschaft*, München 2003, S. 37.

12 Ebd., S. 37f. Hayek schrieb über diese Begriffsverwirrung: »Tatsächlich wird das, was in Europa ›liberal‹ genannt wurde beziehungsweise noch immer wird, in den USA heute mit einem gewissen Recht ›konservativ‹ genannt; dagegen wurde mit dem Ausdruck ›liberal‹ hier in jüngster Zeit das bezeichnet, was man in Europa Sozialismus nennen würde. Aber gleichermaßen gilt für Europa, dass sich keine der politischen Parteien, die heutzutage die Bezeichnung ›liberal‹ verwenden, den Grundsätzen des Liberalismus des 19. Jahrhunderts verpflichtet fühlt«, F. A. Hayek, »Liberalismus«, Kap. 9 in *New Studies in Philosophy, Politics, Economics and the History of Ideas* (London: Routledge & Kegan Paul, 1982), S. 119–151.

13 F. A. Hayek, *Der Weg zur Knechtschaft*, S. 37.

14 Wenn Eric Budish (über den ich in Kapitel 5 geschrieben habe) vor Finanzexperten spricht, von denen einige zu Milliardären geworden sind, stehen sie oftmals zunächst der Vorstellung, dass die Märkte, in denen sie tätig sind, von einer umsichtigen Neugestaltung profitieren könnten, skeptisch gegenüber. Aber er erzählte mir, dass nach einem seiner Vorträge ein berühmter Finanzier aufgestanden sei und sinngemäß gesagt habe: »Ich hätte nicht erwartet, dass ich das sagen würde, aber Sie sind kein Kommunist. Märkte benötigen Regeln, und Sie wollen nicht mehr Regeln, Sie wollen einfach andere Regeln.«

15 Das Marktdesign sorgt auch dafür, dass über Warenmärkte hinaus andere Märkte in den Blick gerückt werden, auf denen der Preis allein nicht alles regelt. Die englische Sprache gibt uns hier einen Vorsprung, da sie nicht nur von Stellenmärkten (*job markets*), sondern auch von Heiratsmärkten (*marriage markets*) spricht.

Register